知识产权协同创新·知识产权信息传播与利用·知识产权行政执法协作

国家自主创新示范区知识产权若干问题研究

王肃 著

知识产权出版社
全国百佳图书出版单位
—北京—

图书在版编目（CIP）数据

国家自主创新示范区知识产权若干问题研究/王肃著.—北京：知识产权出版社，2019.12

ISBN 978-7-5130-6707-2

Ⅰ.①国… Ⅱ.①王… Ⅲ.①高技术开发区—知识产权—研究—中国 Ⅳ.①D923.404

中国版本图书馆CIP数据核字（2019）第296020号

内容提要

本书以郑洛新国家自主创新示范区为范本，较为深入地探索了国家自主创新示范区涉及的知识产权问题；不仅研究了国家自主创新示范区的知识产权创造、管理、保护、运用、服务等基本问题，而且还有对国家自主创新示范区的知识产权协同创新、知识产权信息传播与利用、知识产权行政执法协作、重大经济活动知识产权预警等的专题讨论。本书的出版，将对国家自主创新示范区的建设，对我国的"产业集群"迈向"创新集群"，提供引导和借鉴。

责任编辑：崔 玲 阴海燕　　　　　　　　　责任印制：孙婷婷

国家自主创新示范区知识产权若干问题研究
GUOJIA ZIZHU CHUANGXIN SHIFANQU ZHISHI CHANQUAN RUOGAN WENTI YANJIU

王 肃 著

出版发行：	知识产权出版社有限责任公司	网　　址：	http://www.ipph.cn
电　　话：	010-82004826		http://www.laichushu.com
社　　址：	北京市海淀区气象路50号院	邮　　编：	100081
责编电话：	010-82000860 转 8693	责编邮箱：	laichushu@cnipr.com
发行电话：	010-82000860 转 8101	发行传真：	010-82000893
印　　刷：	北京九州迅驰传媒文化有限公司	经　　销：	各大网上书店、新华书店及相关专业书店
开　　本：	720mm×1000mm 1/16	印　　张：	18.25
版　　次：	2019年12月第1版	印　　次：	2019年12月第1次印刷
字　　数：	320千字	定　　价：	98.00元
ISBN 978-7-5130-6707-2			

出版权专有　侵权必究

如有印装质量问题，本社负责调换。

序

从"产业集群"走向"创新集群"
——知识产权的作用

从 2009 年国务院在中关村设立国家自主创新示范区（简称"自创区"）开始，我国至今已设立 20 个。业内人士一般认为，这是国家高新技术产业开发区的升级版，就是在原来的国家高新技术产业开发区以及当地认定的辐射区，政府政策可以有所创新突破、先行先试，促进市场主体主要依靠自身力量进行科技创新，以科技创新驱动战略性新兴产业高质量发展，并示范性地引领、辐射、带动其他区域共同发展。从产业经济学来观察，这其实就是政府努力通过政策推动，实现从"产业集群"到"创新集群"的转变。

改革开放以来，我国在一些知识与技术密集的大中城市和沿海地区建立了发展高新技术的产业开发区。这些国家高新区以智力密集和开放环境条件为依托，主要依靠国内的科技和经济实力，充分吸收和借鉴国外先进科技资源、资金和管理手段，通过实施高新技术产业的优惠政策和各项改革措施，实现软硬环境的局部优化，最大限度地把科技成果转化为现实生产力。这些高新区很大程度上，属于"产业集群"，并具有以下基本特征：（1）追求的目标主要是生产力的提高，推出具有竞争力的产品；（2）主要以生产链为纽带，聚集以传统资源为代表的生产要素；（3）因相同的产业或者产品而集聚，群内的合作模式比较简单；（4）是产业或产品的集聚，因此对集群外的经济、科技辐射力度较小，对同类产业甚至有汲取的功能；（5）处于价值链的中低端，数量多且受创新集群控制。建立国家高新区，是党中央、国务院为发展我国高新技术产业、调整产业结构、推动传统产业改造、增强国际竞争力作出的重大战略部署。十多年来，国家高新区以创新为动力，以改革促发展，已经成为我国高新技术产业化成果丰硕、高新技术企业集中、民营科技企业活跃、创新创业氛围浓厚、金融资源关注并进入的区域，在我国社会主义现代化建设中起到了良好的示范、引领和带动作用。但是，这些年高新区取得的业绩不完全来自自主创新，而主要靠优惠政策、低成本土地扩张和廉价劳动力。❶ 区内产业集群处于生产、装配的产业链下游，收益与成本极不对称。实现园区的"二次创业"或者不断升级，实现高质量的发展，"创新集群"的模式是一种科学的重要选择。

联合国经合组织和相关学者（如钟书华，王孝斌等）对创新集群进行了深入研究，认为"创新集群"是构成要素多元的技术—经济—社会网络，该网络是由创新文化主导的开放式系统，群内外的各类主体在这种文化的驱动下不断进出，形成一个活水源头。其内部结构主要是创新活动参与者之间的战略联盟和合作关系，各类主体通过生产链、价值链或创新链被相互连接起来，在竞争与合作中不断融合，形成共生共荣的生态关系。它的外部功能是一种通过集群创新，形成具有竞争优势的产业集群，因而具有动态竞争优势。"创新集群"其实是一种创新系统或创新体系，是社会经济、科技、文化、制度等多因素在区域或产业层面的共振耦合。创新集群是一个创新资源的洼地，能够吸收和输出创新资源，具有较强的科技与经济辐射力度。创新集群的实质是科技资源与经济资源的有机融合，创新集群形成的最可能载体是运行良好的科技园区与成熟的传统产业集群。这表明高技术集群（如科技园、高新区）需要加强商业联系，拓展产业链，而不是单纯地强调产业及产业集群，而是强调加强与科技资源（如大学、科研机构、科技成果）、政府资源、文化资源、信息资源的持续的、有机的、实际有效的联系，逐步形成中国情境下的符合中国实际的创新网络。由此可见，创新集群是产业集群发展的高级阶段，产业集群是创新集群形成的重要基础，但二者在内在结构、外部功能等方面表现得不一样，产业集群注重群内主体间的产业联系，对外彰显的是一种经济功能；创新集群注重群内主体间的创新联系，对外彰显的是一个创新源或创新系统。而产业集群和创新集群内都存在着集群创新行为，并且集群创新能力的增强是产业集群跃迁到创新集群的必要条件。对照"创新集群"的基本标准，我们可以认为，"国家自主创新示范区"应该向"创新集群"转变，使其越来越具有创新集群的特征。它的本质内涵是：国家自创区追求的目标不仅仅是推出产品，同时还要推出高新技术；以价值链为纽带，它聚集以知识与技术为代表的创新资源，使整个集群不断往全球价值链的高端攀升；因创新文化、创新环境而聚集，群内合作模式多元化，并且能不断产生

---

❶ 马颂德. 创新集群国家高新区发展的必由之路——加强创新集群培育实现高新区新跨越 [J]. 中国高新区, 2006 (10).

新的业态；它是一个创新的源泉，可以带动周边区域的繁荣，可以让周边地区成为此创新集群的第二梯队；❶ 它占据着价值链上的关键环节，处于高端，在一定区域内，数量少而且是整个价值链的核心治理者。

正如王孝斌等学者所概括的那样，"创新集群"的形成，一般经历四个阶段：第一阶段，大量的中小企业在一定区域里集中，并不意味着区域内的创新发生。只有在区域内企业间建立稳定的合作链条，并保证区域内形成繁荣稳定的劳动力市场前提下，企业间的分工与专业化水平才会不断提高，企业的集聚区也才能发展成为专业化区域。否则，区域的发展只能被看作是多样化企业集中的区域，企业之间通过产业链条关系而进行的合作较少，因而创新的机会大大降低，附加价值也就很低，区域经济效率与效益不高。如果在区域经济发展过程中，具有龙头作用的创新企业出现，这时就会形成集群基核，吸引其他企业进入，形成以创新型企业为核心的协力生产体系，这也就进入到创新集群的萌芽阶段。第二阶段，区域内的专业化程度增加，企业不断衍生，大量企业涌入集群，专业化的区域中企业之间仅仅依靠市场交易或产业链上的经济联系，将会使区域内的创新活动涉及的范围比较窄，区域往往难以形成产业集群。产业集群不仅需要地理邻近性与产业关联（行业邻近），而且更需要建立在区域相近的组织文化和制度的基础上（社会邻近）。换句话说，地方产业集群的形成仅仅靠生产分工、合作网络是不够的，还需要在长期的协作过程中建立起来的良好的社会关系网络。因此，区域内相近的组织文化、制度，可以为区域内各个行为主体之间的关系赋予更深的内涵❷。由于具有相同的社会文化背景和历史基础，区域内人与人之间的信任度增加，隐含经验类的知识、信息与技术等就可以在区域内快速扩散和流动。政府、科研单位、大专院校、专业的中介机构等开始加入到集群创新体系里，创新文化开始形成，此时，创新集群进入了成长期。第三阶段，产业集群的形成并不意味着集群的持续创新活动和竞争优势长期保持。一些成熟的产业集群，企业与企业之间，企业与其他行为主体之间，在交互作用过程中都能够积极参与到创新的过程中，即集群中的各行为主体通过网络的连接，进行协同创新，进而使各种网络联系（正式与非正式的）成为创新的源泉。这时

---

❶ 马颂德. 创新集群国家高新区发展的必由之路——加强创新集群培育实现高新区新跨越［J］. 中国高新区，2006（10）.

❷ Cappello R. Spatial Transfer of Knowledge in Hige Technology Milieu: Learning Versus Collective Learning Process［J］. Regional Studies, 1999, 33（2）: 353-365.

iii

的网络联结表现在生产网络与社会关系网络的基础上形成的知识联系、价值联系与创新联系，集体学习机制的建立，使集群网络演化成创新网络，集群因此具有了动态的竞争优势。相反，如果集群网络没有形成知识联系、价值联系与创新联系，集群就不能进行协同创新。这样的集群只能是具有"静态优势的产业集群"，甚至有可能锁定，最终失去任何竞争优势，进而退化或空洞化。第四阶段，集群各行为主体利用集体学习的能量进行创新，并不断优化集群创新网络与集群的创新环境，完善产业集群创新系统的功能，不断增加集群的附加价值，在全球价值链上表现为不断的升级跃迁，演化成创新集群，成为创新的洼地。此时，创新集群跨入了成熟期。

由"国家高新技术产业开发区"到"国家自主创新示范区"，由"产业集群"到"创新集群"的转型，中间的关键要素很多。但是，毋庸置疑，我们不能忽视政府的制度因素，这也是制度经济学家的基本观点。而作为经济学界、法学家共同关注的"知识产权"则是至为关键的制度。它以法律形式赋予发明创造者对于创新成果以私人专有权利（私权），来保护发明创造者的利益，从而激励创造出来更多更好的物质财富，同时又关注这些创新成果的传播与利用，实现它们的价值，当然，也使创造者、传播者、使用者等相关主体各有所属，国家高新技术产业开发区的"创新集群化"也在此中有秩序地展开。从技术经济与管理角度来看，知识产权制度贯穿于知识管理的全过程，在知识的产生、知识的传播、知识分享、知识转化、知识运用等各个阶段，均需要知识产权的制度安排。一切来自工业、科学及文学艺术领域的智力创作活动所产生的权利得到了保障，知识的产生、传播流动与转化才得以有效进行。创新集群的核心之一就是创新网络的形成和完善，而知识产权制度是创新网络各相关主体智力创造的最重要的制度保障。创新集群，"集"是过程，"群"是结果，"创新"才是目的；"集群"是表面现象，"创新网络"才是本质。创新网络就是建立区域内企业、大学和科研机构、中介机构与政府机构相互间长期合作的稳定关系。通过知识产权的制度建设，创新核心企业与配套企业，这个企业与那个企业，企业主体与支持组织，都按照分工协作的关系彼此组织在这张"网"中，纲举目张，牵一发而动全身。因此，抓"纲"才是政府在集群发展中发挥作用的基点。创新集群的内部结构主要是创新活动参与者之间的战略联盟和合作关系，各类主体通过生产链、价值链或创新链被相互连接起来，在竞争与合作中不断融合。通过规范的、科学的知识产权制度建设，完善版权著作权、专利权、外观设计权，与商品商标、服务商标、商号及其他商业标记有关的权利，创新网络中的相关主体间的战略联盟与合作关系才能得到健康、可持续的长期发展。创新集群的重要功能是一种通过集群创新，形成具有竞争优势的产业集群、升级产业集群。通过保护创新网络各相关主体，尤其是企业主体的"防止不正当竞争有关的权利"——这个知识产权，企业主体在规范的环境里才能更好地凭自己的实力竞争，从而形成竞争优势。

当然，我们应该注意到，"产业集群"与"创新集群"，"国家自主创新示范区"与"知识产权制度"，这些关键词的内涵与关系之理论非常丰富而复杂，需要我们认真地、不断地探讨。本书以郑洛新国家自主创新示范区为范本，较为深入地探索了国家自主创新示范区知识产权的若干问题，是一次有益的探索。不仅研究了国家自主创新示范区的知识产权创造、管理、保护、运用、服务等基本问题，而且还有对国家自主创新示范区的知识产权协同创新、知识产权信息传播与利用、知识产权行政执法协作、重大经济活动知识产权预警等的专题讨论。我们期望这些研究成果，能为国家自主创新示范区的建设有所启发，能为我国的"产业集群"迈向"创新集群"有所贡献。

是为序。

王学军
2019 年 8 月 23 日
于武汉珞珈山武汉大学经济与管理学院

自序

创新激励、知识产权与国家自主创新示范区

出于生存和发展的需要（发展也是更好的生存），出于追求舒适、便捷、健康、安全和幸福的生活方式（工作也是生活的内容）的需要，或者出于纯粹新奇的探索心理，我们一直试图改变这个世界。"创造新奇"成了我们人类的常态，无论是新思想，还是新物质，我们称之为"创新"。这是我们人类有意识或无意识的遵循事物运动规律的创造。个体也好，个体之间的连接组织也罢，皆是如此。一直以来，个体之间连接的组织从部落、家庭，到更高形态的国家，"创新"都是永恒的主题，人类的文明样式也在随着"创新"的进程和结果而不断的迭代发展。

如何激励"创新"，并使创新成果服务于个体和组织，进而达到"更好生存和发展"的目的，就成了个体和组织的自然目标。其实，从人类远古时期始，对"创新"的激励就已存在。对创新者的尊重和奖赏，乃至封官许愿、加官晋爵，就是人们自发或者有意识的对创新的激励。不过，人们谈论最多的是15世纪，欧洲国家"创新"的"特许权制度"。出于吸引外来新技术新工艺以发展本国产业经济（也夹杂着个人或集体私利）的目的，当时的皇室授予持有者专有特权的制度。这个"制度创新"是有很用的，使欧洲部分国家创造了工业革命的奇迹。后来，由于各方自身利益的考虑（授予特许权的统治者夹杂的私利太多），多方博弈促成了给予创新技术激励的"法律标准化"——专利法律。这又是一个"制度创新"，它要求创新技术工艺必须满足一定的真正的新颖性有用性，且专有特权有一定期限，以使其他个体或组织到期也可使用。随意的皇室的"特许权"，变成了法定的"普适权"。也许，大家认为这个组织制度不错，从英国美国到其他国家，乃至国际组织都实施了这个激励"创新"和促进使用创新的法律。1967年，世界知识产权组织公约把这种法律的"普适权"与版权、商标权以及其他智力创新成果和商业标识权统称为"知识产权"。

我国在这方面是个坚韧而执拗的国家，一直到清代末期，这个激励"创

新"和促进使用创新的法律——知识产权制度,在坚船利炮下才硬生生地挤进来。风雨飘摇,几经变迁,这个法律制度如浮萍般扎不下根来,躲在黑暗的角落里叹息。中华人民共和国成立后,我们主要是以国家的组织形式进行"创新",没有采用激励个体"创新"的法律形式。及至20世纪80年代,当我们打开国门需要国外的技术、资金、商品的时候,这个激励创新和促进使用创新的法律——知识产权制度,又一次来到我们面前。历史与现实在"知识产权"领域远程对话,改变积贫积弱面貌、发展生产力与保护激励"创新"、促进竞争相互交织着。当我们确立社会主义市场经济体制,当我们实施创新驱动发展战略,当我们逐渐融入并试图领跑世界经济之时,"知识产权"变得更加生动而富有活力。这个制度的经历和经验告诉我们,如果我们要更好地生存和发展,高质量的生活和工作,我们就不能忽视知识产权的作用。至少在目前,"知识产权"是激励创新、保护创新、运用创新成果的较好的制度,是促进国际交往、人类福祉的较好的游戏规则。

当然,我们需要谈谈"创新"的主体。近代以降,我们所谈到的"创新",较为流行的观点认为,大多说的是企业的创新。企业是人类个体之间以经济为目的的连接组织,企业的"创新"也大多指代技术创新(熊彼特时代)。这是一个很有意思的话题。彼时的智者(经济学家),把一个国家分为"市场"与"政府"两个群体,"市场"主体是企业。企业是"创新"的主体,且是按照"经济人"的假设自发自愿自利地根据市场规律进行"创新"。可是,企业创新与其他经济活动一样,可能会因垄断、外部性、信息不充分、公共产品缺失等造成"市场失灵",这时"政府"就要适时适度地介入。政府的主要作用就是制定规则、维护秩序、提供公共产品、调节分配不公等。以此来矫正科技创新的市场失灵,达致政府公共政策目标的实现。时至今日,因之市场经济体制的共性,政府之于市场的角色划分对我们仍然有积极的借鉴意义。《中共中央关于全面深化改革若干重大问题的决定》更是把政府介入市场的方式明确为打造服务型政府、提供公共服务与物品、做好经济调节、市场监管、社会管理。2009年始,对于"创新"的激励保护与运用,国务院采取了设立"国家自主创新示范区"(简称"自创区")的方式,就是规划一个区域,在这个区域内政策上先行先试,促进主要依靠自身力量的自主创新,以示范带动辐射其他区域,实现创新驱动发展战略目标。这种方式,就是政府介入市场的方式,就是矫正科技创新市场失灵、促进自主创新的方式。它通过政府提供公共设施、公共服务,提供市场运行规则体系、规则运行纠纷解决机制，提供公共信息平台、公共资助等系列行为，来促进自创区科技创新的竞争力，实现国家创新驱动发展的公共政策目标。"知识产权"作为"科技创新"的基础性制度，其对于国家自主创新示范区的重要度格外醒目。它通过赋予创新者民事主体对于一些创新客体以"专有权利"（《民法总则》第一百二十三条），以保护创新成果，激励创新活动，产出创新成果，并通过制度设计促进创新成果的转化运用，同时通过纠正违约行为、打击违法犯罪行为维护市场秩序，进而为自创区产业发展营造良好的营商环境和营商生态，促进园区产业转型升级。

很幸运，2016年河南省有了自己的被国务院确定的国家自主创新示范区。自创区依托郑州、洛阳、新乡三个国家高新技术产业开发区建设而成，以郑州、洛阳、新乡三个城市为主要片区，加上周边其他国家高新区和其他省辖市、省直管县（市）的特色园区及辐射区，形成"3+N"形式的自创区发展格局。在自创区内部各片区，分别以郑州、洛阳、新乡三个国家高新区为核心区，各片区根据各自创新发展实际需求，实行动态管理，优先保障核心区扩区发展。根据自创区"3+N"的架构，建设面积初定为530平方公里，其中郑州、洛阳、新乡三市核心区及辐射区建设面积为430平方公里，其他辐射区建设面积为100平方公里。2018年12月，省政府办公厅公布了自创区首批12个辐射区、108个辐射点名单。首批遴选采取"辐射区+辐射点"并行的方式，在郑州、洛阳、新乡三市确定12个创新引领型企业、平台、人才、机构等创新要素集聚、创新活力迸发的区域作为辐射区；在郑州、洛阳、新乡三市核心区、辐射区之外的其他区域，安阳、南阳、平顶山、焦作4家国家级高新区和许昌、信阳两家省级高新区内，筛选了108个辐射点，涵盖了创新龙头企业、国家级创新平台、省重大新型研发机构、"双一流"建设高校等创新能力突出、创新成效显著的重点创新体。通过遴选的辐射区和辐射点按照规定享受河南省支持自创区发展的相关政策和专项资金支持，放大政策辐射效应，最终实现政策共享、资源互通、要素齐聚，构建富有活力的区域创新体系。

自创区立足比较优势和发展基础，深化体制机制改革，开展创新政策先行先试，深入推进大众创业、万众创新，激发各类创新主体活力，营造良好的创新创业环境。各高新区强化战略先导地位，突出"高"和"新"，充分发挥引领、辐射、带动作用；辐射区突出"专"和"精"，发展特色产业。自创区充分借助各片区区域优势，错位发展，加快形成示范区特色明显的产业布局。其中，郑州片区重点发展智能终端、盾构装备、超硬材料、新能源汽车、非开挖技术、智能仪表与控制系统、可见光通信、信息安全、物联网、北斗导航与遥感等；洛阳片区重点发展工业机器人、智能成套装备、高端金属材料、新型绿色耐火材料等；新乡片区重点发展新能源动力电池及材料、生物制药、生化制品等。而自创区的战略性新兴产业则以新一代信息技术产业、高端装备制造产业、新材料产业、新能源汽车及动力电池产业、生物医药为主导产业。近年来，自创区立足产业和企业发展现状，持续加强技术创新主体建设，完善落实创新支持政策，强化创新服务支撑，创新引领型企业获得较快成长，创新能力明显增强，已成为促进自创区创新发展、推动产业转型升级的主要力量。早在2016年底，自创区核心区就拥有创新龙头企业9家、高新技术企业388家、科技型中小企业1397家；郑州、洛阳、新乡三市拥有创新龙头企业16家、高新技术企业919家、科技型中小企业4630家，占河南省的比例分别达到53.3%、55.2%和32.7%。以2017年为例，仅用一年多的时间，通过实施"科技小巨人"企业培育工程，已累计培育"科技小巨人（培育）企业"356家，其中郑州、洛阳、新乡三市207家；2017年自创区新培育科技型中小企业970家，总数达8700家，占全省科技型中小企业的半壁江山；郑州、洛阳、新乡三市新增创新引领型企业1713家，占全省新增总数66.5%；高新技术产业增加值占规模以上工业增加值比重41.3%，高于全省6.3个百分点；郑州、洛阳、新乡三市新培育创新龙头企业34家，总数达50家，占全省的50%；郑州、洛阳、新乡三市高新技术企业、科技型中小企业数量达1280家、5346家，分别占全省的56%、50%。自创区在创新创业方面的引领带动作用持续增强。截至2017年年底，河南省的14个国家重点实验室有11个设在自创区，10个国家工程技术研究中心有8个在自创区，184个省级重点实验室有137个在自创区；郑州、洛阳、新乡三市2017年新增20家省级重点实验室、36家省级工程实验室、27家省级工程研究中心；已建各类孵化器（众创空间）151家，其中国家级18家、省级40家，双创平台影响力不断扩大。自创区通过"抓大、培高、扶小"，逐步形成"龙头企业顶天立地、中小企业铺天盖地"的创新局面。

更为幸运的是，近几年，我们作为知识产权和技术创新的探索者研究者见证了郑洛新自创区的建设，并主持承担了一些国家自主创新示范区或者类似自创区的知识产权问题方面的项目课题，如国家自然科学基金项目产业集群向创新集群的演化路径研究课题、国家知识产权局的专利战略推进工程、中共河南省委法律顾问咨询项目、河南省软科学研究计划项目、河南省知识产权软科学研究计划项目、河南省高校重点科研项目，以及国家知识产权局、河南省知识产权局委托的项目，等等。今天呈现在大家面前的，就是这些课题项目的研究成果的集成创新和修订完善。自创区及其相关的研究亦饱含了研究团队的辛勤和智慧，其中，中原工学院法学院、知识产权学院的王晓辉、高金娣、张继文、杨树林、查国防、张金艳、潘方方、郭谦、刘远东、李国庆、张瑞等均做出了重要贡献。郑州轻工业大学俞海洛教授对于第五部分，河南省知识产权事务中心的刘西怀、李勇敢对于第五部分以及河南省知识产权局的杨佳鸣、杨宝军、董一辰对于第四部分也贡献了自己的力量，在此表示真诚的感谢。我的研究生张帅、袁磊，特别是张帅也参与了部分项目，为师为生，本分做足。我们还应该感谢的是，书中标注以及未及全部标注的参考文献的作者，"站在巨人的肩膀上"，我们才得以形成本书的体系。同时，我们真诚感谢知识产权出版社的崔玲编辑，是她的认真校对以及鼓励和支持才使本书得以出版。我们的目的很明确，通过对郑洛新国家自主创新示范区知识产权问题的研究，来折射其他国家自主创新示范区的知识产权问题，"一粒尘埃反映太阳的光辉"，以此为政府、企业，以及社会组织、高等院校、科研院所等提供思考和借鉴。

国家自主创新示范区知识产权问题涵盖的内容十分广泛而精深，本书仅仅是研究了若干问题，"挂一漏万，不一而足"，我们（当然更期望你们）今后对这一问题展开做深入而细致的研究。同时，因为我们承担的课题项目有一定的时间跨度，调研的时间有一定的周期，其间的数据收集可能存在一定的差异，所分析的问题可能近期有所变化，所提出的建议可能已经得到落实，敬请读者注意。我们知道，尽管本书作者尽力而为，殚精竭虑，精益求精，仍不免存在错漏和遗憾之处，敬请学界同仁、实务专家，以及有缘的你们批评指正。

王肃
2019 年 8 月 5 日
于河南省郑州市中原工学院龙湖

CONTENTS 目录

第一章 国家自主创新示范区知识产权的创造 …………………………… 001
 一、知识产权创造及其衡量指标 /001
 二、自创区知识产权数量与质量 /002
 三、自创区知识产权创造存在的问题 /016
 四、自创区知识产权创造的激励策略 /019

第二章 国家自主创新示范区知识产权的商用化 …………………………… 022
 一、知识产权商用化之界定与意义 /022
 二、自创区知识产权商用化状况 /024
 三、自创区知识产权商用化的问题 /029
 四、自创区知识产权商用化之完善对策 /031

第三章 国家自主创新示范区知识产权的保护 …………………………… 035
 一、问题的提出 /035
 二、自创区知识产权保护的基本理论框架 /036
 三、自创区知识产权司法保护 /039
 四、自创区知识产权行政保护 /043
 五、自创区知识产权社会保护 /048
 六、自创区知识产权自我保护 /053
 七、自创区知识产权协同保护 /057
 八、自创区知识产权保护的基本保障 /061

第四章　国家自主创新示范区知识产权执法协作 …… 064
一、区域知识产权执法协作的基本问题 /064
二、与自创区相关的知识产权执法协作实践 /072
三、区域知识产权执法协作的借鉴 /078
四、自创区知识产权执法协作机制的建立 /087
五、自创区知识产权执法协作机制的运行保障 /093
本章小结 /097

第五章　国家自主创新示范区重大经济活动的知识产权风险预警 …… 099
一、重大经济活动知识产权风险预警的意义分析 /099
二、自创区重大经济活动知识产权风险预警的主体分析 /102
三、自创区重大经济活动知识产权风险预警的客体分析 /107
四、自创区重大经济活动知识产权风险预警的流程分析 /111
五、自创区重大经济活动知识产权风险预警的指标体系 /113
六、自创区重大经济活动知识产权风险预警机制模型的构建 /116
七、自创区重大经济活动知识产权风险预警的绩效评估 /118
本章小结 /120

第六章　国家自主创新示范区专利信息传播与利用 …… 122
一、专利信息的内涵及运用方式 /122
二、新技术的发展对专利信息传播利用方式的新挑战 /126
三、自创区专利信息传播利用体系探析 /128
四、自创区专利信息传播利用的问题检视 /132
五、河南省专利信息传播利用方式的引领性创新 /135
本章小结 /142

第七章　国家自主创新示范区知识产权的协同创新 …… 145
一、自创区知识产权协同创新研究的必要性与可行性 /145
二、自创区知识产权协同创新的界定 /150
三、自创区知识产权协同创新体系的构造 /162
四、自创区知识产权协同创新存在的问题与风险 /168
五、自创区知识产权协同创新的问题治理与风险防范 /180

本章小结 /192

第八章　国家自主创新示范区知识产权的文化培育 ········· **195**
　　一、问题的提出 /195
　　二、知识产权文化的内涵、特征与功能 /197
　　三、自创区知识产权文化建设的内在要求 /205
　　四、自创区知识产权文化建设的现状 /211
　　五、外国知识产权文化建设的经验借鉴 /213
　　六、加强自创区知识产权文化建设的政策建议 /214

第九章　国家自主创新示范区知识产权军民融合发展 ········· **219**
　　一、知识产权军民融合基本理论 /219
　　二、我国知识产权军民融合制度梳理 /222
　　三、自创区知识产权军民融合现状分析 /228
　　四、其他省市知识产权军民融合经验借鉴 /242
　　五、自创区知识产权军民融合推进对策 /246

附　件 ········· **249**
　　附件1　《关于加强郑洛新国家自主创新示范区知识产权
　　　　　　保护的若干意见》（政策建议示例）/249
　　附件2　《自创区城市间知识产权行政执法协作协议书》
　　　　　　（示例）/255
　　附件3　自创区知识产权（专利）协同创新工作指南
　　　　　　（政策建议示例）/258
　　附件4　河南省知识产权军民融合工作推进方案
　　　　　　（政策建议示例）/262

参考文献 ········· **266**

第一章 国家自主创新示范区知识产权的创造

一、知识产权创造及其衡量指标

知识产权资源来源于知识产权创造。2008年6月5日,《国家知识产权战略纲要》颁布,其中将知识产权分为四个环节或曰内容:知识产权创造、知识产权运用、知识产权管理、知识产权保护。这四个环节或曰内容,其实缘于经济学中的对知识的环节分类,即"知识创造""知识运用""知识产权管理""知识保护"。至于"知识产权创造",在这里的真实含义,指的是知识的"权利化",也即把科技创新成果按照法律的规定,转化为民事主体对这些科技创新成果的法律权利。需要注意的是,"知识产权创造"与"创新"不同,它只是创新成果的权利化过程,或曰对科技创新的法律保护方式。在日常生活中,有些人把"创新"与"知识产权"混为一谈,把知识产权创造课,当作"如何创新"来讲,这其实是一大误区。科技创新成果转化为"法律权利",有专利权、商业秘密权、软件著作权、计算机布图设计权、植物新品种权等,一般不涉及知识产权种类中的"商标权、名称权"等商业标识权。在通常意义上,这些科技创新成果权利与科技创新成果本身的指代,并无二致。如专利权与专利,商业秘密权与商业秘密,软件著作权与软件等。我们在探讨自创区知识产权资源时,也通称为专利、商业秘密、软件等。鉴于自创区主要是科技创新,我们研究时一般关注的是专利、商业秘密、软件,特别是专利指标。

一般情况下,知识产权创造有三个衡量指标,一是知识产权的数量,即各类知识产权的多少。数量的多少意味着是否重视创新成果的保护,如果很少,虽然不能说创新能力弱,但至少说明对创新成果保护不力,创新很容易被侵蚀,创新成果容易被侵夺,间接说明创新能力弱。知识产权数量指标,除了有个绝对量，还有个增量问题，即在下一个周期，知识产权数量的增幅有多大，增量大，意味着创新多，反之，意味着创新较少。二是知识产权的质量，即知识产权的现有存量中某些知识产权种类以及效用如何。衡量知识产权的质量，一般亦有如下几个指标：发明专利数量、职务发明专利数量、PCT 国际专利申请量，专利被引量、使用次数，商业秘密价值，基础软件登记量。近年来，大家说得最多的高价值专利，在笔者看来，其实就是"高引用、高运用"的专利。高引用，表明是基础性专利，别人的发明创造是在此专利技术的基础上进行的，申请专利时比较难以绕开，必须引用才可以申请。高运用，说明在现实生产经营中，此专利技术对于解决问题、先生产产品是必要的。不过，也有说，高价值专利是比较难以"无效"——被无效掉的，法律与技术的稳定性强。但是，这在平时难以衡量，只在无效程序或侵权判定时才被考虑。三是知识产权的布局，即知识产权种类的分布、知识产权区域分布、知识产权的时间分布，对于国家或者区域来讲，还有知识产权的产业分布、知识产权的企业分布、知识产权的主体分布等。其实就是知识产权的结构的合理性问题。当然，我们也可以把知识产权的布局看作知识产权的质量问题。结构均衡了，知识产权的质量也就高了。不过，这是知识产权质量的整体观，或者是知识产权的系统观。就狭义上的知识产权质量来讲，知识产权质量可以是上面第二个指标含义。

下面就河南省郑洛新国家自主创新示范区（简称"自创区"）为例进行分析。

二、自创区知识产权数量与质量

（一）自创区专利申请情况

据河南省知识产权局专利统计年报，自创区三片区专利申请量由 2016 年的53749件增长到2018年的95536件，年平均增长率为 33.4%，高出河南省专利申请量同期年平均增长率5.4 个百分点；2016—2018 年自创区每年度的专利申请量分别占全省专利申请量的比例为 56.8%、58.9%、61.9%，自创区与河南省专利申请情况如图 1-1 所示，分片区的专利申请情况详见表 1-1。具体来看，2016—2018 年，自创区发明专利申请量占比逐年上升，年度专利申请量分类型构成占比如图 1-2 所示；2016—2018 年职务专利申请累计177531件占比 80.9%，非职务专利申请42035件占比 19.1%，其中，职务专利年度申请构成占比如图 1-3 所示。

第一章 国家自主创新示范区知识产权的创造

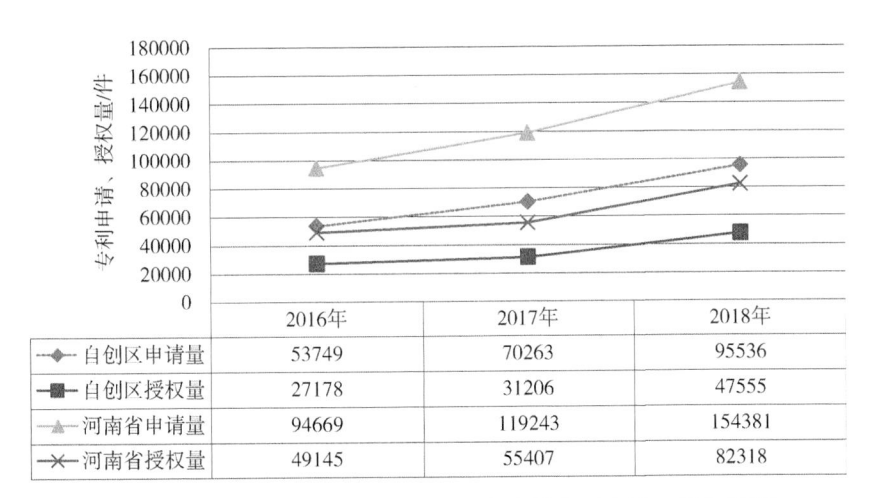

图 1-1 2016—2018 年自创区与河南省的专利申请、授权情况

	2016年	2017年	2018年
自创区申请量	53749	70263	95536
自创区授权量	27178	31206	47555
河南省申请量	94669	119243	154381
河南省授权量	49145	55407	82318

资料来源：河南省知识产权局专利统计年报。

表 1-1 2016—2019 年上半年自创区分片区专利申请情况

年度	片区	申请总量/件	增长率/%	发明 申请量/件	发明 占比/%	发明 增长率/%	实用新型 申请量/件	实用新型 占比/%	实用新型 增长率/%	外观设计 申请量/件	外观设计 占比/%	外观设计 增长率/%
2016	郑州	37411	43.7	12304	32.9	45.6	19627	52.5	52.3	5480	14.6	16.4
2016	洛阳	8872	-3.7	3631	40.9	23.4	4484	50.5	0.7	757	8.6	17.2
2016	新乡	7466	-4.1	2324	31.1	61.5	4527	60.6	-22.9	615	8.3	30.3
2017	郑州	50544	35.1	18543	36.7	50.7	25675	50.8	30.8	6326	12.5	15.4
2017	洛阳	10724	20.9	3609	33.7	-0.6	6276	58.5	40	839	7.8	10.8
2017	新乡	8995	20.5	2406	26.7	3.5	6020	66.9	33	569	6.4	-7.5
2018	郑州	70128	27.9	26597	37.9	30.2	37213	53.1	31	6318	9	-0.1
2018	洛阳	13884	22.8	4491	32.3	19.6	8531	61.4	26.4	862	6.3	0.03
2018	新乡	11524	21.9	2960	25.7	18.7	7431	64.5	19	1133	9.8	49.8
2019年上半年	郑州	28533	—	7095	24.9	—	19060	66.8	—	2378	8.3	—
2019年上半年	洛阳	6399	—	1795	28.1	—	4221	66	—	383	5.9	—
2019年上半年	新乡	5340	—	1164	21.8	—	3614	67.7	—	562	10.5	—

备注：2019 年上半年数据截至 2019 年 6 月底。

资料来源：河南省知识产权局专利统计年报、月报。

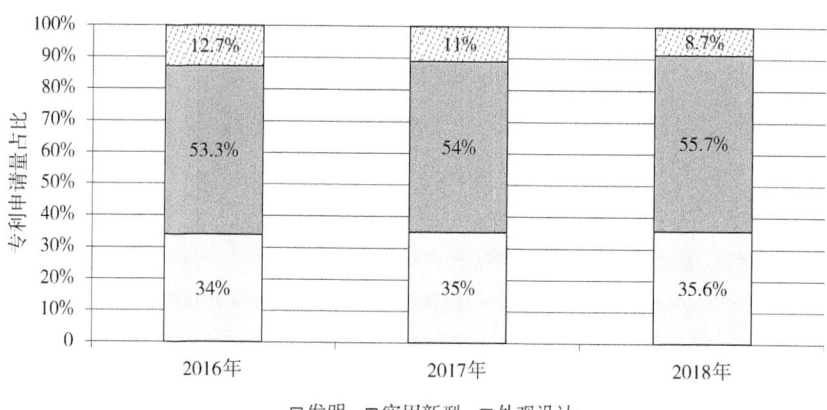

图 1-2　2016—2018 年自创区专利申请量分类型构成占比

资料来源：河南省知识产权局专利统计年报。

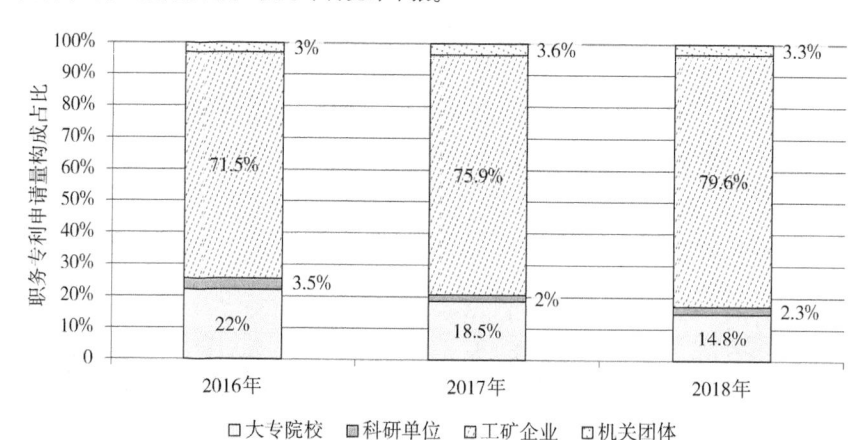

图 1-3　2016—2018 年自创区职务专利申请量构成占比

资料来源：河南省知识产权局专利统计年报。

(二) 自创区专利授权情况

自创区三片区专利授权量由 2016 年的 27178 件增长到 2018 年的 47555 件，年平均增长率为 33.6%，高出河南省专利授权量同期年平均增长率 2.95 个百分点；2016—2018 年自创区每年度的专利授权总量分别占全省专利授权量的 55.3%、56.3%、57.8%。2016—2018 年自创区与河南省专利授权情况如图 1-1 所示，分片区的专利授权情况详见表 1-2。具体来看：2016—2018 年，自创区专利授权量分类型构成占比如图 1-4 所示；2016—2018 年职务专利授权累计 85357 件占比 80.6%，非职务专利授权 20582 件占比 19.4%，其中，职务专利年度授权构成占比如图1-5所示。

表1-2　2016—2019年上半年自创区分片区专利授权情况

年度	片区	授权总量/件	增长率/%	发明 授权量/件	发明 占比/%	发明 增长率/%	实用新型 授权量/件	实用新型 占比/%	实用新型 增长率/%	外观设计 授权量/件	外观设计 占比/%	外观设计 增长率/%
2016	郑州	17884	10.9	2388	13.4	27.8	11519	64.4	10.2	3977	22.2	4.3
2016	洛阳	5298	-6.1	1671	31.5	20.1	3114	58.8	-15.2	513	9.7	-11.6
2016	新乡	3996	-29.7	471	11.8	4.2	3106	77.3	-36.6	419	10.9	24.7
2017	郑州	21249	18.9	2954	13.9	23.7	13696	64.5	19.0	4599	21.6	15.6
2017	洛阳	5692	7.4	1598	28.1	-4.4	3449	60.1	10.8	645	11.8	25.7
2017	新乡	4265	6.7	642	15.1	36.3	3122	73.2	0.5	501	11.7	19.6
2018	郑州	31584	32.8	3192	10.1	7.5	22935	72.6	40.3	5457	17.3	15.7
2018	洛阳	8788	35.2	1543	17.6	-0.04	6521	74.2	47.1	724	8.2	10.9
2018	新乡	7183	40.6	697	9.7	0.08	5728	79.9	45.5	758	10.6	33.9
2019年上半年	郑州	15442	—	1557	10.1	—	11692	75.7	—	2193	14.2	—
2019年上半年	洛阳	4146	—	622	15	—	3154	76.1	—	370	8.9	—
2019年上半年	新乡	3632	—	252	7	—	2839	78.2	—	541	14.8	—

备注：2019年上半年数据截至2019年6月底。
资料来源：河南省知识产权局专利统计年报、月报。

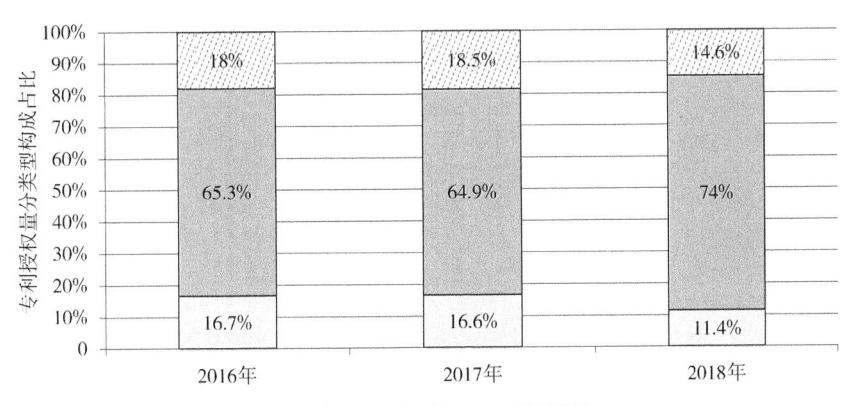

图1-4　2016—2018年自创区专利授权量分类型构成占比

资料来源：河南省知识产权局专利统计年报。

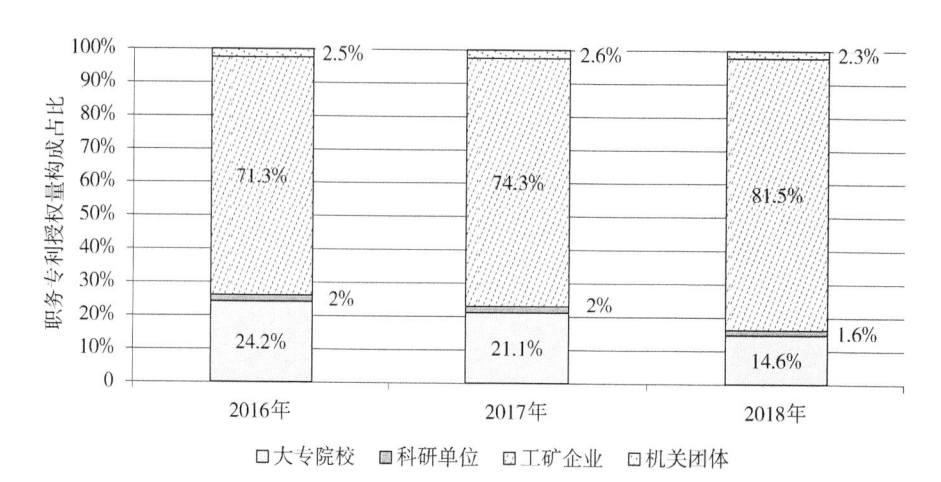

图 1-5 2016—2018 年自创区职务专利授权量构成占比

资料来源：河南省知识产权局专利统计年报。

近三年专利申请和授权情况显示，整体而言，自创区每年度专利申请量与授权量均已约占全省六成，专利申请量与授权量的同期增速明显高于全省平均增速且增势稳定（见图 1-6、图 1-7），自创区在创新方面的引领和示范作用逐渐凸显。

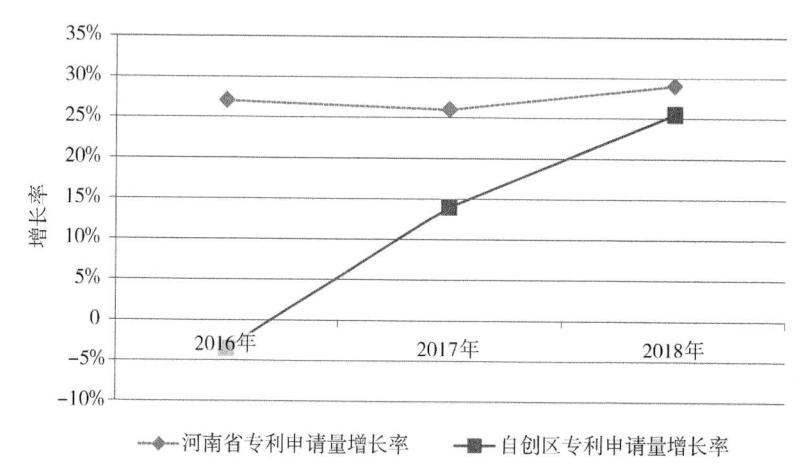

图 1-6 2016—2018 年自创区与河南省专利申请增长率对比

资料来源：河南省知识产权局专利统计年报。

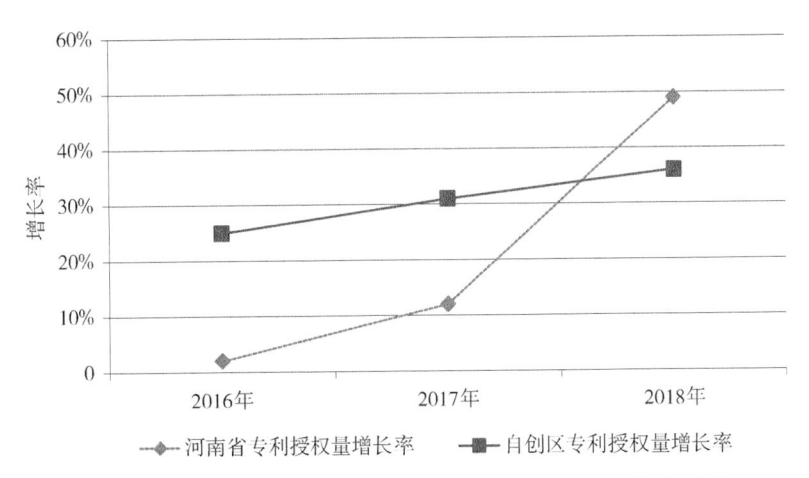

图 1-7 2016—2018 年自创区与河南省专利授权增长率对比

资料来源：河南省知识产权局专利统计年报。

有效发明专利拥有量方面，2016—2018 年自创区年度有效发明专利拥有量占河南省有效专利拥有量的比例分别为 66.4%、64.8%、64.1%，占比趋于稳定。此外，自创区的专利密度及 PCT 专利申请量也呈现出快速增长态势，显示出自创区专利创造的整体能力快速提升且参与全球化的意愿强烈。尤其需要提出的是，2017 年自创区万人发明专利拥有量已达 8.26 件，是全省平均水平的 2.8 倍，创新发展势头强劲。2016—2018 年自创区有效发明专利拥有量、专利密度及 PCT 专利申请情况详见表 1-3。

表 1-3 2016—2018 年自创区有效发明专利、专利密度及 PCT 专利申请情况

年度	片区	有效发明专利 数量/件	有效发明专利 增长/%	专利密度（件/万人）	PCT 专利 当年申请量/件	PCT 专利 增幅/%
2016	郑州	8216	30.04	8.76	52	33.33
	洛阳	5353	26.76	8.01	15	−28.57
	新乡	1437	31.96	2.52	4	−33.33
	河南省	22601	28.63	2.40	107	32.10

续表

年度	片区	有效发明专利 数量/件	增长/%	专利密度（件/万人）	PCT 专利 当年申请量/件	增幅/%
2017	郑州	10382	26.36	10.85	107	105.77
	洛阳	6253	16.81	9.28	25	66.67
	新乡	1917	33.40	3.35	5	25.00
	河南省	28615	26.61	3.0	232	116.82
2018	郑州	12316	20.57	12.67	108	0.92
	洛阳	6870	12.42	10.10	45	80.00
	新乡	2299	22.94	4.01	5	0
	河南省	33524	17.2	3.48	206	-11.21

备注：
1. 2018 年度有效发明专利数据采集区间为 1—11 月。
2. 年度区域专利密度测算的人口数量来源于上一年度河南省统计年鉴。
3. 资料来源：河南省知识产权局专利统计年报。

（三）自创区商标申请与注册情况

2016—2018 年自创区与河南省的商标申请、注册情况如图 1-8 所示，2016—2018 年自创区每年商标申请量分别占全省的 53.6%、74.1%、52.7%，注册量分别占全省的 54.6%、53.4%、53%。自创区分片区商标申请、注册及有效注册量情况详见表 1-4，2016—2018 年自创区商标申请量、注册量与有效注册量的平均增长率分别为 46.8%、58.5%、33.6%；其中，有效注册量累计为 733504 件，约占全省累计有效注册量的 51.4%。自创区与河南省的商标申请量、注册量及有效注册量对比情况分别如图 1-9、图 1-10、图 1-11 所示，2016—2017 年自创区商标申请量增长率与河南省商标申请量增长情况基本保持一致，2017—2018 年河南省商标市场申请量增长趋势整体呈现下滑状态，受此影响，自创区同期商标的申请量增长率有所下滑，但增长趋势仍强于河南省商标增长趋势；自创区在 2016—2018 年商标的注册量增长率与有效注册量的增长率这两项数据明显优于全省同期数据，自创区商标品牌事业迎来快速发展期。

近年来郑州、洛阳、新乡三片区的地理标志商标、驰名商标及马德里商标拥有量如表 1-5 所示。截至 2018 年 6 月底，河南省拥有中国驰名商标累计 262 件，其中郑州、洛阳、新乡三地拥有中国驰名商标总量为 113 件（郑州

61件、洛阳29件、新乡23件），占全省总量的43.13%。商标数量迅速增长，为河南省商标品牌事业的发展奠定了坚实基础。

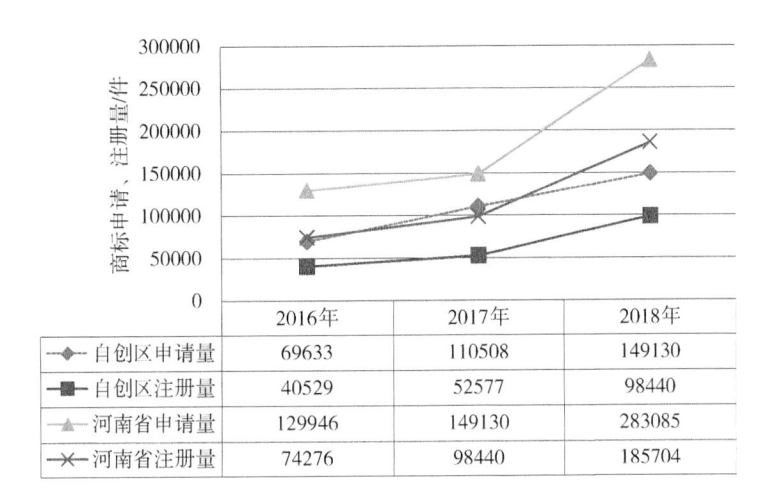

	2016年	2017年	2018年
自创区申请量	69633	110508	149130
自创区注册量	40529	52577	98440
河南省申请量	129946	149130	283085
河南省注册量	74276	98440	185704

图1-8　2016—2018年自创区与河南省的商标申请、注册情况

资料来源：国家知识产权局商标局、中国商标网中国商标战略年度发展报告等商标统计数据。

表1-4　2016—2018年自创区商标申请量、注册量及有效注册量

年度	片区	申请量 数量/件	申请量 增长率/%	注册量 数量/件	注册量 增长率/%	有效注册量 数量/件	有效注册量 增长率/%
2016	郑州	56103	43.4	32633	21.1	138477	29.05
2016	洛阳	8046	40.1	4738	5.3	23166	24.2
2016	新乡	5484	47.3	3158	9.2	19532	17.5
2016	河南省	129946	45.6	74276	4.7	356106	24.6
2017	郑州	85595	52.6	42415	30	178077	28.6
2017	洛阳	15112	87.8	6080	28.3	28880	24.7
2017	新乡	9801	78.7	4082	29.3	23245	19
2017	河南省	208393	60.4	97536	31.3	448013	25.8

续表

年度	片区	申请量 数量/件	申请量 增长率/%	注册量 数量/件	注册量 增长率/%	有效注册量 数量/件	有效注册量 增长率/%
2018	郑州	114976	34.3	76604	80.5	249551	40.1
2018	洛阳	19706	30.4	12893	112	41083	42.3
2018	新乡	14448	47.4	8943	119	31493	35.5
2018	河南省	283085	35.8	185704	90.4	623730	39.2
2019年上半年	郑州	62840	—	56215	—	301959	—
2019年上半年	洛阳	8987	—	10197	—	50620	—
2019年上半年	新乡	7607	—	7986	—	38811	—
2019年上半年	合计	79434	—	74398	—	391390	—
2019年上半年	河南省	156969	—	142081	—	756299	—

备注：2019年上半年数据截至2019年6月底。

资料来源：国家知识产权局商标局、中国商标网中国商标战略年度发展报告等商标统计数据。

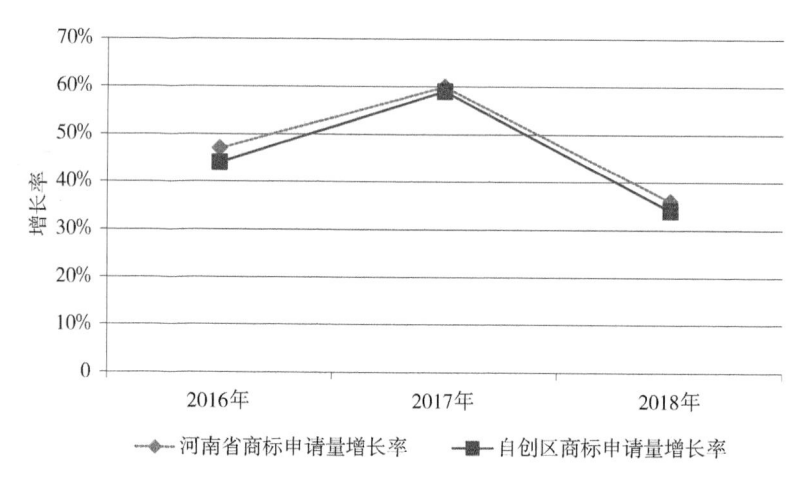

图1-9　2016—2018年自创区与河南省商标申请增长率对比

资料来源：国家知识产权局商标局、中国商标网中国商标战略年度发展报告等商标统计数据。

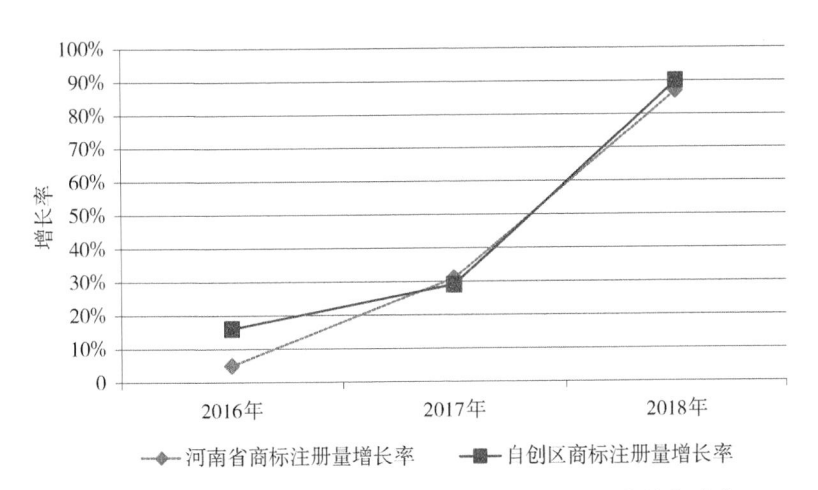

图 1-10 2016—2018 年自创区与河南省商标注册增长率对比

资料来源：国家知识产权局商标局、中国商标网中国商标战略年度发展报告等商标统计数据。

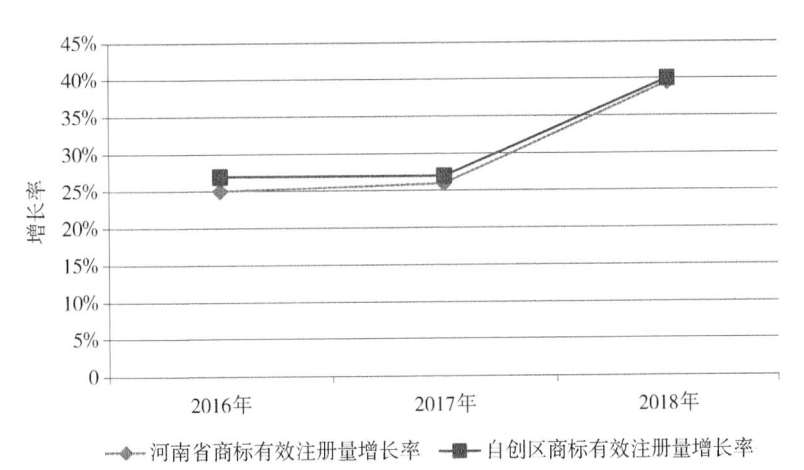

图 1-11 2016—2018 年自创区与河南省商标有效注册量增长率对比

资料来源：国家知识产权局商标局、中国商标网中国商标战略年度发展报告等商标统计数据。

表1-5　2015—2018年自创区各片区地理标志商标、驰名商标及马德里商标拥有量

年度	区域	新增地理标志商标/件	新增驰名商标/件	马德里商标有效注册量（一标多类）/件
2015	郑州	4	5	53
	洛阳	6	3	26
	新乡	1	6	16
	河南省	49	29	168
2016	郑州	4	7	57
	洛阳	6	3	28
	新乡	2	2	16
	河南省	56	20	178
2017	郑州	4	9	60
	洛阳	6	2	29
	新乡	4	3	16
	河南省	62	27	200
2018	郑州	0	2	—
	洛阳	2	2	—
	新乡	0	2	—
	河南省	65	11	—

备注：驰名商标数据统计截至2018年6月底。

资料来源：国家知识产权局商标局、中国商标网中国商标战略年度发展报告等商标统计数据。

（四）自创区专利的产业分布及其产业匹配度

1. 郑州自创区专利产业分布

郑州高新区专利资源涉及的国民经济行业主要包括烟草制品业，金属制品、机械和设备修理业，燃气生产和供应业，计算机、通信和其他电子设备制造业，金属制品业，电气机械和器材制造业6个产业。据初步统计，其中烟草制品业、金属制品、机械和设备修理业两个产业的专利申请在其中占比超过三分之二，专利分布集中度非常高。专利产业分布具体情况如表1-6所示。

表1-6 郑州高新区国民经济行业专利分布

产业	申请量/件	发明申请量/件	实用新型申请量/件	外观设计申请量/件	授权专利量/件	授权发明量/件
烟草制品业	501	334	165	2	241	130
金属制品、机械和设备修理业	469	243	245	—	304	72
燃气生产和供应业	70	29	33	8	45	4
计算机、通信和其他电子设备制造业	35	28	5	2	23	20
金属制品业	146	60	84	—	63	1
电气机械和器材制造业	216	30	93	93	151	3
总计	1437	724	625	105	857	230
自创区总计	47880	17368	23968	6437	24945	5646

备注：统计截至2016年年底，数据暂未更新，仅作分析说明。
资料来源：《郑洛新国家自主创新示范区知识产权资源分析》。

郑州片区的主导产业目前为轨道交通装备制造业、现代农业、现代物流业。这三个主导产业中的专利申请量、授权量、职务发明量、PCT数量等并不高。郑州片区专利分布和主导产业的匹配度不高。

根据自创区的规划，郑州高新区涉及的战略性新兴产业包括新一代信息技术产业、高端装备制造产业两个产业。这两大产业专利申请总量为10794件，发明专利总量为8637件，分别占自创区总量的22.5%、49.7%。其中新一代信息技术产业的专利申请总量、发明申请量分别为8073件、6459件，分别占郑州高新区战略新兴产业专利申请总量的74.8%、74.8%。总体来看，郑州高新区战略性新兴产业发展良好。

2. 洛阳自创区专利产业分布

洛阳高新区专利资源涉及的国民经济行业具体包括计算机、通信和其他电子设备制造业，电气机械和器材制造业，金属制品业，其他制造业，生物医药业5个行业，专利在国民经济行业中的分布较为集中，前三个行业专利申请占比高达90%。具体产业专利分布情况如表1-7所示。

表1-7 洛阳高新区国民经济行业专利分布

产业	申请量/件	发明申请量/件	实用新型申请量/件	外观设计申请量/件	授权专利量/件	授权发明量/件	有效发明总量/件
计算机、通信和其他电子设备制造业	2121	1089	834	198	1347	398	340
电气机械和器材制造业	1169	576	554	9	899	315	315
金属制品业	910	305	604	1	354	95	89
其他制造业	279	68	208	3	237	44	44
生物医药业	191	183	—	8	100	83	83
总计	4670	2221	2200	219	2937	935	871
自创区总计	47880	17368	23968	6437	24945	5646	3905

备注：统计截至2016年年底，数据暂未更新，仅作分析说明。
资料来源：《郑洛新国家自主创新示范区知识产权资源分析》。

洛阳片区目前的主导产业为生物医药业，其专利申请量为191件，授权专利量为100件。其中发明专利申请量为183件，有效发明量为83件，有效率达到45.4%。此外，还获得一次专利优秀奖。洛阳高新区的生物医药业取得不错的成绩，但该产业专利情况占比仍然较低，需要在主导产业政策的支持下，发挥创新优势促进该产业的不断发展，增强技术优势，提高专利与主导产业匹配度。

按照自创区规划，洛阳片区涉及的战略性新兴产业主要是新能源产业，该专利申请总量为575件，发明型专利申请量为233件。洛阳高新区前十名企业在战略性新兴产业中都表现为新能源产业。新能源产业的申请总量为575件，占自创区申请总量的1.1%。其中发明申请量、实用新型申请量分别占新能源产业的40.5%、62.1%。有效发明量为141件，有效率高达60.5%。

3. 新乡自创区专利产业分布

新乡高新区专利资源涉及的国民经济行业具体包括专用设备制造业，建筑装饰和其他建筑业，电气机械和器材制造业，食品材料业，电力、热力生产和供应业，铁路、船舶、航空航天和其他运输设备制造业，金属制品、机械和设备修理业，航空、航天器及设备制造业，汽车制造业，金属制品业，生物医药业共 11 个行业。专利在国民经济行业中的涉及范围较广，分布较为分散，除其中专用设备制造业及电气机械和器材制造业两个行业专利较为集中外，其他 9 个行业中各类专利占比均不高。具体产业专利分布情况如表 1-8 所示。

表 1-8 新乡高新区国民经济行业专利分布

产业	授权专利/件	发明专利/件	实用新型专利/件	外观专利/件
专用设备制造业	114	14	100	—
建筑装饰和其他建筑业	10	—	10	—
电气机械和器材制造业	336	35	284	17
食品材料业	4	1	3	—
电力、热力生产和供应业	18	—	16	2
铁路、船舶、航空航天和其他运输设备制造业	6	—	6	—
金属制品、机械和设备修理业	57	4	53	—
航空、航天器及设备制造业	52	1	50	1
汽车制造业	10	—	10	—
金属制品业	22	3	19	—
生物医药业	8	3	—	5
总计	637	61	551	25
自创区总计	24945	5646	—	—

指标说明：数据采取为 2009—2016 年新乡高新区授权专利前十名企业，数据暂未更新，仅作分析说明。

资料来源：《郑洛新国家自主创新示范区知识产权资源分析》。

从表 1-8 可知，新乡高新区在整个国民经济行业中，授权专利最多的行业为电气机械和器材制造业，授权数量为336件。授权专利最少的为食品材料业，授权专利仅为4件。总体来看，新乡高新区的国民经济行业发展并不均衡，而且创新质量也不高，还需要不断地提高企业的创新质量及产品化程度，增加发明专利和外观设计授权量。

新乡片区目前的主导产业为食品材料业、生物医药业。新乡高新区食品材料业的授权专利为4件，其中发明型专利为1件，实用新型为3件。生物医药业的授权专利为8件，其中发明型专利为3件，外观设计专利为5件。专利的分布产业与主导产业有一定程度的匹配，但相匹配的两个产业专利产出较低，仍然需要扩大创新投入，提升专利产出水平。

按照自创区规划，新乡片区涉及的战略性新兴产业包括新材料产业、节能环保产业、新能源产业3个行业。新乡高新区授权专利累计为158件，这三个产业仅占自创区授权专利量的0.6%。三个产业发明型专利29件，实用新型专利为112件，在新乡高新区授权专利总量的占比分别为18.4%、67.5%。其中新材料产业的授权专利量多，占比为61.4%。新能源产业的授权发明专利的比例在整个新能源产业授权专利申请占比为63.2%。专利与整体战略性新兴产业的匹配度较低。

三、自创区知识产权创造存在的问题

（一）知识产权创造量不足质不高，结构布局不合理

随着自创区知识产权创造主体不断集聚，创造能力不断提升，但整体数量不足、繁而不优、结构布局不合理之处依然存在。专利数量和质量方面，由自创区专利申请与授权分类型构成占比的数据（图1-2、图1-4）可看出，自创区2016—2018年发明专利申请量占申请总量的比例稳中有升，但授权量占授权总量的比例逐年递减，由2016年的16.7%下滑至2018年的11.4%，在自创区专利授权量快速增长的情况下，作为含金量最高、创新性最强的发明专利的比重偏低，侧面说明自创区专利偏实用新型、外观设计专利，高创新性、高引用、高运用性的发明专利尚还欠缺。有效发明专利量指的是各地区已授权且在有效期内拥有的发明专利件数，是衡量一个地区科研产出质量和市场应用水平的综合指标。截至2018年年底，全国有效发明专利拥有总量为7517791件，[1] 而自创区的有效发明专利拥有量为55043件，仅占0.29%，

---

[1] 数据来源：国家知识产权局2018年度专利统计年报。

专利拥有总量明显不足。专利成果的转化和运用虽然增长速度较快，但起步较晚，仅在自创区设立之后才有了本质提升，技术合同年成交数量和金额仍较低，当前专利质量与其预期仍有差距，低质量专利在自创区授权专利中仍占相当比例。影响自创区创造质量的最主要因素是企业创新能力不足，在发明创造阶段影响专利质量的主要因素是自创区龙头企业较少，中小型企业创新能力不够，专利申请片面追求数量、忽视质量，难以形成高价值专利和高水平技术成果。结构布局方面，数据显示，长期处于主导地位的大型工矿企业专利申请与授权情况在近三年职务创造中的占比仍在逐年快速增加，发明专利授权量在近三年中呈下滑趋势；2018年，自创区虽然在海外专利申请取得了突破，但数量过少，仅有158件。以上数据说明自创区创新主体的企业专利策略从快速积累到有计划布局阶段的调整和转变不及时、专利结构的多元化不强、海外专利布局缺乏国际竞争力。同时，由统计数据可知，自创区中国驰名商标拥有量约占全省总量的五成，反映出自创区经济发展实力强劲。但近三年自创区新增驰名商标数量有限，增势有所下滑；再看马德里商标有效注册量，近三年自创区马德里商标增势稳定且数量不断增加但基数尚小，以上指标从一定程度上反映出自创区企业近三年商品转向出口量和对外贸易量不断增加，马德里注册商标成为企业品牌走向海外的便利渠道，由于基数尚小，说明自创区品牌国际化水平还有待于进一步提高。

（二）知识产权权利意识淡薄，知识产权管理不力

知识产权权利意识方面，自创区中小企业缺乏足够的知识产权意识尤其是知识产权战略管理意识。对知识产权的产权意识较为缺乏，导致很多创新成果不能在第一时间产权化。中小企业由于自身规模偏小、知识产权保护意识不强，不善于利用知识产权保护手段来维护自身的合法权益，自主知识产权保护意识不强，往往只注重有形资产的积累和保护，忽视了专利、商标、技术秘密等知识产权保护，在发展过程中对知识产权保护重视程度不够。知识产权管理方面，随着经济全球化步伐的加快和河南省开放程度的不断提升，自创区目前PCT专利申请量和马德里商标注册量仍十分有限，自创区在参与全球化、在更高层次上进行战略规划和部署的知识产权管理能力尚还欠缺。此外，知识产权管理尚未成为中小企业的管理工作的重要内容，由于缺乏相关的管理机构和专门人才，知识产权的管理和保护难以得到有效保障，企业知识产权管理不力的现象比较严重。

(三) 创新主体不强，创新投入不够

创新主体方面，自创区虽然集聚了全省一半以上的创新资源，但与先进省份相比，创新企业、创新人才等创新主体明显偏少。截至 2017 年年底，郑州、洛阳、新乡三地共有高新技术企业 1282 家，远不及武汉的 2827 家、合肥的 1666 家、长沙的 1596 家。自创区引进两院院士 27 人，分别比湖北、安徽、山东、陕西少 44 人、8 人、17 人、37 人。❶ 不仅存在"量"的差距，也有创新能力和创新水平"质"的差距，2017 年，郑州、洛阳、新乡三市万人发明专利拥有量为 8.26 件，远低于武汉的 28.76 件、长沙的 27.08 件和合肥的 21.6 件。❷ 创新投入方面，资金投入总量偏低、投资规模较小的问题依然存在。2017 年，郑州、洛阳、新乡三个高新区科学研究与实验发展（R&D）经费占本地区国民生产总值（GDP）比重分别为 5.02%、7.79%、5.57%，虽然高于全省 R&D 比重，但与武汉东湖、珠三角、苏南相比，存在较大差距。同时，企业对 R&D 的投入与发达地区相比总量偏少，全省研发投入中企业投入占 88.8%，虽然占据主导地位，但企业研发投入与自身主营业务收入相比仍然偏低，2017 年全省规模以上工业企业研发投入强度约为 0.5%，仅相当于全国平均水平一半，❸ 以企业为主体的 R&D 投入体系尚未真正形成。

(四) 创新资源相对不足，协同发展机制不够完善

自创区发展中存在的问题还比较明显：一是高端创新资源相对不足。与其他自创区相比，区域内研究型大学和科研机构不多，高水平创新平台还较少。以省级科技企业孵化器、省国家大学科技园、众创空间为例，与其他省、市、自治区建设的自创区相比还有很大差距，实力明显不济。此外，在创新引领型平台和重大新型研发机构方面，郑州、洛阳、新乡地区的创新平台和新型研发机构不仅数量少，而且实力不够强，难以有效支撑高质量的创新创业活动。总之，郑洛新国家自主创新示范区建设还存在着创新资源基础差、底子薄的问题。二是协同发展机制不够完善。自创区集中了河南省具有重要影响力的一批产业，但从区位上看，三地并没有紧密地连接在一起，"三市三区多园"的空间布局，虽然实现了产业发展的差异化，但多个园区地理分布较为零散，在发展定位上存在同质化倾向，产业发展战略定位不够清晰，还

---

❶ 数据来源：《中国火炬统计年鉴 2017》。
❷ 数据来源：《中国火炬统计年鉴 2017》。
❸ 数据来源：《中国火炬统计年鉴 2017》。

没有形成优势互补、错位发展、协同推进机制，一定程度上分散了产业竞争力。尽管郑洛新地区高新技术企业和科技型中小企业总数均占到全省的一半，但龙头企业和"独角兽"的科技企业很少，难以发挥有效的引领作用，产业集聚不明显，创新力量较为分散。

四、自创区知识产权创造的激励策略

（一）优化专利促进政策，强化高质量发展导向

随着知识产权经济的深入发展，知识产权已越来越成为支撑创新驱动发展的核心要素以及构建一流创新和营商环境的关键一环。为进一步提升专利工作质效，回应市场主体创新驱动发展需求，要着力强化促进高质量专利创造和高价值专利运用的政策导向：一是改革当前专利考核唯数量论的取向，弱化高校、科研单位利用专利数量评奖、职称、奖金等非市场化激励机制，鼓励专利权人实施应用专利来补偿创新投入；建立专利质量综合评价指标体系，强化专利质量政策导向。二是完善专利优先审查推荐、试点示范单位规范管理、知识产权服务质量提升等工作举措。三是加强对高质量发明专利和国际专利（PCT）的扶持力度，鼓励和引导各类创新主体全面认识专利价值，优化专利结构，积极开展国内外专利布局，提升有效运用知识产权制度参与创新和市场竞争的能力。落实相关法律和政策，完善知识产权归属和利益分享机制，提高骨干团队、主要发明人受益比例。在自创区深入实施专利导航工程、知识产权强企培育工程、高校和自创区知识产权能力提升专项行动等。对自创区的核心区、辐射区和共建区，逐步将当年发明专利授权量、当年发明专利授权占专利授权总量的比重、国际专利申请量（PCT专利申请量）、专利许可转让交易额等指标纳入年度考核。

（二）着力提升企业知识产权意识，增强知识产权管理能力

一是有关部门应大力组织宣传培训，通过定期开展知识产权培训、知识产权巡讲进园区等活动形式，为园区企业解读知识产权政策、传授应知应会内容；二是充分借助新兴媒体，不断拓宽宣传渠道，丰富宣传形式，进一步提升企业知识产权意识；三是园区应成立知识产权法律咨询委员会，为侵权纠纷提供法律援助；四是成立自创区知识产权专家顾问团，定期深入企业开展专业指导，针对企业发展过程遇到的知识产权疑难问题把脉问诊，制定解决方案，引导企业保护好、运用好、管理好知识产权，从而避免无形资产流失，提高市场竞争能力。

（三）强化企业创新主体地位，引导企业加大创新投入

要提升自创区企业创新能力，激发企业创新的热情和活力，强化企业创新的主体地位，首先需要从创造良好的创新环境下手，只有营造良好的创新环境，才能真正调动企业创新的积极性，充分释放创新的潜力和创造力。可出台相关政策，吸引创新型企业、人才落户自创区；加强创新示范企业的培育和推广工作，对做出创新引领和示范的企业加大研发补贴力度，以示范企业为载体，以点带面引导自创区更多企业加大创新投入。当前，由政府引导、企业为主、社会参与的常态化投入体系尚未正式形成，企业的创新活动需要政府加大力度引导、激励，也需要社会和市场的肯定和支持。在涉企优惠政策方面，创新财政支持方式，实行普惠性的财政科技资金补贴。在拓宽企业融资渠道方面，政府应当引导鼓励科技型中小企业进行上市融资，建立专为科技型中小企业服务的信用评级机构和企业自身信用体系，帮助其能够在创业板块上市，利用社会金融资本来发展自身的高新技术。在增强科技与金融深度融合方面，鼓励引导社会创业投资机构及投资人，通过多种形式为创业企业提供金融服务，支持风险投资的成长。探索培育以科技型中小企业贷款为主要业务的科技银行和小额贷款公司。鼓励互联网金融企业开展业务创新，发起设立产业基金、风险补偿基金等。通过建立基金机制、担保等方式，多种手段引导社会资本进入科技创新领域，逐步在自创区推行构建以政府投入为引导、企业投入为主体、社会资金参与的科技经费投入体系。

（四）促进创新资源集聚，推进政产学研协同创新发展

郑州、洛阳、新乡三地是河南省创新资源最集中的区域，创新资源集聚、区域创新一体化发展能够带动河南经济的整体跃升。应加强顶层设计和整体规划，打破现有的行政区划限制，突出优势互补和竞争合作，使其既能在相关产业领域公平竞争，又能在重大创新项目中强强合作，进而建立起协调有序、科学高效、互动合作的区域创新体系。应彰显特色，错位发展，按照"要素集聚、资源共享、错位竞争、联动发展"的要求，注重依托自身优势和特色资源，围绕各地的主导产业，采取更有针对性的政策措施，推动主导产业持续特色发展。一要突出重点产业和优势产业，开展重大关键技术攻关，通过产业集群打造，形成优势互补和错位发展的产业格局。二要突出重点环节，科学规划创新路径，有效配置创新资源，促进产业整体发展。三要突出重点企业，每个产业集群总是要由龙头企业牵头，要充分发挥龙头企业的示范带动作用，逐步形成以龙头企业为引领的创新型产业集群。

为更好促进创新资源在自创区内持续集聚，就要充分发挥自创区内各类创新主体的优势，整合创新资源，形成创新网络，以提升科技创新效率，政产学研协同创新才能更有力地促进创新成果的转移转化。可通过建设各方主体共同参与的产业技术战略联盟、跨区域产业技术联盟等创新组织，促使政府、企业、高校、科研院所等充分参与到自创区的技术创新规划、政策及标准制定中来。不断深化企业主导的政产学研合作，通过持续紧密的政产学研协同创新活动，形成区域创新高地。此外，自创区还应该健全相关制度，明确政产学研合作的各方主体的权责和利益，依贡献度合理分配利益，进一步激发各方主体的创新创造活力。

第二章 国家自主创新示范区知识产权的商用化

一、知识产权商用化之界定与意义

(一) 知识产权商用化的界定

知识产权商用化（IP Commercialization），一般是指知识产权权利人和相关市场主体优化资源配置，采取一定的商业模式实现知识产权价值的商业活动。其概念有广义与狭义之分，广义上的知识产权商用化涵盖了知识产权产业化、商品化、资本化及各种形式的运营，其实质是指知识产权的价值实现，也就是将知识产权转化为现实生产力和看得见的财富，[1] 其主要途径和方式有：首先，知识产权的商品化。以知识产权自身为商品，通过知识产权所有权或使用权的转移来获得直接的经济收益。其次，知识产权的资本化。风险投资和知识产权中介市场的兴起使得知识产权资本化成为可能，知识产权的资本化能够使知识产权的创新属性和资本属性的杠杆作用得以发挥，从而实现较大的收益。最后，知识产权的标准化。以知识产权的法律属性所蕴含的竞争规范作用为基础，通过支撑知识产权的标准、品牌等进一步推动知识产权标准产业化，构成市场竞争壁垒，以获得超额收益。[2]

可见，广义上的知识产权商用化既包括专利、商标、版权以及各类知识产权的商用化，也包括各类知识产权的自我实施、转让、许可、质押融资、投资入股、保险、托管、证券化，甚至涵盖知识产权的标准化，作为市场工具的"冰封""冷藏"，作为竞争武器的法律诉讼等，以进行知识产权的商业

---

[1] 尹怡然. 促进知识产权商用化 助力产业转型升级 [J]. 广东科技，2014（10）：5.
[2] 程义贵. 知识产权托管和知识产权商用化研究 [J]. 中国律师，2014（02）：67.

推广和应用，进而盘活知识产权资产，实现知识产权的经济价值，获取市场核心竞争优势。课题组采用狭义上的界定，即仅仅涉及专利、商标、版权的商用化，且侧重专利与商标的商用化，主要调研河南省专利与商标转让许可、质押融资、投资入股、保险、托管等。

(二) 知识产权商用化的重要意义

知识产权商用化是知识产权从"权利"向"价值"转化的重要过程。"知识产权一头连着创新，一头连着市场，是科技成果向现实生产力转化的桥梁，解决的是科技成果转化为现实生产力'最后一公里'的问题。"国家知识产权局局长申长雨的一席话表明，知识产权运用是发挥知识产权价值的必由之路，也是知识产权工作的目的之所在。而知识产权商用化正是企业创新、发展和壮大的基础，是企业市场竞争的助推器，是实现知识产权从"权利"向"价值"的有效转化，也是将知识产权转化为生产力和竞争力，从而为企业带来现实价值的关键过程，是实现知识产权价值最大化的有效途径，也是实现知识产权经济价值的关键一环和重要一步。

知识产权商用化是知识产权在全球价值链中不可缺少的重要环节。知识产权由于具有全球流动性、产业渗透性和价值倍增性等特征，可以同企业其他非货币性资产如存货、固定资产、股权投资等一样按评估价值进行交易，其本身为企业带来的经济利益非常可观。有关研究和统计显示，在全球生产总值的高速增长中，知识产权的贡献份额已经由20世纪的5%上升到今天的80%~90%，以知识产权为核心的无形资产对全球500强企业发展的贡献率已经超过80%。[1] 可以预见，未来国家在全球经济合作中的地位、产业在国际分工中的地位、企业在市场竞争中的地位，都将越来越由知识产权拥有与运用能力决定。世界知识产权组织对各企业产品生产的全球价值链进行研究后，给出了有史以来第一例数字，揭示出全球销售的制成品近三分之一的价值源于品牌、外观设计和技术等"无形资本"。[2] 当今全球价值链中的无形资本将逐渐决定企业的命运和财富。这凸显出知识产权在当今世界的作用和地位日益重要。知识产权运营是财产经营的新领域，加之知识产权商用化是知识产权运营活动中不可缺少的重要组成部分，只有通过知识产权商用化，才能真正发挥知识产品的商用价值。

---

[1] 杨智杰，任风珍，孟亚明. 企业知识产权运营与交易市场建设 [N]. 光明日报，2013-10-16 (07).
[2] WIPO. 2017世界知识产权报告：全球价值链中的无形资本 [EB/OL]. [2017-11-27]. https://www.wipo.int/edocs/pubdocs/en/wipo_pub_944_2017.pdf.

二、自创区知识产权商用化状况

我们在资料搜集整理、座谈研讨、重点访谈的基础上，设计发放了《知识产权商用化情况调查问卷》。共收回 551 份调查问卷，判定有效问卷为 448 份。其中，国有企业提交问卷 33 份，占比 7.37%；民营企业提交问卷 391 份，占比 87.28%；高等学校提交问卷 1 份，占比 0.22%；其他性质的单位企业如转制科研院所、外资企业、私企等共提交问卷 23 份，占比 5.13%。就行业领域而言，机械制造行业占比 38.39%、信息技术行业占比 7.81%、医药卫生行业占比 7.59%、食品行业占比 6.03%、能源行业占比 5.36%、建筑和建材行业占比 3.79%、汽车行业占比 2.68%、家电行业占比 0.45%、金融行业占比 0.45%、交通运输和仓储行业占比 0.22%、其他行业（包装、化工、制造、环保、棉纺、互联网、农业、先进制造及高技术行业等）累计占比为 26.79%。

（一）自创区知识产权转让、许可与质押融资情况

随着自创区政府不断更新政策，采取激励措施，鼓励各企业加强专利运用，推进专利运用进度。截至 2016 年年底，自创区在专利运用方面取得了不错的成绩，专利交易金额累计达到 11223 万元，专利质押金额为 9139 万元。自创区专利运用具体情况如表 2-1 所示。

表 2-1 郑洛新国家自主创新示范区专利运用

指标	2011 年	2012 年	2013 年	2014 年	2015 年	2016 年	总计	年均增长率
专利交易/件	—	—	—	1	4	8	13	182.84%
专利交易金额/万元	—	—	—	1326	3806	6091	11223	114.32%
专利许可/件	—	—	—	4	6	10	50%
许可金额/万元	—	—	—	1467	2200	3667	49.97%
专利质押/件	—	—	—	5	3	14	22	67.33%
专利质押金额/万元	500	500	500	1350	700	5589	9139	62.06%

备注：统计截至 2016 年年底，数据暂未更新，仅作分析说明。
资料来源：王肃. 河南省知识产权发展报告（2016—2017）[M]. 北京：知识产权出版社，2018：83.

从表 2-1 中可看出，自创区专利运用能力在 2016 年实现了质的飞跃。6

年间专利交易总数为 13 件，仅在 2016 年的交易件数就高达 8 件，占总件数的 61.5%。同时，专利交易金额也处于激增的状态，从 2015 年的 3806 万元增长到 2016 年的 6091 万元，增长了近一倍。专利质押总件数从 2014 年的 5 件，增长到 2016 年的 14 件，增长率达到 180%。专利质押金额从 500 万元增加到 2016 年的 5589 万元，增长了十倍多。总体来说，2016 年自创区正式获批后，整体专利运用能力大幅提升。

从表 2-1 可看出，自创区的专利运用能力不断提升，各类型专利运用数据都在不断地增加，其发展趋势如图 2-1 所示。

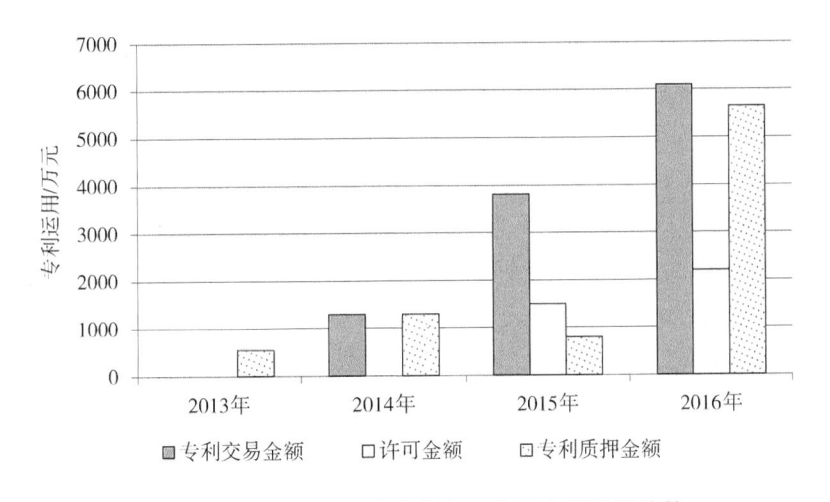

图 2-1　郑洛新国家自主创新示范区专利运用趋势

从图 2-1 可看出，自创区专利运用能力显著增强。专利交易件数、许可件数、质押件数均不断增长。相对应的专利交易金额、许可金额、专利质押金额也在不断增长中。专利质押金额在其中增长趋势最为明显，2016 年的专利质押金额高达 5589 万元，比 2014 年增长 170%，其中 2016 年的增长率高达 698%，原因之一是 2016 年郑州高新区成为全国专利质押融资试点、新乡市获批国家专利质押融资试点城市，加大知识产权与金融资源的结合，积极鼓励和引导科技型中小企业通过专利质押化解融资难题，取得了较好的成效。同时，专利交易金额增长也是很迅速，年均增长率达到 114.32%，2016 年的交易额是 2015 年的近 2 倍。

（1）郑州市知识产权质押融资概况。根据郑州市专利质押融资的统计数据显示，2007 年至 2017 年年底，郑州市共完成 200 余家企事业单位的专利评价，其中60余家企业通过各种贷款程序获得银行贷款累计突破2.6亿元，每户平均贷款400余万元，户均质押专利12件。其中2015年专利质押融资额为1100万元，2016年3689万元，2017年融资额已达到4100万元。2018年1—5月，专利融资额达1050万元，春泉节能、乐彩科技、恒博科技、勃达微波、科丰、飞龙医疗、兴泰科技、贝博电子、中裕广恒、中业科技、索凌电器等数十家企业成功实现专利权质押融资。

（2）洛阳市知识产权质押融资概况。洛阳市知识产权局开展一系列知识产权质押融资宣传培训活动，并开展企业需求情况调查，建立知识产权质押融资备选项目库。2012年5月中国工商银行洛阳分行推出了一种专门针对洛阳高新区内中小企业的具有创新意义的信贷品种——洛阳高新技术自创区"高新企业一贷通"融资业务，对集聚区内无法提供有效资产抵（质）押的小企业采取联保+知识产权等组合担保形式进行融资。2012年洛阳震动机械有限公司以11项专利进行质押，从中国银行贷款300万元。2013年，连飞科技以1项实用新型专利质押给洛阳星火投资有限公司获得贷款300万元，博特自动化2项实用新型专利通过质押向洛阳市高新区德丰小额贷款有限公司获得贷款500万元。2014年，易通电气用十几项专利，共评估了800多万，通过质押获得交通银行的400万元贷款；西格玛公司用18项专利（其中有2项发明专利，共评估将近1500万元）取得浦发银行郑州分行的500万元支持，并使用郑州宝信担保公司提供增信担保，实现了知识产权质押融资工作的新突破。目前，洛阳已分别与中国银行、工商银行、建设银行、兴业银行、招商银行、中信银行、洛阳银行、洛阳农商银行8家银行，以及北京东鹏资产评估事务所、中都国脉（北京）资产评估有限公司和洛阳天幸资产评估有限公司3家评估机构签订知识产权质押融资合作协议。2017年8月，洛阳市出台了《洛阳市知识产权质押融资风险补偿及奖补实施办法》，规定了知识产权质押融资过程的风险补偿、补贴、奖励的条件和标准。

（二）自创区知识产权投资入股状况

知识产权出资是指知识产权所有人将能够依法转让的知识产权专有权或者使用权作价，投入标的公司以获得股东资格的一种出资方式。它作为一种新兴的知识产权商用化形式，已被越来越多的企业所采纳。在2004年，河南滑县农民发明家李官以10多项专利技术入股，成功走出了一条知识产权资本运营的专利产业化之路。近几年，河南省相应出台《促进高等学校科技成果转移转化行动计划》《关于进一步推动知识产权金融服务工作的意见》《关于新形势下加快知识产权强省建设的若干意见》《关于支持以专利使用权出资登记注册公司的若干规定》《河南省重点产业知识产权运营基金联合出资协议》《河南省重点产业知识产权运营基金战略合作协议》《河南省促进科技与金融结合试点实施方案》等政策，鼓励将知识产权以参股、股权投资的形式，以支持企业发展，促进河南省知识产权强省建设。2017年年底，在国家知识产权局、河南省知识产权局的鼎力支持下，河南省首支重点产业知识产权运营基金落地河南省郑州市金水区国家知识产权创意产业试点园区。该基金的组织形式为有限合伙企业，基金首期规模3亿元，其中：中央财政投入资金4000万元，金水区政府通过河南国创知识产权创意产业园区运营管理有限公司参照社会出资方形式出资6000万元，其余为社会募集资本。重点投资方向为河南省超硬材料、电子信息装备制造业，以拓宽河南省中小微企业融资渠道，助力产业结构调整和升级。

调查问卷统计结果显示，在448份有效问卷的基础上，63.84%的企业清楚认识出资入股；6.7%的企业对其清楚认识并进行实践，这其中超过半数的企业采取以专利权的方式进行出资入股，四分之一的企业则是采用知识产权组合的方式进行出资入股，余下的企业则是利用其他类型的知产权进行知识出资入股，如图2-2所示；29.46%的企业不了解知识产权出资入股。企业知识产权出资入股相对公司注册资本而言，出资比例为10%以下的占比为37.3%、出资比例为50%~60%的占比为5.1%，如图2-3所示。出资入股虽作为一种新兴的知识产权商用化模式逐步并被广大企业所认识并接纳，但在真实的运营环境中企业并未将其大量实践。

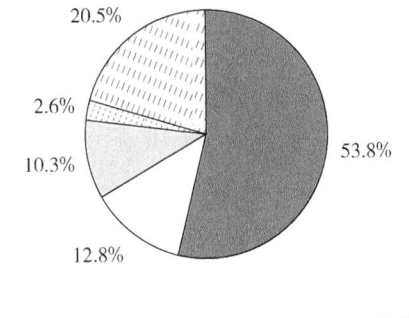

图2-2 企业知识产权投资入股类型

资料来源：根据知识产权商用化情况调查问卷统计结果整理。

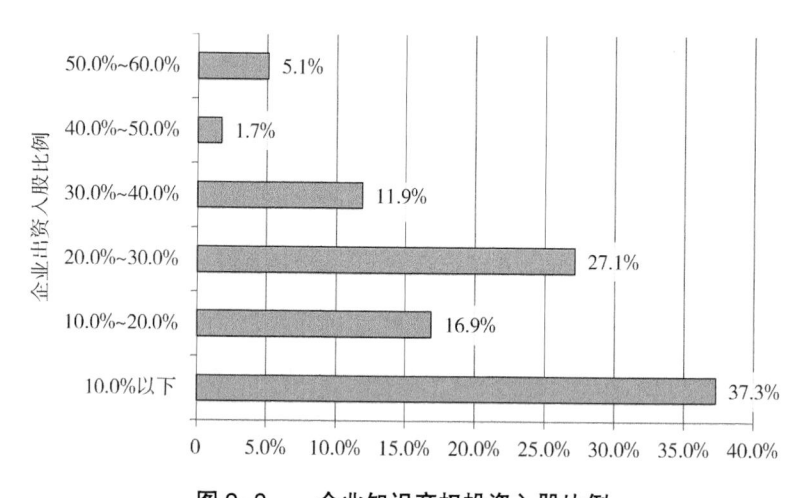

```
50.0%~60.0%  5.1%
40.0%~50.0%  1.7%
30.0%~40.0%  11.9%
20.0%~30.0%  27.1%
10.0%~20.0%  16.9%
10.0%以下    37.3%
```

图 2-3　企业知识产权投资入股比例

资料来源：根据知识产权商用化情况调查问卷统计结果整理。

（三）自创区知识产权托管状况

专利托管是指在专利权不变更的情况下，由专业服务机构协助权利人进行权益管理的一种形式。主要对专利的权益维护、预警分析和运营提供支持。2013年10月，河南省知识产权托管中心作为河南省知识产权服务创新重点项目，落户郑州。该托管中心运用国内外先进的理念、技术和管理，充分整合了政府、企业、高校等各方优势，为河南省乃至全国各政府、企业、事业单位、高校进行知识产权创造、运用、保护和管理等各个方面的对接与改造。河南省政府致力于知识产权服务机构为中小微企业提供知识产权托管等服务，于2015—2018年先后颁布《河南省自创区知识产权专项行动工作方案》《河南省人民政府关于新形势下加快知识产权强省建设的若干意见》《河南省产权交易中心企业股权登记托管业务规则（试行）》《关于开展知识产权运营服务体系建设工作的通知》《河南省科技与金融结合试点实施方案》等文件。根据对河南省产权交易中心股权登记托管数据统计，最早进行股权登记托管的公司为郑州宏润科技股份有限公司，托管日期为2017年6月7日，托管股本为1000万股。累计到2018年9月27日，托管公司数量总量为58所。其中焦作中旅银行股份有限公司的托管股本最大，为50亿股；托管股本最少的也有100万股，分别为河南就好医用电子科技股份有限公司、河南中农洽电子商务股份有限公司。

洛阳作为中西部地区较早开展知识产权托管试点工作的城市。2012年洛阳市知识产权服务托管试点工作取得一定成绩，其中231家托管企业与服务机构开展对接活动1257人次，解决专利申请、专利查询、专利诉讼等各类问题649个，整理申报专利项目772项。洛阳市同时作为由国家知识产权局、工业和信息化部共同确定的中小企业知识产权战略推进工程首批实施单位，为进一步落实该工程，洛阳市于2016年1月，正式启动中小企业知识产权托管工作，指导中小企业集聚区开展知识产权托管工作。

三、自创区知识产权商用化的问题

1. 知识产权商用化的认知程度不高

调查问卷结果显示，知识产权商用化与全国部分省份存在较大差距的一个主观因素为知识产权商用化的认知程度不高，其具体表现形式依次为：企业认为相关程序较为繁杂因而暂未实施（占比10.29%）、企业对知识产权商用化相关的政策存在不熟悉（占比5.4%）、相关政策理解不透彻（占比2.45%）、不了解情况（占比1.47%）、单位领导不重视（占比0.98%）。出现上述情况的原因主要在于企业未通过有效渠道及时理解知识产权商用化的相关政策及其重要性，导致缺乏知识产权价值认同感，致使其拥有的知识产权价值难以真正有效地实施利用。

2. 知识产权的供给与市场需求脱节

高校、科研机构作为国家科技项目的承担者，其技术成果缺乏市场基础，与市场需求存在一定程度的脱节，不能满足现实的市场需要，这也是制约知识产权商用化发展的一大瓶颈。造成这一现象的主要原因有两个：首先大部分高校与科研机构在承担科研项目时，并未对知识产权成本的市场化价值与资产价值进行具体考虑或者考虑的不够。相当多的情况是，进行专利申请的目的仅是为了完成规定的科研目标，疏忽了通过专利市场化运用实现经济效益。由于缺乏成熟的市场价值认识，造成大量技术成果仅以论文形式展现在大众面前，且并未进行专利申请，因此无法采取保护措施，在市场上面临着无偿使用的风险。其次，知识产权运用政策存在一定的不足，相关政策对高校、科研机构起到的应有的正向激励作用还不够。

3. 知识产权商用化综合服务能力较弱

知识产权商用化网络服务平台是知识产权服务平台的重要部分，在知识产权的商用化过程中，网络平台发挥作用的核心机制是通过降低信息不对称来缓解科技成果的供需矛盾。调查结果显示，86%的企业都会利用网络平台获取专利信息。但44.2%的企业发现网络平台缺乏专利数据资源，27.91%的企业认为专利数据更新不及时，46.4%的企业难以获取专利检索报告的引用文献等对比文献信息。造成这一现象的主要原因在于政府对网络平台的支持力度不够，资金投入力度不大，人员配备有限。

4. 知识产权的价值评估机制不健全

完善的知识产权评估机制是带动知识产权转化与运用的关键环节，不断完善知识产权评估机制，能够减少知识产权进入市场的阻力，促进知识产权商用化更好更快发展。调查问卷结果显示，大部分企业认为知识产权评估机制存在问题：其中59.82%的企业希望政府能够引进知识产权评估机构，54.02%的企业认为知识产权评估困难，小部分企业认为知识产权评估程序烦琐。造成知识产权评估机制不健全的主要原因有两个：首先，知识产权价值的不稳定性，且容易受到多种不确定性因素的影响，会给知识产权评估带来挑战；其次，缺乏实施细则以及量化标准，很难应对实践中复杂多变的知识产权价值评估问题。

5. 知识产权商用化投资风险分配不均衡

资金不足以及投资风险大是制约知识产权商用化发展的重要因素。专利成果的转化，转化过程长且存在较大风险，进而缺乏投资吸引力。调查问卷结果显示，8.93%的企业认为交易过程缺乏诚信、没有安全感。河南省知识产权质押融资业务刚取得突破性进展，但质押融资风险分担机制不健全，权利人利用专利等无形资产获得资金融通的能力以及银行对知识产权质押融资的支持力度有限。因此，没有充裕的资金保障和完善的风险分担机制，知识产权商用化发展会在很大程度上受到限制。

6. 知识产权商用化保护力度有待加强

调查问卷结果显示，58.93%的企业认为知识产权保护和扶持力度不够、46.43%的企业认为惩罚力度应加强、41.07%的企业认为诉讼周期长、18.53%的企业认为知识产权商用化法律环境不完善。出现上述情况的主要原因在于我国知识产权制度建立较晚，法律法规及各项制度不甚完善，致使在知识产权商用化保护过程中，出现了诸如惩罚力度不够、法律对创新保障不足、有关执法部门的执法力度不够、行政保护与司法保护的衔接也还不够紧密和顺畅的状况，知识产权维权依然面临着"举证难、周期长、成本高、赔偿低、效果差"等难题。

7. 知识产权商用化人才数量与质量需要提高

随着河南省知识产权战略实施的不断推进，人才短缺问题日益凸显。2017年，河南省新增专利代理机构15家、执业专利代理人42人。截至2017年年底，全省累计拥有执业代理人259人，专利代理机构71家。[1] 虽代理机构数量与人员的队伍在不断扩大，但与河南省知识产权发展并不协调，知识产权商用化服务是技术性和专业性较强的工作，需要专业的知识产权商用化人员。而目前河南省高素质的知识产权商用化人才较少，缺乏全面发展的复合型人才。调查问卷结果显示，河南省知识产权商用化人才短缺的几个原因依次为：企业无法确定合理的奖酬数额（占比63.39%），企业缺乏专业的知识产权培训（占比52.7%），企业缺乏科学、完善的职务发明奖酬及收益分配制度（占比20.98%）。

四、自创区知识产权商用化之完善对策

1. 着力提升知识产权商用化意识

提升知识产权商用化意识，可从以下两个方面着手：（1）组织宣传培训，讲读相关政策。通过开展讲座、辅导班、宣传培训会等，解读知识产权商用化政策和实施细节，做到企业懂政策、通流程，不断拓宽宣传渠道，丰富宣传形式，创新培训思路，加强宣传培训力度，进一步提高企业知识产权意识；（2）开展专业指导，提供咨询服务。开展专业性指导工作，针对企业知识产权商用化环节中出现的问题制定解决方案，引导企业更好地保护和运用知识产权，避免无形资产流失，提高市场竞争能力。

2. 构建各方协同的知识产权综合运用网络

政产学研合作，可以政府搭台，整合高校的科研和人才优势与企业产业化、市场化优势，高校与企业间的联合研发可以弥补科研成果与市场需求的脱节。具体实践中，可邀请相关企业来学校洽谈专利技术转让和科技合作事宜；同时，主动到企业宣传学校的专利技术，帮助企业增强知识产权保护意识，解决其技术难题。推动产学研合作是优化资源配置，提高我国高校院所等科研机构知识产权意识，促进科技成果向生产力转换的解决之道。积极探索知识产权与经济相结合的新途径新方式，大力推动知识产权转化运用，促进知识产权综合运用，进而服务经济、惠及民生。

---

[1] 王肃. 河南省知识产权发展报告（2016—2017）[M]. 北京：知识产权出版社，2018.

3. 高质量建设知识产权商用化服务平台

依托河南省技术产权交易所、河南省知识产权公共服务平台、知识产权远程教育平台、专利展示交易平台、知识产权维权援助服务平台等公共服务平台，政府应斥资建设集知识产权检索、咨询、交易、投融资等服务于一体的知识产权综合交易平台，完善知识产权交易数据库，建立健全项目咨询、洽谈、专利检索、投融资、专利评估、交易等服务的知识产权综合交易服务体系，加快推广知识产权网络商用化服务平台建设、持续优化知识产权新兴信息服务特别是知识产权网络商用化平台、知识产权新兴信息服务、知识产权商用化服务等新兴业态。

4. 建立健全知识产权价值评估机制

根据中国资产评估协会颁布实施的《资产评估准则——无形资产》《专利资产评估指导意见》《著作权资产评估指导意见》和《商标资产评估指导意见》等有关规定，目前国内知识产权评估通常适用收益法、市场法、成本法等评估方法，较好地规范了评估操作流程和具体要求，大致统一了评估标准[1]。但针对知识产权的特殊性，在评估过程中应当充分考虑评估标准的制定、评估方法的应用、必要信息的披露等方面，以满足知识产权评估的规范化和科学化。首先，应考虑以法律、法规与自律规范相结合的模式，加快出台资产评估方面的法律法规，完善规范知识产权评估标准。第二，在选择评估方法时应考虑背景因素的影响，适当改进知识产权评估的方法以满足评估环境的需要。第三，规范知识产权资产评估信息披露机制，完善相关业务部门的交流合作机制，实现主要业务信息共享。第四，加强知识产权评估机构的管理，提升知识产权评估机构的内部建设。第五，加强知识产权评估人员的业务素质建设和职业道德建设，培养高素质综合性人才。

5. 加大对知识产权融资的支持力度

加大对知识产权融资的支持力度，主要体现在三个方面：首先，知识产权行政管理部门和银行业监督管理机构要致力于完善与知识产权商用化相关的政策法规，建立和完善协调机制，不断改进服务，从各方面促进知识产权融资业务的开展；其次，应充分利用知识产权的融资担保价值，引导和规范商业银行开展知识产权质押贷款业务，加大对知识产权融资业务的支持力度，鼓励商业银行积极开展专利权、商标权、著作权等知识产权中的财产权质押贷款，充分发挥知识产权融资对企业发展的积极作用；最后，建立健全押融

---

[1] 刘楠，杜少南. 小微企业知识产权质押融资的困境及出路 [J]. 知识产权，2015 (11)：110-114.

资风险分担机制，银行要结合国家有关支持中小企业发展的信贷政策，建立适合中小企业知识产权质押贷款特点的风险评估、审批授权和激励约束机制。银行及相关中介机构可建立知识产权质押贷款专家咨询制度，听取政府相关部门或相关行业专家对知识产权质押贷款审查、评估等方面的咨询意见，提高知识产权质押贷款业务水平。

6. 进一步优化知识产权商用化营商环境

2018年4月10日，国家主席习近平在博鳌亚洲论坛发表题为"开放共创繁荣 创新引领未来"的主旨演讲，强调加强知识产权保护是完善产权保护制度最重要的内容，也是提高竞争力的最大激励。具体可从以下几个方面完善知识产权保护体制：（1）加大对侵权行为的惩罚力度。提高知识产权侵权法定赔偿上限，探索建立对专利权、著作权等知识产权侵权惩罚性赔偿制度，对情节严重的恶意侵权行为实施惩罚性赔偿，并由侵权人承担权利人为制止侵权行为所支付的合理开支。（2）为技术创新建立长期稳定的法律政策环境。河南省在鼓励知识产权商用化方面出台了相应政策，但在具体执行过程中，一些配套措施不能有效支撑完善。应尽快制定有利于促进知识产权商用化的政策措施，将专利奖酬机制认真贯彻落实。此外，政府要制定切实措施，引导和推动企业制定内部知识产权管理制度，使企业知识产权保护规范化。（3）完善知识产权行政与司法保护衔接机制。持续推进知识产权维权援助中心建设，继续加强执法衔接和协作，促进各相关管理部门就知识产权保护开展衔接和协作；探索建立高效、权威的知识产权管理协调机构，提高知识产权管理工作机构的效率；统一执法标准，完善法律监督，健全行政执法与司法衔接工作制度，积极探索建立知识产权行政执法与刑事司法衔接新机制。

7. 开放多元培养知识产权商用化人才

为加快培育知识产权商用化人才，可从以下四个方面着手：（1）加强人才培训。可依托知识产权高层次人才组建师资队伍，通过多种方式培养知识产权商用化实务人才，开展相关的知识产权服务业从业人员执业教育和培训，培育专业化、复合型的知识产权高端服务人才。（2）建立激励制度。为提高员工的技术创新的积极性，企业内部应建立科学完善的职务发明奖酬及收益分配制度，出台职务发明创造管理办法，对做出岗位职务发明的员工予以奖励，保障公司的职务发明及时申报专利，进而加快知识产权商用化人才培育进程。（3）创建培训基地。在省内原有知识产权培训基地的基础上，继续扩大培训基地的数量和范围，校企合作，理论和实务相结合，有助于提升知识产权商用化人才培养的数量和质量。(4) 开展国际合作。调查显示，我国企业获取海外专利的途径 70% 以上都是通过自主申请获得，企业层面对海外专利服务人才需求强烈。❶ 随着企业海外并购的蓬勃发展、从事国际化知识产权许可、转让、出资入股等知识产权运营和保护的人才也日益受到企业的青睐。大力引进国内外懂技术、懂法律、懂经济、懂管理的复合型高端人才，发展知识产权管理、咨询、运营、评估、保险、信息分析人才队伍，在交叉领域开展国际合作，加快培育知识产权商用化高端人才。

---

❶ 以国际化人才培养 助推知识产权保护 [EB/OL]. [2016-05-25]. http://xian.qq.com/a/20160525/026312.htm.

第三章 国家自主创新示范区知识产权的保护

一、问题的提出

2016年3月30日郑洛新国家自主创新示范区获得国务院批准。2016年5月26日，中共河南省委、河南省人民政府印发《郑洛新国家自主创新示范区建设实施方案》，从总体要求、战略定位、空间布局和功能布局、发展目标、重点任务、保障措施等方面对自创区建设进行了全面安排部署，并把"知识产权"置于"重点任务"和"保障措施"的重要位置，实施方案中20多次强调知识产权的作用，提出"完善知识产权创造和保护机制""研究出台先行先试政策，构建三级政策体系，重点在科研项目和经费管理、股权激励、科技金融结合、知识产权运用与保护、人才培养与引进、科技成果转化、科技评价等方面先行先试""加强知识产权保护，严厉打击侵犯知识产权行为"。本章旨在系统梳理自创区知识产权保护现状，结合自创区知识产权保护的现实状况和理论根据，研究制定自创区知识产权综合保护方案，为知识产权保护提供"河南智慧"和"河南方案"，服务郑洛新自创区发展目标的实现，为省委省政府领导提供决策参考。

自创区知识产权保护问题研究起始于2017年7月。主要包括五部分：一是自创区建设有关理论与实践；二是知识产权保护有关理论与实践；三是国家自创区以及相关自创区知识产权政策；四是省市区自创区以及相关自创区知识产权政策；五是其他自创区知识产权保护相关政策。课题组成员根据承担的任务，首先进行资料搜集整理，通过互联网、中国知网、图书馆等多种方式查阅、搜集下载与复印国内外有关理论文章，为研究奠定理论基础。其次进行调查问卷设计并发放。《自创区知识产权情况调查问卷》分为企业版和管委会版两个版本。7月份设计初稿后，征求了7位专家意见和5位企业管理者的意见，笔者团队召开两次会议研讨，数次修改易稿。8月25日通过省知识产权局办公室发放到郑州、洛阳、新乡高新区，9月15前回收整理分析。本次企业版调查问卷共发放68份，有效回收56份。参与调查的企业主要是科技创新型企业、知识产权优势企业、规模以上的企业，占比分别为39.3%、28.6%、28.6%，其他企业占比3.5%。其中200人以上的企业占37.5%，50~100人企业占17.9%，50人以下企业占35.7%；42.9%是股份制企业，35.7%是民营性企业，剩余部分企业涉及国有、外商独资、集体、合资等类型。从产业领域而言，46.4%是装备制造业企业，10.7%是电子及通信制造业企业，涉及生物医药业5.4%、能源环保及新材料8.9%、计算机软件开发7.1%、其他类型为17.9%。再次，进行了实地调研。在省委办公厅法律顾问处的支持帮助下，先后实地调研了省知识产权局、省科技厅（自创办）、省版权局、省工商局、省高级人民法院、省检察院、省司法厅（律师协会），以及郑州、洛阳、新乡三地高新技术开发区、中级人民法院、市知识产权局、市工商局等。围绕"开展知识产权保护工作情况与成效，在知识产权保护工作中遇到的问题与难点，知识产权保护工作下一步计划，对自创区知识产权保护工作的意见与建议"四个方面展开，采取座谈会、搜集材料两种方式。2017年10月21日组织召开了"第二届知识产权中原论坛——自创区与知识产权"，来自全国理论界和实务界17位专家学者作了主旨演讲和发言，并征集论文38篇。

二、自创区知识产权保护的基本理论框架

（一）知识产权保护的逻辑起点

知识产权及其特性是知识产权保护的逻辑起点，是对知识产权进行保护的近因。《民法总则》第一百二十三条第二款对"知识产权"的定义是：知识产权是权利人依法就下列客体享有的专有的权利，包括作品、发明、实用新型、外观设计，商标，地理标志，商业秘密，集成电路布图设计，植物新品种以及法律规定的其他客体，简称"7+1"。学术上一般将知识产权概括为民事主体直接支配的特定的智力成果或商业标识，并享受利益的排他性民事权利。

知识产权之所以特殊，根本在于其与物权、债权、人身权等民事权利的客体不同。其客体是"特定的智力成果或商业标识"，我们概称为"知识"

(Intellectual),其特性是:一是独特性。每个知识产权的客体虽然创造性、新颖性、独创性不同,但都具有独一无二性,否则法律不赋予其"专有的权利"。这个特性将"一般知识"与"特定知识"区分开来。二是无形性。每个知识产权客体没有一定的形态,不表现为有形之物质,不占有现实空间。这个特征与物权的客体"有形的物质"相比较而存在。三是共享性。每个知识产权客体可多人同时占有使用,可以同时存在于多人的记忆之中,并以多种方式表现出来。这个特性与物权、债权、人身权完全不同。四是永续性。每个知识产权客体不随时间的流逝而损耗,相反,却不断积累,永续存在,除非市场淘汰不再具有使用价值。五是增值性。每个知识产权客体都可以在不同程度上改变社会的产品与服务品性,改变企业的生存与发展方式,改变产业演进的方向与模式,改变经济的结构与发展动能,改变国家的竞争优势和综合国力,概言之,给我们的经济、科技、文化和社会带来"创新",进而运用创新驱动发展。当然,知识产权的"权利"(支配权)本身也具有多样性,与物权、债权、人身权的权利内容相异。

(二)知识产权保护的战略地位

可以这样认为,正是缘于知识产权的上述特性,加之知识经济和经济全球化深入发展,使知识产权日益成为国家发展的战略性资源和国际竞争力的核心要素,成为建设创新型国家的重要支撑和掌握国家发展主动权的关键。因此,国家对于知识产权这个"私权"才动用"公权"予以干预,进行公共政策性的战略设计,以实现知识产权的独特的溢价或几何级增长的价值。知识产权保护的战略重要性由此凸显。

《国家知识产权战略纲要》把知识产权的链条分为"创造、运用、保护、管理",2017年国家知识产权局又加上"知识产权服务"环节。随后出台的《国务院关于新形势下加快知识产权强国建设的若干意见》《"十三五"国家知识产权保护和运用规划》等战略规划也是围绕提升知识产权创造、运用、保护、管理和服务能力为要旨。在我们看来,知识产权创造就是激发创新活力并使创新成果权利化;知识产权运用就是推动相关主体行使"知识客体专有的权利",使权利价值化;知识产权管理就是促进相关主体配置知识产权的各项权利和权能,实现权利资源价值最大化;知识产权服务就是营造知识产权创造、运用、管理的软硬环境,包括提供公共服务和社会服务。而知识产权保护就是维持权利的稳定和权利行使的安全和便捷。知识产权保护是知识产权其他链条的重要保障,缺乏或弱化保护将造成知识产权可能形同虚设,知识产权创造、运用、管理、服务失去根本意义，造成自主创新成果的不确定性和风险性，自主创新将失去"源"与"流"。

从法律角度看，知识产权保护即是权利的救济，民事主体的知识产权受到侵害后，各相关主体采取救济措施，以矫正权利受到侵害后的失衡，惩戒侵权行为，以儆效尤。但是，从经济管理角度看，却是对智力创新成果和商业标识的全过程保护，包含知识产权的取得、利用和制止侵权等。我们认为，知识产权保护至少应该包括知识产权的确权和维权，知识产权的创造运用事关知识产权的价值发挥，可作另外一个话题予以讨论。本章基于此，重点研究知识产权保护问题。

（三）自创区知识产权保护的格局

自创区是创新密集的自创区，涉及科技进步、品牌建设、文化创意，与知识产权相互交融、密不可分，在自创区率先实行知识产权的"大保护、严保护、快保护"，解决知识产权保护中存在的"举证难、周期长、成本高、赔偿低、效果差"问题，可以有力助推自创区发展目标的实现。《"十三五"国家知识产权保护和运用规划》中提出"要构建包括司法审判、刑事司法、行政执法、快速维权、仲裁调解、行业自律、社会监督的知识产权保护工作格局"，意义重大。

所谓自创区知识产权保护格局，在我们看来，其实是国家和社会、政府与市场等各个主体在知识产权保护领域的角色分工，以及相互协调配合，形成自创区知识产权保护的有机联系、相互衔接、相互促动的高效便捷的网络。这其中既包括知识产权的防御性保护，也包括知识产权的救济性保护；既包括国家政府提供的"公力保护"，也包括社会市场提供的"私力保护"。从权利救济而言，我们称之为"多元纠纷解决机制"。

首先，国家政府提供的知识产权公力保护，是运用公权力保护知识产权的途径。按照我国"司法保护与行政保护并行的双轨制"，公力保护可以分为知识产权司法保护、知识产权行政保护。但是，知识产权司法保护与行政保护是"并行不平行"，有分工之别、主次之分。而知识产权司法保护又可分为知识产权民事司法保护、知识产权刑事司法保护、知识产权行政司法保护；知识产权行政保护分为专利行政保护、商标行政保护、版权行政保护、知识产权海关保护等，其方式有行政确权、行政处罚、行政调解等。

其次，社会市场提供的知识产权私力保护，是私权利在知识产权保护的体现与行使。知识产权私力保护分为知识产权社会保护、知识产权自我保护。

知识产权社会保护分为知识产权仲裁、知识产权民间组织调处、知识产权中介机构调处等。知识产权自我保护分为知识产权技术保护、知识产权预警保护、知识产权协商和解等。

最后，知识产权公力保护与知识产权私力保护相互协同，形成高效顺畅运转的有机系统。这其中有知识产权司法保护与知识产权行政保护的协同、知识产权司法保护与知识产权社会保护协同、知识产权司法保护与知识产权自我保护协同、知识产权行政保护与知识产权社会保护协同、知识产权行政保护与知识产权自我保护协同、知识产权社会保护与知识产权自我保护协同等。如此，即可构建自创区知识产权的保护格局，以下依次分析研究。

三、自创区知识产权司法保护

（一）知识产权司法保护概述

司法保护在知识产权保护格局中占据主导地位，是国家提供公力保护的主要方式和最终方式。这种方式或者通过知识产权民事司法保护追究侵权人的民事法律责任，以禁止侵权、赔偿损失等；或者通过知识产权刑事司法保护追究侵权人的刑事法律责任，让侵权人承担财产刑和人身刑后果；或者通过知识产权行政司法保护履行司法审查职责，以免相关利益人的权利受损或国家管理失序。

知识产权司法保护具有鲜明的特点：一是终局性。司法保护是知识产权保护的最终环节，是最后的救济途径，具有终局的救济效力。按照《知识产权协定》（TRIPS）规定，知识产权的其他保护方式最终都可受到司法审查，并做出最终裁决，且具有权威性。二是强制性。司法在保护知识产权时能够提供强有力高效的程序保障，其裁判由国家强制力保障执行。三是专业性。知识产权的司法保护是专业技术与法律业务叠加，只懂技术不懂法律或者只懂法律不懂技术，均无法有效地实现知识产权司法保护。四是能动性。司法权是被动性与能动性的有机统一，司法权的被动性是从诉讼程序启动的意义上表述的，强调司法权的启动方式和申请内容或诉讼请求的被动性；能动性就是司法机关在审理知识产权案件时，不能仅仅停留在被动地受理、审理案件，而是要服务创新驱动发展战略和国家发展大局。

（二）自创区知识产权司法保护现状与问题

根据对自创区的抽样调查，企业发生知识产权纠纷后，最终通过诉讼解决的只有14.29%，在最不愿意选择的方式中，诉讼占比39.29%。企业认为知识产权维权存在的最大问题依次是诉讼周期长（占比41.07%）、维权成本高（占比39.29%）、执行力度弱、达不到维权预期（占比37.50%）、法律制度不够健全（占比19.64%）。而认为在知识产权保护中司法保护最有效的占39.29%，同时认为应该加强惩处力度、减少取证难度、加快结案速度等。可见，企业对知识产权司法保护有双重情结：认为有效有力，然困难不少，另选他途，实有无奈。自创区企业需要高效有力的知识产权司法保护。

1. 自创区知识产权司法保护现状

（1）逐步加强审判组织与队伍建设。目前，河南省高级法院及郑州、洛阳、周口共三家中级人民法院设立了专门知识产权审判庭，全省19家中级人民法院及洛阳高新技术开发区人民法院具有一般知识产权案件管辖权，其中郑州、洛阳中级人民法院还具有专利、技术秘密、计算机布图设计等特殊知识产权案件管辖权。截至2017年上半年，全省法院从事知识产权审判的法官136人，全部具有本科以上学历，其中具有硕士学位的65人，具有博士学位的2人。其中郑州市中级人民法院13人，洛阳市中级人民法院8人，新乡市中级人民法院6人，洛阳高新技术开发区法院3人。❶

（2）出台了相关司法政策。河南省司法机关以及新乡市中级人民法院出台了四部知识产权审判政策，用来组织和指导自创区的知识产权审判工作。包括河南省高级人民法院、省检察院、省公安厅联合下发的《关于我省开展知识产权"三审合一"试点工作中刑事司法保护若干问题的意见》；河南省高级人民法院印发的《河南省高级人民法院关于开展知识产权民事行政和刑事"三审合一"审判模式试点的实施方案（试行）》；河南省高级人民法院印发的《关于配合郑州、洛阳中级人民法院做好知识产权"三合一"刑事审判工作有关要求的通知》；新乡市中级人民法院印发的《关于为推进郑洛新国家自主创新示范区建设提供知识产权司法服务和保障的意见》。

（3）有效处理纠纷案件。从2012年至2017年7月，全省法院共受理知识产权民事一审案件17734件；其中，2012年受理1862件，2019年1—10月份审理4118件，同比增长42.7%。其中郑州、洛阳、新乡三地法院共受理知识产权民事一审案件10815件，占61%。审结涉及知识产权侵权刑事案件268件328人，其中郑州、洛阳、新乡知识产权侵权刑事案件187件223人。❷ 据统计，知识产权权利人司法维权成功率达到95%以上；全省法院知识产权民

---

❶ 数据来源：各区域法院网站公布数据。
❷ 数据来源：河南省各年度知识产权司法保护状况白皮书。

事案件审理周期一审平均 96 天，二审平均 57 天，均低于民事诉讼法规定的一审 6 个月、二审 3 个月的民事案件审理期限；一审裁判文书生效率达到 92.5%，并对使用他人知名商标注册企业名称、假冒专利进行虚假宣传等不正当竞争行为重点进行规范。❶ 对侵权主观恶意较大、情节严重的侵权人，尝试处以惩罚性赔偿。

（4）积极探索改革创新举措。成立河南省法学会知识产权法学研究会，定期召开年会；加大司法公开力度，对有重大影响的案件，全部实行庭审网络直播；对当事人没有特别要求的知识产权裁判文书，全部上网公示；探索建立技术问题专家咨询机制，不断完善技术事实查明机制。开展巡回审判，选择有代表性的知识产权案件，到高校、产业开发区、自创区，以及侵权行为地开展巡回审判，增强知识产权审判社会影响力；积极到知识产权集中的企业开展走访活动，主动提供司法服务；主动拓宽宣传渠道，加强典型案例宣传。新乡市中级人民法院延伸司法工作职能，帮助企业提升知识产权意识、建立健全知识产权保护体系、实现知识产权保护的常态化、规范化。与新三板挂牌及后备企业一一对接，与市工商局、市知识产权局等政府职能部门建立协作沟通机制，共建平台、共享资源，与新乡知名企业协作，建立联络员机制，及时了解企业司法需求，助力企业知识产权体系的布局和保护。

2. 自创区知识产权司法保护存在的问题

（1）司法保护政策体系问题。郑洛新自创区依托三地高新区，并辐射多园，意在促进"自主创新"且成为示范。目前，除新乡市中级人民法院出台一份政策文件外，尚没有指导自创区知识产权司法保护的全局性规则。郑州市中级人民法院针对自由贸易试验区正在探索制定《关于成立河南自贸区郑州片区知识产权司法保护委员会工作方案》，可以借鉴。河南省司法机关亦应出台自创区知识产权司法保护工作方案。

（2）司法保护组织体系问题。郑洛新自创区是一个整体，目前郑州市中级人民法院、洛阳市中级人民法院对专利、技术秘密、计算机布图设计以及其他知识产权有管辖权，新乡市中级人民法院尚没有专利、技术秘密、计算机布图设计案件管辖权，也没有知识产权审判庭。在新乡国家高新区既没有基层法院，也无巡回法庭制度。

（3）司法保护规则体系问题。全省知识产权审判已经探索建立了技术问题专家咨询机制，不断完善技术事实查明机制，郑州、洛阳也在实行"三合

---

❶ 河南法院知识产权司法保护状况白皮书。

一"机制。但是立案的繁简分流、统一的知识产权裁判标准规则体系、符合知识产权案件特点的证据规则体系、科学合理的知识产权损害赔偿制度体系等没有建立健全,知识产权刑事案件中检察院与法院也存在衔接不畅的问题。

(4) 司法保护交流合作问题。郑洛新自创区是一个开放的系统,知识产权司法保护需要交流合作,增强合力。这中间既有知识产权司法保护机关之间的交流合作问题,也有知识产权司法保护机关与行政部门、企业、社会组织、高校、科研院所等单位之间的交流合作问题,也包括与省外自创区知识产权司法保护机关和部门之间的交流合作问题,甚或与国外知识产权司法保护部门之间的交流合作问题。

(5) 司法保护队伍体系问题。自创区是科技创新的集聚区,技术新领域、新问题层出不穷,知识产权案件审理既要有深厚的法律功底,也要兼具良好的相关专业技术,这对知识产权专业人才提出了数量与素质的双重要求。但现有的知识产权人才队伍不能满足创新活跃的自创区对知识产权保护的新要求,难以有效满足对于知识产权专门化保护的司法需求。

(三) 自创区知识产权司法保护的对策建议

(1) 建立有机协调的知识产权司法保护政策体系。河南省法院适时出台《关于加强郑洛新自创区知识产权司法保护的若干意见》,统领郑洛新自创区知识产权案件受理、审理、执行的法律适用标准、裁判思路以及裁判价值导向。积极推行省法院知识产权案例指导制度。郑州市、洛阳市根据片区实际,制定相应的贯彻落实意见,形成省、市、区三级法院相互协调的自创区知识产权司法保护政策体系。

(2) 建立全覆盖、便民的知识产权司法保护组织体系。积极争取新乡市中级人民法院对知识产权案件的管辖权,作为过渡措施可由郑州市中级人民法院在新乡市片区设立巡回法庭。郑州市中级人民法院、洛阳市中级人民法院在郑州、洛阳片区设立知识产权审判巡回法庭。探索授予郑州市高新技术开发区人民法院一般性知识产权案件的管辖权,强化洛阳市高新技术开发区人民法院对一般性知识产权案件的审理。案件数量少的地区可以由中级人民法院提级管辖。遵循知识产权司法规律,构建符合实际情况的"三级联动、三审合一、三位一体"的集中型立体审判模式,重点解决知识产权刑事案件侦查、批捕、公诉、审判等各个环节的协调配合问题。

(3) 建立高效的知识产权司法保护案件分流体系。借鉴山东泰安市中级人民法院的做法,探索建立电话预约邮寄立案制度和案件集中排期制度。推进案件繁简分流，根据不同审级和案件类型性质，实现案件审理程序和裁判文书的繁简有度，做到简案快审、繁案精审。适当扩大简易程序的适用范围，对于事实清楚、权利义务明确、争议不大的简单的知识产权案件，可以简化审理程序。

（4）建立统一的知识产权司法保护规则体系。建立在权利范围认定、侵权行为认定、损害赔偿认定、证据效力采信等方面明确统一的规则体系。明确举证责任倒置等方式合理分配举证责任，完善诉前诉中证据保全制度。明确技术专家参与技术事实调查的方式，逐步规范化、制度化。建立权利人被侵权所遭受的损失、侵权人获得的利益、许可费用、法定赔偿以及维权成本与知识产权价值相适应的损害赔偿制度体系。

（5）建立网络化的知识产权司法保护交流合作机制。建立行政执法部门、司法部门、高校科研机构、社会服务机构广泛参与的郑洛新自创区知识产权司法保护协调委员会。与仲裁机构、行业协会、调解组织相互协同，推动建立知识产权多元化纠纷解决机制。整合河南省知识产权研究会、河南省法学会知识产权法学研究会、河南省知识产权保护协会等专家资源，建设自创区知识产权智库，办好年度"知识产权中原论坛"，积极开展知识产权培训研讨交流活动。有计划地派员参加国际会议、出国培训、举办国际论坛，邀请外国法官和学者来华交流等，及时了解掌握国际知识产权保护动态，促进相互沟通与合作。

（6）建设复合型高素质的知识产权法官队伍。通过"双千计划"等形式鼓励知识产权法官和知识产权理论专家相互挂职、任职。积极利用国家知识产权局审协河南中心的智力资源，适时进行具有郑洛新自创区产业特点的技术培训。建立与北上广知识产权法院，省法院和郑州、洛阳、新乡中级人民法院知识产权专门审判机构之间形式多样的人员交流制度。着力培养一批顾全大局、精通法律、了解技术并具有国际视野的知识产权法官。探索人员分类管理，明确法官、法官助理、技术调查官、书记员的职责及管理要求。

四、自创区知识产权行政保护

（一）知识产权行政保护概述

行政保护在知识产权保护格局中的地位十分关键，这源于我国行政管理体制的特点。关于知识产权行政保护，一直存在着"受害保护说"与"全面保护说"的论争。知识产权的全面保护，是指行政机关根据法定职权和程序，依据权利人申请或其他法定方式，履行职责，授予或确认权利人特有权利，管理知识产权使用、变更、撤销等事项，纠正侵权违法行为，保护各方合法权益，维护知识产权秩序的活动。在我国建设知识产权强国与知识产权违法态势相对较重的双重背景下，知识产权全面行政保护应予重视，将对知识产权的行政保护的端口前移，在知识产权的创造阶段，就应该充分考虑到将来可能出现的权利损耗，并采取必要的措施予以防范。在知识产权的行政管理过程中，则将知识产权的确认、使用、变更、撤销作为保护链条的自然延伸，而不是被动地等到权利被侵犯时的事后救济，笔者赞同知识产权全面行政保护的观点。

知识产权行政保护与其他保护方式相比，具有不同的特点：一是主动性。知识产权行政机关可以按照法律的授权主动启动知识产权保护程序，对潜在或正在发生的知识产权侵权行为进行行政强制、行政处罚和行政调解。二是高效性。知识产权行政执法程序相对简单、便捷，能够及时有效地保护权利人的合法权益。知识产权行政保护是基于侵权行为对公共利益的潜在威胁或侵害，而使用国家公共资源介入的方式，当事人维权成本较低。三是行政强制性。行政强制不仅是知识产权行政保护的一种手段，也是整个行政保护的效力体现。当事人若没有在法定期限内提出行政复议或行政诉讼，则知识产权行政机关所做出的行政决定将具有法律强制力（行政调解除外）。

（二）自创区知识产权行政保护的现状及问题

根据调查问卷，37.50%的企业认为自创区对知识产权保护过弱或力度不足，另有23.21%的企业认为难以判断，有39.29%认为较为适当，两相比较，自创区企业对知识产权行政保护还多有期待。如果考虑到解决知识产权纠纷选择行政途径的只有1.79%，最愿意选择行政执法方式的仅有7.14%，知识产权行政保护的主动性发挥还有较大空间。知识产权司法保护中存在的惩处力度、结案速度、侵权取证难等问题在行政保护中同样存在，另有执法力量配备、执法水平、地方保护等问题。知识产权行政保护任务重要而艰巨。

1. 自创区知识产权行政保护现状

以郑州、洛阳、新乡三地市域范围为基础，开展知识产权行政保护工作。根据《郑洛新国家自主创新示范区建设实施方案》的要求，郑洛新国家自主创新示范区以三市高新技术开发区为核心区及后续确定的辐射区的地理范围进行建设。实地调研情况表明，郑州、新乡二市还没有精确确定自创区的地理范围，三地的知识产权工作并没有严格按照划定的地理区域开展知识产权保护工作，其知识产权工作以三区的市域范围为基础进行展开。

（1）建立促进自主创新的知识产权行政保护政策体系。河南省知识产权局研究出台了《加强郑洛新国家自主创新示范区专利创造运用保护暂行办法》，提出要严格保护郑洛新自创区知识产权。郑州市政府印发了《关于郑州市国家自主创新示范区发展规划纲要（2016—2025）》，洛阳市委颁布了《关于加快推进洛阳国家自主创新示范区建设的若干意见》，新乡市委市政府印发了《关于加快推进新乡国家自主创新示范区建设的若干意见》。三市自创区政策中均明确规定，提高知识产权运用与保护能力，建立知识产权侵权查处快速反应机制，健全知识产权维权援助工作体系，建立知识产权信用体系，强化对侵犯知识产权等失信行为的联动惩戒。

（2）搭建知识产权行政保护平台。省知识产权局批准建设了河南省首批7家专利导航产业发展实验区，其中3家位于自创区。推动建立中国郑州（创意产业）知识产权快速维权中心，同时引进知识产权维权援助工作站、国家专利复审委第九巡回审理庭、郑州市中级人民法院知识产权巡回法庭。实施知识产权强企、强县、强市工程，郑州、洛阳、新乡三市已备案省级强企39家，拥有国家知识产权示范企业、优势企业28家，73家企业通过《企业知识产权管理规范》国家标准认证；拥有国家知识产权强县试点示范县（市、区）6个，占河南省总量的一半。洛阳高新区、郑州高新区获批国家知识产权示范园区。郑州高新区和国家知识产权创意产业试点园区获批国家知识产权质押融资试点园区。

（3）知识产权行政执法效果明显。一是积极营造公平有序的市场竞争环境，知识产权行政执法成效明显。三市加大电商领域执法维权工作力度，签署了《电商领域专利执法维权协作调度机制运行协调会议备忘录》；郑州市知识产权局积极进驻当地大型展会、交易会开展执法检查并处理多起案件，积极开展省市县联合执法活动，展会知识产权保护环境不断优化；郑州市工商局积极开展打击农村周边市场食品商标侵权工作，做好重要节点排查，极大净化了农村周边市场消费环境。二是郑州、洛阳、新乡三地以侵权案件高发地、制造业集中地、专业市场、展会、商品流通环节等为重点，开展知识产权执法维权专项行动，严厉打击恶意、重复侵权等违法行为。三是加大对制假源头、重复侵权、恶意侵权、群体侵权的查处力度，为创新者提供更便利的维权渠道。三地版权管理部门通过加强版权执法队伍建设、健全工作联动机制、坚持日常监管与专项整治相结合、联合查办侵权盗版大案要案等形式，规范、创新了版权执法工作机制。

加大"放、管、服"改革力度，提升知识产权行政服务能力。一是加强"12330"维权援助与举报投诉体系建设。强化"12330"平台建设，拓展维权援助服务渠道。提升平台服务质量，深入对接产业联盟、行业协会。二是完善知识产权快速维权机制。建立中国郑州（创意产业）快速维权中心，洛阳快速维权中心还制定了《小微企业知识产权维权援助管理办法》。三是国家工商行政管理总局商标局郑州商标受理窗口正式挂牌运行，为自主创新企业提供新支撑。

2. 自创区知识产权行政保护存在的问题

自创区知识产权行政保护中存在的共性问题。主要表现在：知识产权中的立法问题导致知识产权行政保护效能不彰；现有的郑洛新自创区自主创新示范区的保护规定以政策性文件居多，缺乏对于政策实施绩效的量化评估与责任追究条款；知识产权行政执法查处难、搜证难、鉴定难等问题比较突出；对知识产权的事前行政保护不足，对事关知识产权发展的行政规划、行政指导、行政给付等事前行政保护关注不够。

自创区知识产权行政保护法制规划政策方案问题。自创区层面的立法尝试，制定《郑洛新国家自主创新示范区促进条例（试行）》与制度创新设想还没有正式地进入日常工作规划之中。知识产权行政保护"先行先试"的政策清单与内容设置，以及自创区范围内的成熟的知识产权行政保护方案，包括郑州、洛阳、新乡三市的专门的知识产权行政保护方案，还没有得到应有的关注。

综合知识产权行政保护机构问题。目前，自创区的知识产权行政保护工作，只能由三地的知识产权机关分别组织实施，还没有真正做到自创区层面知识产权"多权合一"的法律依据、机构职能、人员配置上的统一与深度整合。

跨部门、跨地域行政协同保护机制问题。调研发现，自创区管委会还没有建立与省工商局、省版权局等知识产权行政管理机关的专门业务联系。自创区层面的知识产权行政保护的信息交流与共享的渠道还没有畅通，执法资源互联互通的制度平台、新型知识产权执法手段、监管技术和专业人才缺乏，还不能适应和满足"互联网+"环境下知识产权工作的保护要求。

（三）自创区知识产权行政保护的对策建议

推动知识产权"三合一"综合管理体制改革试点。建议在自创区依托的三个高新区先行试点，以知识产权行政执法为突破口，推动形成权界清晰、分工合理、责权一致、运转高效、法治保障的知识产权体制机制，在郑洛新自创区管委会下整合成立由各派驻部门组成的知识产权局，下设综合处、专利处、商标处、版权处四个业务处室，一个综合性的执法机构，以及其他办公辅助机构。同时，可按照行政处罚法和行政许可法的规定，报请河南省政府批准，适时进行自创区知识产权相对集中行政处罚权和相对集中行政许可权的试点。支持郑州、洛阳、新乡三市建设知识产权执法强局，提升执法能力、完善执法条件、加强执法办案。深化专利行政执法协作调度机制，加强郑洛新示范区专利行政执法人员协作办案。

选准"先行先试"的知识产权行政保护政策突破口。自创区可以初步选定在重大经济活动知识产权事前审查机制、知识产权侵权的快速识别与鉴定机制、知识产权"技术调查官"制度、知识产权申诉专员制度与知识产权征信机制的建立、健全知识产权保护预警防范机制等方面进行试点，及时总结其中的得失，为相关制度的创新与后续的立法，提供参考的样本。同时，建立自主创新政策协调审查机制，及时废止有违自主创新规律、阻碍新兴产业和新兴业态发展的政策条款，对新制定政策是否制约创新发展进行审查。

加强自创区知识产权行政保护能力建设。建立由知识产权、税务、工商等职能部门共同组成的自创区知识产权综合服务中心，设立知识产权"一站式"服务窗口，统一受理专利申请、商标注册申请、作品登记，接受知识产权举报投诉及服务咨询，集中办理知识产权自主项目、维权援助等业务。在具体机制方面，可以采取合同委托、拍卖、招投标等政府购买服务的市场化方式，强化知识产权的行政服务功能。推动形成授权确权、行政执法、司法裁判、维权援助、社会诚信及调解仲裁相互促进的知识产权综合保护机制。

强化自创区重点产业、新业态、新领域知识产权行政保护。以重点产业、互联网、电子商务、大数据、云计算等创新成果的知识产权行政保护为重点，强化对知识产权新型侵权案件的调研、指导与执法创新，规范行政执法裁量，及时为市场主体提供行政规则指引。同时，充分运用知识产权行政指导、行政奖励、行政合同等非强制性权力运用方式，引导权利主体及时、依法取得行政确权，增强自我保护能力，切实改变传统的以处罚为主的执法方式。

推行知识产权权力清单、责任清单、负面清单制度，并实行动态管理。发挥国家知识产权局专利局专利审查协作河南中心对自创区知识产权人才、信息等方面的资源优势与支撑作用，简化和优化知识产权审查和注册流程，建立重点优势产业专利申请的集中审查制度，建立健全涉及产业安全的专利审查工作机制。实现知识产权在线登记、电子申请和无纸化审批。

完善知识产权联合执法和跨区执法协作机制。积极开展执法专项行动，重点查办跨区域、大规模和社会反映强烈的侵权案件。完善自创区内货物及过境、转运、通运货物的知识产权海关保护执法程序。建立、完善专利、版权线上执法办案系统。加强执法维权绩效管理，持续开展知识产权保护社会满意度调查。

加快知识产权快速维权中心建设。围绕郑洛新自创区产业发展功能定位，加快布局一批知识产权快速维权中心（工作站）。发挥中国郑州（创意产业）知识产权保护中心的作用，畅通从授权、确权到维权的全链条快速保护通道，推进快速维权领域由单一行业向多行业扩展、类别由外观设计向实用新型专利和发明专利扩展、区域由特定地区向省域辐射。完善知识产权维权援助体系，形成上下联动的知识产权维权援助、举报投诉工作格局。加强（涉外）行政执法与刑事司法有效衔接，加大涉嫌犯罪案件移交工作力度。

五、自创区知识产权社会保护

（一）知识产权社会保护概述

知识产权社会保护，有学者称之为"第三方保护"，它位于纯粹的公力保护（司法保护、行政保护）与纯粹的私力保护（自我保护）之间的地带，在知识产权保护格局中具有重要的补充地位，往往容易被忽略。从性质上讲，它既包括接近知识产权公力保护的"准司法"的"仲裁"，也包括紧邻知识产权私力保护的"民间组织调解、中介机构调解以及其他组织调解"（从强制力角度看，行政调解与社会保护相同）。在知识产权案件"大爆炸"、知识产权案件日益复杂的背景下，知识产权社会保护有助于缓解司法资源和行政资源短缺的矛盾，是国家治理体系和治理能力现代化的必然要求。

知识产权社会保护具有以下特点：一是民间性。知识产权社会保护依靠的是民间力量，具有非官方性，其保护主体一般是权利人所在的行业协会、地方商会，以及知识产权代理机构、律师事务所等中介机构。按照规范定义，仲裁也具有民间性质。二是自愿性。知识产权遭受侵害时，需要双方当事人自愿委托社会组织或仲裁机构解决纠纷，行政机关可以引导，但非强制。三是弱约束力。除了当事人选择的仲裁之裁决具有法律执行力外，民间团体组织和中介机构居间作出的调解协议，不具有法律约束力，除非司法确认。协议执行依赖的是特定群体的不合作力。四是专业性。一般情况下，知识产权纠纷当事人委托的是双方熟悉的具有所涉事件技术背景的专业人士，其调处结果的可靠性更强。知识产权仲裁更是如此。五是便捷性。知识产权纠纷发生，双方当事人即时可找到都信任的相应组织进行调处，且成本低廉。

(二) 自创区知识产权社会保护现状与问题

调查问卷显示，自创区企业较为信赖社会组织。在项目研发或新产品上市前，除了自行调查外，有25.58%的企业会委托专业中介机构进行知识产权情况调查。如果收到其他公司发来的专利侵权警告律师函，高达51.79%的企业委托律师或中介机构进行应对。在发生知识产权纠纷时，73.21%的企业委托企业外的代理人、律师进行处理。在处理知识产权纠纷时最愿意选择的方式上，行业协会调解、仲裁占比10.72%，比例不高，但是通过协商解决占比71.43%，其中律师事务所、专利代理机构在其中发挥重要作用。不过，选择仲裁仅为1.79%，这与仲裁的知识普及度不高有关。不少企业（21.43%）认为加强知识产权保护力度的最有效途径是社会保护。自创区知识产权社会保护在常态需要、非均衡发展中彰显价值。但是，自创区乃至河南省知识产权社会保护机构普遍存在数量少、规模小、业务窄、办案少、经验不足等问题，加之缺乏政策、资金与人才的支持，知识产权社会保护的作用没有显现，知识产权社会保护的效益难以有效发挥。

1. 知识产权仲裁与知识产权社会法庭的现状与问题

2016年，郑州仲裁委共受理案件3406件，标的额达到22亿元，但是知识产权案件不多[1]。调研问卷统计结果显示，自创区企业在选择纠纷解决方式时，关注的焦点是结果能否得到有效执行与解决的时间成本，分别占35.71%与30.36%；而解决纠纷的专业性与解决方式的费用仅占12.5%与21.43%，知识产权仲裁没能成为企业关注的重点，53.57%的企业选择自主协商解决纠纷。2013年河南省知识产权社会法庭在省知识产权保护协会挂牌成立，系全国首个专门化解知识产权纠纷的社会法庭，社会法官由各行业的知识产权专业人士担任，主要调解知识产权的民事、行政纠纷。河南省高院和郑州中院对社会法庭进行业务方面的指导，定期对社会法官进行业务培训。知识产权仲裁机构与社会法庭具有调解优势和专业优势，能够借助高校、企业、政府机关乃至权利人的力量来化解知识产权纠纷。目前，自创区乃至河南省尚没有成立专门的知识产权机构，知识产权社会法庭亦运行不畅，归口单位和实际管理单位脱节，经费缺乏，运行体制不畅，调解员缺乏参与的积极性，尚

---

[1] 2016年全国各仲裁委员会受理案件情况 [EB/OL]. [2017-07-25]. http://sdjnzc.jining.gov.cn/art/2017/7/25/art_14757_605483.html.

未与仲裁、调解等形成知识产权纠纷解决的合力。

2. 知识产权相关的民间组织的现状与问题

据河南省民间组织管理局统计,截至2016年年底,河南省注册各类行业协会(商、学、研究)数量高达5000余家、各类民间组织超过2万家,这些民间组织或行业协会主要分布在经济、科技、教育、文化、劳动等社会各个领域,基本实现全行业的覆盖,但多数行业主要集中在"组织开展行业人才交流与培训"和"提供信息服务",很少针对知识产权开展的活动。在知识产权专门的民间组织方面,在全省具有较强影响力的主要有河南省知识产权研究会、河南法学会知识产权法学研究会、河南省知识产权保护协会,这些组织通过学术论坛、课题研究、政策制定、案件研讨等为全省知识产权保护贡献智慧结晶。但是多数行业协会或民间组织的宗旨、章程或目标中缺乏知识产权保护的相关规定,知识产权保护的效益未能完全体现。知识产权民间组织具有以下三方面的问题,一是行业协会、地方商会很少有知识产权方面的组织机构人员;二是部分已经成立的知识产权民间组织的调处功能难以体现出来;三是知识产权民间组织工作机制有待完善,缺少必要的资金与人才支持。

3. 知识产权中介服务机构的现状与问题

近年来河南省大力培植和发展知识产权中介机构,中介队伍不断发展壮大,知识产权中介服务机构与从业人员大幅增长。以专利代理机构为例,截至2016年年底,专利代理机构从2008年的14家增长到46家,专利代理人从2008年的81人增加到217人。[1] 专利代办服务能力不断提升,专利申请受理收费数量和质量持续位居全国前列,专利电子申请推广工作成效显著。但是仍存在许多问题,如知识产权服务从业人员不足,人员素质有待提高;知识产权服务机构利润率与服务层次较低;知识产权服务机构发育不健全,行业秩序亟待规范等,知识产权中介服务机构的能力有待强化。目前,企业所需知识产权服务最多的项目依次是业务代理、价值评估、检索与分析、培训,分别占企业总量的58.93%、42.86%、41.07%、30.36%;在所需中介服务方面,知识产权获权或确权代理服务、法律服务、资产评估服务、人才培养、信息服务分别占据53.57%、42.86%、41.07%、39.29%、39.29%;因此与专利事务所、商标事务所与律师事务所合作的企业分别占据了85.71%、41.07%、28.57%,但是从服务结果来看,仅有5.36%的企业表示非常满意,

---

[1] 数据来源:各年度全国专利代理年度报告。

46.43%的企业比较满意,也就是说近一半知识产权中介结构所提供的服务不能满足企业的需求。

(三) 自创区知识产权社会保护的对策建议

(1) 分门别类发展仲裁和社会组织作用,探索知识产权多元化纠纷解决机制。引导成立郑州、洛阳、新乡知识产权仲裁院。着重发挥仲裁与调解在协调解决知识产权纠纷中的重要作用,发挥仲裁机构本地和主场优势,以服务郑洛新国家自主创新示范区,为权利人提供更多的争议解决途径和维权选择。具体工作主要包括开展知识产权纠纷仲裁调解组织培育和发展工作,构建多元知识产权纠纷仲裁调解人才体系,探索构建知识产权纠纷仲裁调解专家库,加大知识产权纠纷仲裁调解工作宣传力度、建立健全知识产权纠纷仲裁调解工作机制,实现知识产权纠纷仲裁、调解、行政执法、司法保护之间的高效衔接,从而达到司法资源与社会资源的优化组合,最终实现纠纷解决途径的多元化和效益的最大化。

(2) 创新知识产权社会法庭运作模式。清晰定位知识产权社会法庭于其他民间调解组织相异的性质与功能,明确知识产权社会法庭运作程序,规定调解结果的司法确认。邀请行业协会、行政执法部门、专业技术人员等,充分发挥其沟通协调作用,化解矛盾纠纷,通过调解促进知识产权的许可转让等合法实施,实现知识产权资源的合理利用。

(3) 充分发挥民间组织知识产权保护作用。行业协会和地方商会因为业界相同、地域相同而使各个社会主体连接在一起,有自己的独特优势。可以有效组织自创区内部同行业制定知识产权保护的行业规范,协调解决行业内部发生的知识产权纠纷,充分发挥行业自律、行业维权、行业协调、行业服务等职能。自创区应该鼓励成立各类型的行业协会,把尊重知识产权列入行规行业内容,把保护知识产权列入行业自律管理的重点工作,通过行业协会督促企业尊重和保护知识产权。充分发挥行业协会在技术交流、人员培训、宣传教育等知识产权环境建设中的独特作用;充分发挥行业协会在知识产权维权中的代表作用和集体优势;充分发挥行业协会在企业知识产权信息共享中的平台作用。

(4) 支持产业知识产权联盟发展。国家知识产权局专门印发《产业知识产权联盟建设指南》,不断完善产业知识产权联盟发展政策支撑体系,建立重点产业知识产权联盟管理库,支持重点产业知识产权联盟开展产业专利导航分析研究。《"十三五"国家知识产权保护和运用规划》鼓励组建产业知识产权联盟，开展联盟备案管理和服务，建立重点产业联盟管理库，对联盟发展状况进行评议监测和分类指导。支持成立知识产权服务联盟。属于社会组织的，依法履行登记手续。支持联盟构筑和运营产业专利池，推动形成标准必要专利，建立重点产业知识产权侵权监控和风险应对机制。鼓励社会资本设立知识产权产业化专项基金，充分发挥重点产业知识产权运营基金作用，提高产业知识产权运营水平与国际竞争力，保障产业技术安全。

（5）发挥各类知识产权研究会的智库功能。知识产权研究会一般有高校、知识产权服务机构、知名企业等主体联合发起的学术性、非营利性的社会团体，可以为知识产权事业提供政策咨询、基础理论研究、人才培养等提供智慧。加强与高校、科研院所互动交流，共同研讨知识产权保护工作中遇到的新情况、新问题。

（6）推动知识产权维权援助工作。充分发挥知识产权维权援助与举报投诉热线的作用，鼓励维权援助中心在自创区内设立分中心、工作站等，积极主动提供维权服务，帮助企业制定知识产权维权方案，提高确权效率，降低维权成本。例如中关村多媒体创意产业园区工作站可以协助北京12330为企业提供知识产权维权服务；解答企业知识产权保护咨询；开展企业知识产权保护培训或沙龙；开展知识产权保护公益宣传；提供企业其他知识产权需求服务。

（7）加强知识产权文化培育工作。调研结果显示，41.07%的企业表示知识产权意识比较薄弱、21.43%的企业不是特别了解知识产权方面知识。知识产权文化建设是知识产权战略的基础工程。自创区应积极推进以"尊重知识、崇尚创新、诚信守法"为核心的知识产权文化建设，形成学校、政府、企业、中介、行业，多层次、多渠道、多角度合力传播知识产权知识与意识的局面，使知识产权文化理念深入课堂、社区、企业、政府机关等，成为自创区文化的重要组成部分。

（8）大力培育和发展知识产权中介服务业。按照"聚集、高端、优势整合"的原则优化知识产权中介服务机构。自创区作为河南省创新驱动发展示范区、创新创业引领区，必须拥有与之相匹配的知识产权中介服务机构，该中介机构在规划与建设中需克服现存的弊端，秉持"聚集、高端、优势整合"的特征。"聚集"即众多知识产权服务机构包括不同业务类型如专利、商标、版权、评估、保护等机构及业务层次的服务机构的聚合；"高端"即对服务机构的服务能力、服务水平、服务质量及服务内容的要求；"优势整合"即发挥所有知识产权服务机构的优势，形成一种合力，满足企业不同内容、不同层次的知识产权服务需求。总之，自创区需要拥有丰富理论与实务经验的中介机构来予以协助，帮助企业提升知识产权的价值理念，实现知识产权的价值最大化。

(9) 探索知识产权服务机构发展的多元路径。自创区可以通过政策引导与支持境内外优秀知识产权服务机构在自创区设立分支机构，促进优势知识产权服务机构集聚；通过招投标方式确定政府购买服务主体，促进政府知识产权管理的科学化；通过引导服务机构与企业资源对接，构建全链条的知识产权服务体系。

六、自创区知识产权自我保护

(一) 知识产权自我保护概述

知识产权自我保护是指企业、科研院所等市场主体对自身所拥有的知识产权通过实施知识产权战略，提高知识产权意识与增强知识产权管理水平的方式，维护自身合法权益，获取并保持竞争优势，在知识产权大保护格局中具有基础性的作用。知识产权自我保护的最大特点是利用自身力量维护知识产权稳定、安全与效益，纠纷发生时不借助第三方解决。

知识产权自我保护是权利人获取竞争优势的前提条件。随着知识经济和经济全球化的深入发展，知识产权日益成为权利人发展的战略性资源和市场竞争力的核心要素，成为知识产权人占领市场和遏制竞争对手的关键手段。因而，企业、科研院所等权利主体增强知识产权自我保护意识与能力具有重要的意义，通过自身保护一方面可以有效遏制潜在侵权行为的发生，制止不正当竞争，维护自身合法权益，另一方可以提高竞争力和战略优势，增强自主创新能力，有效阻止竞争对手模仿，从而确定市场领先地位，实现利润的最大化。

知识产权自我保护是市场主体参与竞争的必备方式。企业、科研院所等权利主体的领导者、决策者、管理者应树立知识产权保护的紧迫感、责任感，明晰自我保护是参与市场竞争的必备要素，不断增强自我保护意识，实施知识产权战略，将知识产权保护与"贯标"深入融合，提高知识产权管理的科学性；通过建立知识产权预警机制、导航机制与重大经济科技活动的知识产权审议等，学会规避知识产权风险，推动企业有效运用知识产权法律手段，增强处理知识产权纠纷的应对能力。

（二）自创区企业知识产权自我保护现状与问题

企业是经济发展的主体，也是科技创新的主体。2016年自创区培育创新型龙头企业18家，占河南省60%，郑州、洛阳、新乡三市占据河南省高新技术企业数量的55.3%、国家重点实验室的80%以上。❶ 这些企业基本上都有知识产权的自我保护意识。在所调查的自创区企业中，有76.79%项目在研发或新产品上市前自行进行知识产权情况调查。如果收到其他公司发来的专利侵权警告律师函，35.71%的企业会召集有关部门研究可能后果再作决策。在发生知识产权纠纷时，最终解决方式和最愿意选择的解决方式中协商解决的占比非常高，分别是53.57%和71.43%。多数企业（41.07%）认为知识产权保护力度的最有效途径是加强自我保护。自创区企业知识产权自我保护的现状和问题主要表现在以下几个方面。

企业知识产权意识有所加强，但还有待深入。企业对知识产权都有所认识，但是还不够深入，如设有专门知识产权管理机构的企业仅占61.4%，具有知识产权管理规章制度的企业仅占62.5%，69.1%的在企业年度预算中含有知识产权预算，85.7%的企业在生产经营中有目的有计划地开展知识产权工作，73.2%的知识产权工作人员参加本单位的技术立项、研发、合同制定、销售策略等会议，64%的企业关注国内外竞争对手的专利、商标、版权等知识产权注册与保护动向，仅有45.5%的企业内部举办知识产权培训，也就是说企业应该明晰自身知识产权战略，知识产权意识还有待强化，知识产权保护方面仍需加大资金与人力的投入。

知识产权贯标数量较少规模较小。河南省知识产权局积极推动企业贯标，制定"新增知识产权管理体系认证企业数量相对2016年有大幅度增长""18个省辖市开展贯标企业全覆盖"的工作目标。但是在企业贯标的数量与规模上较沿海省份还有较大的差距，如广东省2016年出台《关于全面推进〈企业知识产权管理规范〉国家标准的实施意见》，意见规定：2017年全省参加开展贯标辅导的企业达到2000家，通过贯标认证的企业争取达到500家，实现省知识产权优势示范企业贯标全覆盖。2017年南京市新增参与贯标企业92家以上，2016年武汉市计划三年完成150家以上规模的企业通过贯标达标的目标。目前河南省尚处于两位数规模。

知识产权预警处于低层次阶段，仍需大幅提升。自创区内拥有国内具有

---

❶ 郑洛新国家自主创新示范区建设实现良好开局［EB/OL］.［2017-03-02］. http://www.most.gov.cn/dfkj/hn/zxdt/201703/t20170301_131517.htm.

重要影响力的高端装备制造业集群、新一代信息技术产业集群、智能装备研发生产基地、新材料创新基地、新能源动力电池及材料创新中心、生物医药产业集群等，集聚了国内外的产业创新资源，在国内具有领先地位。在信息服务方面，76.79%的企业表示在产品研发或生产过程中利用过专利信息，但是主要集中在低层次方面，如专利查新检索、专利法律状态查新、专利事务咨询、失效专利查询、专利侵权风险分析等方面，对诸如高层次性的专利预警、专利趋势研究、专利信息应用培训、专利文献翻译、专利数据加工、专利数据库建设、专利信息系统开发等方面关注不够，仅16.28%的企业获取过专利预警方面的信息服务，但是愿意为此项服务付费的企业占23.26%。在企业知识产权跟踪、预警与监控机制方面，62.5%的企业表示没有实施过此类行动，仅17.86%的企业建立了自身个性化的专利数据库，17.86%的企业建立了商标管理信息，17.86%的企业跟踪竞争对手的专利申请情况并分析其技术发展计划和商业计划；12.5%的企业监控知识产权侵权行为，5.36%的企业监控他人专利申请和商标登记行为。在企业知识产权监控、预警机制开展方面，23.21%的企业常规开展、60.71%的企业偶尔开展。从这三个方面可见，自创区企业知识产权预警方面还需要从企业实施的规模、服务的层次性、开展的频率等方面进行大幅度提高。

专利导航工程初步建立，但目标尚未完全实现。目前郑州新材料自创区最早入选国家专利导航产业发展实验区名单的，是全国专利导航产业发展实验区建设的"排头兵"。2016年河南省启动专利导航产业发展工作，出台《河南省专利导航产业发展实验区管理办法》，期望通过专利导航引领全省自创区转型升级，进而培育专利密集型产业支撑知识产权强省建设；洛阳高新技术产业开发区、郑州高新技术产业开发区被批准成为国家知识产权试点示范园区（截至2017年1月全国共批准40家国家知识产权试点示范园区）；洛阳轴研科技股份有限公司、河南省亿通知识产权服务有限公司、河南行知专利服务有限公司三家企业先后成为国家专利运营试点企业（截至2016年6月全国共115家国家专利运营试点企业）；国家专利技术（河南）展示交易中心、国家专利技术（新乡）展示交易中心两家交易中心被批准成为国家专利技术展示交易中心（截至2016年6月全国共41家）；中原工学院成为国家专利协同运用试点单位（截至2016年6月全国共有8所高等院校成为国家专利协同运用试点单位）；南阳市汽车零部件产业知识产权联盟入选国家专利协同运用试点单位名单（截至2016年6月全国产业知识产权联盟共7家单位）。

由此可见自创区的专利导航工作取得长足进步，在工作机制、政策支撑、成果显现等方面都有明显质的提升，但是从提升产业创新发展能力和竞争力、加快产业结构调整的系统工程的长远目标来看还有一定差距，有待进一步深化并在自创区范围内持续推广实施。

（三）自创区企业知识产权自我保护的对策建议

（1）推动《企业知识产权管理规范》标准的深入实施。《企业知识产权管理规范 GB/T 29490-2013》旨在通过提供整套企业知识产权管理模型，指导企业策划、实施、运行、评审和改进知识产权管理体系，进而指导和帮助企业强化知识产权创造、运用、管理与保护，增强企业自主创新能力，实现企业对知识产权的科学管理和战略运用。为推动企业知识产权贯标，应积极制定贯标相关的鼓励与奖励政策，提高自创区企业参与贯标的积极性，筛选合格的知识产权贯标服务机构和知识产权学院，通过"所企对接""院企对接"方式，保证贯标措施切实有效进行，进而提升企业知识产权管理水平。

（2）落实知识产权预警机制。知识产权预警机制是通过对相关信息进行搜集、加工、组合、分析、发布及反馈，能够对目标企业或行业的专利与标准数量、技术领域等信息进行动态监控，判断对方知识产权布局的战略意图，判断对方是否对自己造成实质性的损害、威胁或者阻碍企业的发展，提出应对措施维护企业及行业安全，可以为企业立项、技术攻关、产品开发、专利申请、技术进出口、专利侵权等起到重要"参谋"作用。为了落实知识产权预警机制，自创区管委会及企业可以从以下两方面入手：一方面建立行业专利数据库，实时监测国内外行业的专利动态变化，制定相应的行业的白皮书或者报告，为维护产业安全与避免知识产权风险提供参考。这样可以解决企业专利信息利用过程中的困难，因为44.19%的企业认为缺乏专利数据资源，27.91%的企业认为专利数据更新不及时；另一方面实时跟踪园区企业知识产权状况，提供针对性指导。针对自创区企业定期开展知识产权滚动调研，通过设立预警窗口，受理园区内企业的知识产权预警项目，并提供知识产权战略研究、侵权分析、专利动态等服务，提高知识产权保护的前瞻性和预防性，避免不必要的损失。

（3）加强并细化重大经济科技活动的知识产权审议。《深入实施国家知识产权战略行动计划（2014—2020年）》提出：针对重大产业规划、政府重大投资活动等开展知识产权评议，提高知识产权评议服务机构能力。《关于加强全省重大经济科技活动知识产权评议工作的意见》（以下简称《意见》）为自创区开展重大经济科技活动知识产权评议提供了政策依据与操作指南，评议工作对于营造良好的知识产权制度环境，防止在重大经济科技活动中因知识产权问题而导致国有资产的流失和重复研究，维护国家和企业的合法权益等方面具有极其重要的意义。但是通过调研，自创区重大经济科技活动知识产权审议的积极性不高，落实不够充分。自创区应继续以《意见》为指导，构建河南省重大经济科技活动知识产权分析评议的具体细则，明确评议的范围、内容、程序等基本问题，在自创区范围内全面推动分析评议工作，加快重大经济科技活动知识产权评议的人才培养工作与中介服务机构建设。

（4）持续推进专利导航工程。专利导航工程目的在于探索建立专利信息分析与产业运行决策深度融合、专利创造与产业创新能力高度匹配、专利布局对产业竞争地位保障有力、专利价值实现对产业运行效益支撑有效的工作机制，推动重点产业的专利协同运用，培育形成专利导航产业发展新模式。国家知识产权局自2013年就着手推动专利导航试点工程，并发布《关于实施专利导航试点工程的通知》，五年规划目标是：初步形成专利导航产业发展有效模式。专利导航产业发展工作机制基本建立，一批专利密集型产业在专利导航下实现升级发展，产业核心竞争力明显升。自创区应增加专利导航试点企业数量，引导企业通过专利分析，打造市场与专利相结合的导航模式，促进技术与市场双线并进。

（5）推动完善知识产权自我保护的软硬配套措施。实施激励政策，推动企业根据规模、性质、发展阶段、发展目标建立健全专门的知识产权管理机构，配备懂知识产权、懂法律、懂经济、懂技术、懂外语的专门知识产权管理人才，加大知识产权资金投入，保证知识产权投入的逐年递增。指导企业制定与市场主体总体发展战略相适应的知识产权战略，并与经营战略、研发战略、市场竞争战略、人力资源战略紧密结合。

七、自创区知识产权协同保护

（一）知识产权协同保护理论基础

《"十三五"国家知识产权保护和运用规划》中提出，加快知识产权法律、法规、司法解释的制修订，构建包括司法审判、刑事司法、行政执法、快速维权、仲裁调解、行业自律、社会监督的知识产权保护工作格局，严格实行知识产权保护。河南省政府印发的《关于新形势下加快知识产权强省建设的若干意见》中强调，要构建协调、顺畅、高效的知识产权大保护工作格局。由此可见，只有打造统一、高效的知识产权协同保护体系，使得知识产权司法保护、行政保护、社会保护、自我保护多种保护模式协同发展，充分彰显行政执法的优势，积极发挥司法保护的作用，合理配置社会保护的资源，稳固知识产权主体自我保护基础，才能形成知识产权保护的系统合力，提高知识产权保护的整体水平和效率。

知识产权协同保护的理论基础主要有两个：一是法律角度上的多元化纠纷解决机制理论；二是管理学中常用的协同理论。多元化纠纷解决机制理论以当事人的程序需求为视角探讨解决纠纷机制的制度供给，契合知识产权纠纷解决机制的基本导向；强调纠纷解决方式的多元化，有助于实现知识产权纠纷当事人的多元利益需求，尤其是有助于他们着眼于未来的市场竞争而兼顾到彼此的长远利益和消费者利益；建立在程序多元基础上充分尊重当事人的程序选择权，有利于最大限度地缓和当事人的对抗，以沟通合作的方式妥当地解决纠纷，真正实现"案结事了"，避免不必要的程序消耗和社会资源浪费；通过多元的、合理的程序设计，为法定正义和主观正义的实现提供便捷的实践路径，有助于满足知识产权当事人各自的利益诉求。协同理论告诉我们，系统能否发挥协同效应是由系统内部各子系统或组分的协同作用决定的，协同得好，系统的整体性功能就好。如果知识产权保护系统内部，各个保护方式的子系统内部以及他们之间相互协调配合，共同围绕知识产权目标齐心协力地运作，那么就能产生 1+1>2 的协同效应。反之，如果知识产权保护系统内部相互掣肘、离散、冲突或摩擦，就会造成整个管理系统内耗增加，系统内各子系统难以发挥其应有的功能。多元化纠纷解决理论和协同理论，与解决知识产权纠纷的独特需求存在着高度的契合，为实现知识产权不同保护方式之间的良性互补互动，形成高效顺畅运转的知识产权保护的有机系统提供了依据。

(二) 自创区知识产权协同保护的现状与问题

协同保护的政策落地方面。河南省政府业已颁布《关于新形势下加快知识产权强省建设的若干意见》《郑洛新国家自主创新示范区建设实施方案》，省知识产权局出台了《河南省知识产权事业发展"十三五"规划》，郑州、洛阳、新乡三市的自创区片区建设方案陆续印发，其中都强调提出要加强知识产权保护的协同创新，但各部门任务分工、任务落实及其考核约束制度的效果不太明显。

(1) 协同保护的管理体制方面。河南省已经实施"河南省知识产权战略实施工作联席会议制度",知识产权协同保护在省级层面正在运转,但在郑州、洛阳、新乡三市以及自创区尚无顺畅运作的相应组织体系。河南省郑洛新国家自主创新示范区领导小组下设的办公室,并没有明确地把知识产权工作列入自创区协同范围之内。专利、商标、版权以及其他知识产权的协同保护体制尚没有在郑州、洛阳、新乡三地的自创区建立。

(2) 协同保护的运作机制方面。河南省知识产权战略实施工作联席会议制度中的"联络员"和"定期通报"制度需要加强。行政执法机关与公安司法机关之间的"备案制度"需要完善。目前仅限于司法机关对于行政机关抄送案件的备案,备案的内容又往往局限于立案的情况,内容不全面,对于行政处罚决定和结果的抄送较少;并且行政机关在公安机关立案后往往就将全部材料移交给了公安机关,行政机关自身没有对案件进行备案;对于哪些案件应该通报和备案,什么时候应该通报没有统一要求。行政执法部门与公安司法机关在年度总结报告、资料汇编、法院典型案例裁判等信息领域实现了一定程度的共享,但信息不对称,不能反映案件发现、处理和终结的全过程,也就不可能为案件的有效处理和监督提供帮助。行政机关与司法机关有各自的执法标准,并自成独立体系,两套体系存在多方面的差异,包括对法律的理解,对事实的认定标准,对证据的认定标准等。

(3) 协同保护的均衡发展方面。目前,我们关注的重点是知识产权司法保护机关与行政执法机关之间的协同问题,当然这是知识产权保护协同的重心。省市知识产权管理部门、司法机关在建立知识产权专家库、知识产权研讨等方面注意吸收高校知识产权专家、知识产权社会中介机构和部分企业管理人员参加,听取他们的意见和建议。但对如何与知识产权社会组织、仲裁机构、中介机构、企业、高校、科研院所等相协调配合,共同保护知识产权方面缺乏足够的指导、支持和帮助,民间组织与中介机构的知识产权纠纷调处结果的司法确认数量较少,知识产权仲裁发展缓慢。

(三) 自创区知识产权协同保护的对策建议

(1) 完善知识产权协同保护体制。推动健全郑州、洛阳、新乡三地自创区知识产权协同保护政策,明确任务分工,加强绩效考核约束。建立健全郑州、洛阳、新乡三市知识产权联席会议制度,规范"联络员"和"定期通报"制度。河南省郑洛新国家自主创新示范区领导小组办公室设立"知识产权工作委员会"。

(2) 健全知识产权联合行动机制。强化联合行动的执法力量,体现联合行动的自创区特色,提高联合行动的执法效果。建立通报批评制度,制定联合行动规则，明确各参与机关的职责。多维度开展联合执法行动，包括大规模执法行动、小规模执法普查、执法宣传进校园（中小学生课堂）活动、联合宣传进社区活动等，积极开展执法专项活动，既发挥正面打击的作用，又注重潜移默化的功能。

（3）健全行政执法和刑事司法衔接机制。统一执法标准和证据认定，完善案件移送标准和程序，建立行政执法机关、公安机关、检察机关、审判机关信息共享、案情通报、案件移送、联合行动等制度，克服有案不移、有案难移、以罚代刑现象，实现行政处罚和刑事处罚无缝对接，形成知识产权保护合力。围绕行政执法知情点，完善检察机关与行政执法机关的联席会议和信息共享制度、案件查询制度。围绕案件移送点，完善移送涉嫌犯罪案件的检察抄备审查制度，防止以罚代刑和有案不立。围绕刑事立案点，完善对公安机关受理案件、立案侦查的监督制度。行政执法机关公安机关在接到行政执法机关的提前介入请求后，应按照提前介入机制要求做出决定，并对可能逃逸的犯罪嫌疑人或可能灭失的言辞证据进行收集和固定。

（4）推动知识产权诉讼与非诉解决机制的衔接与协调。建立知识产权纠纷多元解决机制，加强知识产权仲裁机构和纠纷调解机构建设。在知识产权纠纷行政裁决与司法程序的衔接方面建立司法形式审查认可制度，避免行政资源和司法资源的浪费；在知识产权纠纷行政调解方面建立起行政调解协议司法确认机制，从根本上解决知识产权纠纷行政调解协议法律强制力不足的缺陷；在知识产权纠纷民间调解方面，引导当事人对民间调解协议申请司法确认或公证，赋予其强制执行效力。同时，协调好诉讼和仲裁之间的关系。建议在自创区建立知识产权仲裁院（中心），发挥仲裁解决知识产权纠纷的独特优势。如果仲裁裁决需要司法机关强制执行，司法机关应给予支持。

（5）探索建立知识产权综合保护平台。全面整合行政调解、维权援助、法律服务三大纠纷化解资源，建立知识产权确权、维权、调解、案件初查、移交、跟踪以及企业基本信息、诚信信息发布等多业务的统一受理立案、统一分流、统一指挥的综合保护中心和网络平台。建立企业知识产权失信数据库，重点打击侵犯知识产权和制售假冒伪劣商品行为，将知识产权侵权行为信息纳入失信记录，建立知识产权失信"黑名单"年度披露制度，完善知识产权守信激励和失信惩戒机制。运用大数据分析，为政府部门和企业提供决策参考，建立能动、有效的知识产权生态环境。

八、自创区知识产权保护的基本保障

自创区知识产权保护的基本保障是构建自创区知识产权保护格局、有效发挥知识产权保护整体效能、助推自创区目标实现的关键。其主要内容包括：加强统筹协调，加大支持力度，培养培训人才，培育创新文化，强化监督考评。

自创区知识产权保护的基本保障中，人才的数量、质量事关自创区知识产权保护工作的落实和长远大计。调研结果显示，知识产权人才相对缺乏，知识产权法官、检察官、警察，以及社会组织、企业等均存在此类问题。本次调查的样本企业中，企业知识产权管理人员的来源50%集中在技术人员兼任，引进专业人员仅占比8.93%，可见相当一部分企业未配备知识产权专职人员，这说明不少企业尚未建立健全的知识产权人才体系。52.7%的企业内部没有举办知识产权培训，其中，89.5%的企业认为可依靠社会上的培训，反映出企业对政府和社会层面知识产权培训的强大需求。在有内部培训的企业中，73.4%企业的培训内容集中在知识产权基础理论培训和知识产权申请培训；样本企业中62.5%的企业没有建立知识产权跟踪、预警与监控机制。以上均反映出企业较多关注知识产权创造，对知识产权的保护、知识产权成果的评估和转化交易等方面关注较少。知识产权具有专业复合型以及知识更新快的特点，自创区和区内企业应加强知识产权人才的专业培训。鉴于前面部分对其他多有涉及，本部分进行综合探讨。

1. 加强统筹协调

建议河南省人大常委会制定《郑洛新国家自主创新示范区促进条例（试行）》的立法建议，将自创区知识产权保护作为一章予以重点规定，从根本上解决自创区知识产权保护权源不清、协同不足的问题。"省自创办"成立知识产权工作委员会，郑州、洛阳、新乡三市自创办相应设立，主要任务是负责推动加快自创区知识产权保护方面的法律法规建设，建立跨部门的知识产权执法协作机制，完善行政执法和司法保护衔接机制，联合督办重大侵犯知识产权案件，指导本地知识产权保护工作，推动自创区知识产权战略的顺利实施。

2. 加大支持力度

建议省财政设立自创区知识产权工作专项经费，郑州、洛阳、新乡三市相应配套，全面提升自创区知识产权司法保护能力、知识产权行政保护能力，提升知识产权公共管理和服务能力。在知识产权运营专项基金中，设立知识产权发展资金，扶持自创区企业、行业协会、地方商会、仲裁机构、中介机构增强知识产权创造、运用、保护、管理、服务整体实力和能力。激励自创区企业知识产权投入的逐年增加，并作为知识产权优势企业的重要评选条件。全面落实现有相关优惠税收政策，综合运用无偿资助、后补助、政府采购、风险补偿、股权投资等多种投入方式，带动社会资源向自创区聚集；加强对自创区三个片区知识产权财政投入的产出考核，研究制定投入产出考核办法，形成与知识产权强区建设紧密关联的资金链，力争尽快达到支撑型知识产权强省、强区建设投入平均水平。

3. 培养培训人才

优化知识产权人才发展环境，打造知识产权人才高地。自创区内应设立知识产权人才发展专项资金，鼓励引进知识产权高端人才，同时实施高层次人才培养计划，优化知识产权人才发展环境和结构布局，实施专利服务业人才开发计划，实施企业专利管理工程师培养计划，实施知识产权行政管理和执法人才培养计划，分阶段、多层次、多类别培养各类紧缺人才，培养一批有理论、懂专业、善实务、会管理的知识产权高层次、复合型人才。自创区还应搭建知识产权人才交流平台，开展包括微博、微信、知识产权沙龙在内的一系列知识产权人才交流和推介工作，加强人才间的沟通和信息交流，为知识产权人才发展创造更好的氛围。加强知识产权从业人员的专业培训。完善高校知识产权人才培养体系。加强高校知识产权学科专业建设，探索多层次的知识产权学历教育和专业学位教育郑洛新自创区应充分利用三市区域内的教育资源，探索建立知识产权人才联合教育和培养机制，鼓励开展校企合作，开展校企联合招生、联合培养试点，进行"按需定制"式人才培养，利用高校与企业各自优势，打造出全新的人才培养模式。

4. 培育创新文化

知识产权文化首先体现在知识产权意识上，在思想意识层面所包含的认知理念和价值取向等，会直接表现为人们对创新的态度，决定着人们是否尊重知识，崇尚创新。因此，在郑洛新自创区建设的进程中，必须利用传统媒体和新兴媒体，深入持久地开展知识产权宣传和教育，广泛开展知识产权进部门、进企业、进社会、进校园为重点的"四进"活动。开展知识产权"进部门"，做到"领导熟悉"。通过对自主创新示范区内各政府分管部门领导的知识产权轮训，强化其知识产权意识。开展知识产权"进企业"，做到"企业精通"。通过对企业领导层及员工进行知识产权培训，形成鼓励创新、杜绝造假的文化氛围，引导企业建立完善知识产权制度，健全管理部门，配备专职人员，保障经费和工作条件，不断增强企业的知识产权意识，培育一批知识产权优势企业。开展知识产权"进社会"，做到"公众知晓"。不仅要借助"知识产权宣传周""中国专利周"等形式集中开展宣传活动，还要通过报纸、电视、广播、网络等媒体，结合典型事例、重点事例，详细介绍与市民群体密切相关的知识产权法律知识，培育公众的知识产权意识。开展知识产权"进校园"，做到"学生掌握"。通过从中小学起普及知识产权教育工作，培养学生的知识产权意识和创新意识，通过以点带面、小手拉大手，提高全社会的知识产权意识。

5. 强化监督考评

监督考核评估是促动省市区三级司法与行政机关加强知识产权保护的关键。建立省市区三级知识产权保护工作责任制，分解任务，明确相关部门职责。省市区各部门按照任务分工和要求，结合实际制定知识产权保护具体推进方案和措施。研究制定自创区知识产权工作综合评估考核办法，将知识产权保护相关指标纳入自创区"三市三区"年度目标考核体系。引入自创区知识产权保护工作第三方评价机制，发布《自创区知识产权保护工作蓝皮书》，不断总结经验，引导自创区知识产权保护工作科学有序推进，为知识产权保护提供"河南智慧"和"河南方案"。

第四章 国家自主创新示范区知识产权执法协作

目前,河南省郑洛新国家自主创新示范区建设正在积极推进,如何将知识产权制度融入大局,为自创区建设提供良好的知识产权市场环境与制度环境是重要问题。本章通过知识产权执法协作理论研究与制度设计,解决自创区知识产权执法协作存在的问题,意在提高知识产权执法效率,发挥知识产权制度的协同效益,为政府相关部门提供决策依据。同时,自创区知识产权执法协作研究牵涉到"区域经济发展""知识产权""行政执法""组织管理"等理论问题,如何将法学、经济学、管理学相关的前沿理论交叉融合在一起,提出一些创新性且前瞻性的观点是本章的理论意义,本章的研究过程与结果将丰富相关学科的理论知识。

一、区域知识产权执法协作的基本问题

(一)相关概念

1. 区域

区域是用某项指标或某几个特定指标的结合,在地球表面划分出具有一定范围的连续而不分离的单位。区域是一个具有具体位置的地区,在某种方式上与其他地区有差别,并限于这个差别所延伸的范围之内,区域往往有具体的地方所指。本质上讲,区域是地理空间的一种分化,分化出来的区域一般具有结构上的一致性或整体性。这里的结构包括空间结构、城乡结构、资源环境结构乃至于行政结构、文化结构等。区域作为一个实实在在的地理现象,有其本质的而非人为赋予的性质。区域划分以地理和经济特征为基础。区域划分既要遵循区域经济发展的一般规律,又要方便区域发展问题的研究

和区域政策的分析。

借鉴国际经验,结合中国国情,我们认为,为适应区域研究和区域政策分析之需要,中国区域的划分必须遵循以下几个原则:(1)空间上相互毗邻;(2)自然条件、资源禀赋结构相近;(3)经济发展水平接近;(4)经济上相互联系密切或面临相似的发展问题;(5)社会结构相仿;(6)区块规模适度;(7)适当考虑历史延续性;(8)保持行政区划的完整型;(9)便于进行区域研究和区域政策分析。

区域存在中心—腹地结构或核心区与边缘区的划分。中心—腹地的意义在于它在经济、政治和社会方面比腹地更占有优势,从而将区域按一定的层次和规模等级关系组织起来。不同的地理类型区,如文化区、经济区,可以具有不同的中心—腹地结构,而政治、文化对经济又有不可忽视的影响,使许多不同性质的中心—腹地结构有重合性,核心区与边缘地带是互动的。而边缘区划分是根据地理属性的一致性,将空间划分为不同等级的区域。例如,自然区、经济区、行政区、文化区、气候区、农业类型区、地貌、生态区等,其基础是地域分异性。各类型的区域可能有不同的边界,也可能有相同的边界,依地域分异的性质而定。不同类型的区界一般不重合,但是也有可能相重合。当然,最重要的划分乃是行政区域与经济区域,如河南省是行政区域,而自创区则是经济区域。

2. 知识产权

一般认为,知识产权是指基于智力创造性成果和识别性工商业标记等依法产生的权利的总称。所谓智力成果,指在文化艺术、科学技术等领域从事智力创造活动所获得成果。作为知识产权客体的智力成果,主要有发明、实用新型、外观设计、各种作品、集成电路布图设计、植物新品种、科学发现、商业秘密等。而商业标识就是工业、农业、商业活动使用的各种标记,也可称为商业标记、商业标志、营业标记等,但不能简称"商标",因为商业标识包含但又不限于商标。作为知识产权客体的商业标识,主要包括商品商标、服务商标、证明商标、商号、知名商品的特有名称、知名商品的商品外观、地理标志、特殊标志、域名等。更为直观的划分是世界贸易组织《知识产权协定》中对知识产权的划分,包括:(1)版权与邻接权;(2)商标权;(3)地理标志权;(4)工业品外观设计权;(5)专利权;(6)集成电路布图设计权;(7)未披露过的信息专有权。从前述内容我们可以看出,知识产权内涵丰富、外延广泛,家族十分庞大。

3. 知识产权执法

无救济便无权利，对于知识产权进行保护是知识产权制度的主要内容。一般而言，知识产权保护是指第三方保护，而且一般是指国家层面的第三方保护，可以分为行政保护与司法保护。知识产权行政保护一般是指知识产权执法，或曰知识产权行政执法。知识产权行政执法，就是指法定的国家知识产权行政机关和得到法律、法规授权的组织在实施国家公共行政管理职能的过程中，依照法定程序实施知识产权行政法律规范，以达到维护公共利益和服务社会的目的的行政行为。在知识产权行政执法中通常要坚持合法性、合理性、正当程序、保证效率、诚实守信等原则。按照国家知识产权局《专利行政执法办法》的规定，知识产权执法包括行政调解、行政查处、行政处理三种方式。当然，也有学者认为，知识产权执法是一个大的概念，包括了行政保护以及司法机关对知识产权法律的执行，这是一种广义的观点。本章采取第一种较为狭义的一般性表述。

知识产权行政执法通常采取行政监督检查的方式，即为了实现行政职能，知识产权行政机关监督检查管理相对人行使权利和履行义务的情况。通过监督检查后往往会做出行政处理决定，也就是说行政执法一般通过行政处理决定表现出来。在权利方面处理决定可分为奖励性和非奖励性。奖励性行政决定是行政机关对遵守法律法规、完成任务做出贡献的组织和个人给予的精神和物质鼓励。非奖励性行政决定是指行政机关赋予公民以一般权利和权能的处理决定，其中以行政许可比较突出。在义务方法处理决定可以分为惩戒性和非惩戒性。惩戒性行政决定主要是行政处罚。非惩戒性行政决定是对公民科以诸如纳税等一般义务的处理。最后，知识产权行政执法通常通过行政强制执行来实现，即在行政管理中行政机关对不履行法定义务的当事人，用强制措施迫使其履行义务。本章所谓的知识产权行政执法方式一般是指义务方法处理。

综上所述，知识产权行政执法的特征包括执法主体的法定性和国家代表性，执法具有主动性和单方意志性，执法具有一定的自由裁量性。通过知识产权行政执法来实施知识产权法律的功能，实现政府管理市场与社会的职能以及保障公民的知识产权私权。

4. 知识产权执法协作

知识产权行政执法协作是指根据法律、法规和规章的相关规定，当同一知识产权行政事务需要知识产权行政机关与其他行政机关协同执法时，知识产权行政机关与相关行政执法机关在法定或者自愿协作的基础上建立的，各方各司其职、各负其责、相互联系、相互协作共同完成知识产权行政事务的组织体系和工作运行制度。

通过知识产权执法协作，各执法主体在法律规定的职权范围内进行协商、协调、协同，从而实现行政行为的最终职能。这其中既包括知识产权内部执法的协作，即专利行政执法协作、商标行政执法协作、版权执法协作等，也包括知识产权种类之间执法协作，即专利行政执法与商标执法、版权执法之间的协作，与此同时，也包括区域之间的知识产权执法之间的协作。上述一般称之为"跨部门协作""跨区域协作"。从广义上来讲，知识产权执法协作也包括行政执法与司法之间的衔接。本章研究的重点是专利行政执法，以此为核心，向其他知识产权执法协作辐射，并以此为基础研究区域内知识产权执法协作。

区域知识产权行政执法协作，是指在区域经济一体化的背景下，区域内的各知识产权行政主体在针对区域的知识产权共同事务进行行政执法过程中所采取的信息沟通、执法协助、联合执法等活动，以及对各执法主体的法律地位、职责权限、执法标准与程序、协作形式以及监督机制等予以规范的总称。通过区域知识产权行政执法协作，应对区域经济一体化带来的挑战，推动体制机制创新，破除地方保护、条块分割、恶性竞争的弊端，协调好各种利益关系，创造公平、开放的市场环境，形成统一、高效、规范、有序的次级区域大市场，促进生产要素的合理流动和优化组合，破解发展的外来压力，激活发展的内生动力，实现区域经济社会全面、协调、可持续发展的目标。

(二) 原因分析

探求区域知识产权执法协作的原因，可以从根本上厘清协作渊源。区域经济学、知识产权法学、行政管理学以及经济学对比给出了根据，下面我们从表层与深层两个层次予以分析。

1. 表面原因

一是区域的分割。区域的存在是因为空间上的相邻性，自然条件、资源禀赋结构的相近性，经济发展水平的接近性，经济上相互联系密切或面临相似的发展问题，社会结构相仿，区块规模适度，适当考虑历史延续性等因素。但是区域的存在本身就说明地方之间存在差异，而只是异中有同，较之其他地方有相似之处。即便是行政区域，也存在差异性；更何况位于不同行政区域的经济区域。这种差异来自于知识产权执法的主体、政策法规、执法标准、执法力度、执法文化，甚至执法人员的素质，等等。区域的分割决定着知识产权执法肯定有不协调、不协商、不协作的地方，使知识产权执法的协同效益降低或者消减。

二是知识产权的特点。知识产权的本质特点是客体的无形性。知识产权客体的无形性，是指作为知识产权客体的智力成果和商业标识，不像有形物那样具有物质实体，不占据一定的空间。知识产品之无形是相对于动产、不动产之有形而言的，它具有不同的存在、利用、处分形态：（1）无形的占有。由于知识产品不具有物质形态，不占有一定的空间，人们对它的占有不是一种实在而具体的占据，而是现为对某种知识、经验的认识与感受。知识产品虽具有非物质性特征，但它总要过一定的客观形式表现出来，占有其表现形式的物化载体并不当然占有知识产权。（2）无形损耗的使用。知识产品在一定时空条件下，可以被若干主体共同使用。上述使用不会像有形物使用样发生损耗，如果无权使用人擅自利用了他人的知识产品，亦无法适用恢复原状的民事责任形式。（3）无形的处分与交付。知识产品的处分不可能有实物形态消费而导致其本身消灭之情形，但可能因期间（法定保护期）届满产生专有财产与社会公共财富的区别。同时，有形交付与法律处分并无联系，换言之，非权利人有可能不通过法律途径去"处分"属于他人而自己并未实际"占有"的知识产品。基于上述特征，国家有必要赋予知识产品的主体以知识产权，并对这种权利实行有别于传统财产权制度的法律保护。正由于知识产权客体的无形性，知识产权客体可以受多种主体同时占有、可以在不同的载体上同时出现，可以在不同的时空中以不同的形式被多种主体同时使用，也可以使知识产权主体同时受益，当然，更重要的是知识产权流动性、复制性、易受损性。作为知识产权客体的智力成果和商业标识，可以通过载体的复制而得以再现。人类可以不受地域、国别以及特定物质材料的限制，在同一时间，利用不同的载体，不受数量限制地复制相同的知识产品，并互不影响。因而知识一旦被生产出来并予以公开，客观上就为人们提供了共占、共享该知识的可能。当其他人获取或利用该知识时，不导致知识的创造者失去该知识，他仍然拥有它，他可以与众多的人不受数量限制、互不干扰地、同样地占有和利用该知识。知识产权客体的无形性使得区域之间知识产权执法更需要协作，以阻止知识产权侵权行为。

三是知识产权执法体系。如前所述，知识产权有丰富的内涵和广泛的外延，其种类现在仍然在扩张。除了1967年《建立世界知识产权组织公约》所列举的以及《知识产权协定》第1条第2款规定的以外,还有些是未曾涵盖的知识产权种类,比如作为过去知识的沉淀与积累,意在保护世代相传的知识及其特定群体利益的传统知识、遗传资源与民间文艺表达。知识产权种类繁多,而且种类之间相差甚大,致使对于知识产权的保护方式差距甚大。这种差距不仅在国与国之间存在,即便在一国之内的同一阶段、不同时代也不相同。按照现行法律规定,每一种类的知识产权都有自己的执法方式,这就需要知识产权执法的协作。按照国家机关职权范围的"三定方案",我国知识产权行政工作由诸多专门部门来分别负责。这种制度设计既是中国知识产权制度发展历史的反映,也是中国现有行政体系的直接体现。这种多元化执法主体制度能够有效地实现专业机构与领域机构的结合、专业管理与综合管理的结合。其优点在于分工较细,相应的机构职责也较为明确,加之行政执法自身高效、简便的特点,对快速、充分保护知识产权意义重大。除此以外,由于知识产权本身具有的无形性,其通常还与其有形载体直接关联。这就必然使得同一物品中可能存在多样性的行政管理关系。例如,打击盗版软件产品,就可能涉及版权部门、工商部门、城管部门、工信部门、文化执法部门、商务部门、公安部门和海关部门等具有行政执法权的机构。然而,由于这种分散管理形式对执法权的分配过于专业和细致,导致执法主体过多,协调必然不易,且行政管理成本过高,显然会影响执法的效率,如何有效地解决这个问题,也恰恰是本章对于知识产权行政执法协作问题研究的重要意义所在。

2. 深层原因

经济学告诉我们,收益与成本永远是区域内各个执法主体考量的因素。经济学的"公地悲剧"理论表明,在以追求利益最大化的个体行为(如各个城市的知识产权执法)之间为实现共同利益(如整个自创区利益)而采取集体行动是困难的。"集体行动"的逻辑认为,除非一个集团中人数很少,或者除非存在强制或其他特殊手段以使个体按照集团的共同利益行事,有理性的、寻求自我利益的个体不会采取行动以实现集体或共同利益,而造成这种现象的关键在于具有公共物品特性的集团利益所引起的个体"搭便车"行为。"囚徒困境"理论表明,当每个个体都只是为自身利益打算时,即使遵守社会规则,是不一定符合集体的利益的,甚至也不一定实现个体的最大利益。跨区域知识产权执法合作的原因可见一斑。

(三)目的分析

近年来,国内区域经济一体化的步伐明显加快,而区域经济持续协调发展,必须以科学合理的区域立法协调和执法协作为保障,且有效的知识产权执法协作能够整合执法资源,遏制区域内的地方本位和部门保护主义,形成执法的合力,促进执法程序与标准的统一,从而减少内耗、提高效率,进而巩固区域经济一体化的成果。当然,区域知识产权执法协作的最终目的在于实现区域内的各主体享受知识产权制度带来的利益,在各成员之间实现公正,并提高知识产权执法的整体效率。但是现下而言,区域知识产权执法的目的在于解决跨行政区的公共问题、提高区域治理绩效、分享"合作收益"。

1. 解决跨行政区公共问题

在经济区域化发展进程中,跨行政区的经济社会事务也越来越多,由此也就提出了加强地方政府协作的要求。知识产权执法需要地方政府共同解决的区域性公共问题和公共事务主要有三个方面:一是区域知识产权统一市场的培育和发展。改革开放以来,我国各地方政府为追求经济增长而展开了长期的激烈竞争,这种以政府竞争代替市场竞争的发展方式,虽然为地方经济发展奠定了一定基础,但同时也导致了地区资源与市场化分割的经济社会后果。因此,亟须在协调各方利益的基础上,打破行政区划对知识产权市场要素流动的限制,在更广阔的地域范围内统一配置知识产权资源;二是创新与市场环境的保护和治理。单个知识产权执法主体在保护和治理所辖行政区域的创新与市场环境方面,可能会做得很好,但是源于知识产权的特性,知识产权侵权的流动性更强,往往这边打击往那边跑,那边打击往这边跑,侵权的复杂性、反复性和跨领域性、跨区域性突出,使得人们开始认识到单个地方政府无力解决区域性知识产权问题,必须引入"整体政府"的思维进行"整体性治理";三是知识产权基础设施的建设和维护。在行政分割的状态下,同一区域内不同行政区的知识产权基础设施重复建设导致了严重的资源浪费。实际上,知识产权很多基础设施应该是区域共享的,这些知识产权基础设施的规划、建设、管理和维护应当由区域内各个地方政府共同参与。

2. 提高区域治理绩效

区域治理,不是单靠地方政府间的参与就能完全实现的,还涉及治理的绩效问题。所谓区域治理绩效,是指各知识产权治理主体共同解决区域知识产权公共事务的业绩、效率和效益。显然,降低管理成本是提高区域治理绩效的题中之意。我国是世界上政府管理成本最高的国家之一,但是,高昂的管理成本却未必一定能带来良好的管理效果,即使可以,也应该考虑投入产出比的问题。区域知识产权治理同样如此。在知识产权区域治理中,"九龙治水"却收效甚微，甚至演变成"无龙治水"的情况并不少见。所以，提高区域治理绩效的最好选择是成立知识产权专门的区域合作组织。从国际经验来看，这种治理方式在区域治理中有着广泛运用，例如，美国在20世纪30年代就成立了州际石油委员会、州际卫生委员会、州际水污染处理委员会等州际机构，后来又扩展到教育、信息、鱼类保护、废物利用、交通及税收征管等许多领域。让区域知识产权合作组织成为区域治理主体至少有两方面的好处：降低知识产权治理成本和提高知识产权治理专业化水平。知识产权合作组织用成本分摊的方式把各个地方政府相应的行政支出集中起来，可以达到"1+1>2"的效果，而知识产权协作组织成员间的相互制衡和监督，又能够保证管理经费不会被滥用和浪费。另外，知识产权合作组织的成员由各个地方相关部门的工作人员共同组成，他们大多是具有丰富实践经验的一线工作者，通过交流学习，可以互相借鉴，从而提高整个组织的管理能力和专业化水平。

3. 分享区域协作的"合作收益"

从某种意义上来说，区域发展的过程就是区域合作不断增多、不断深化的过程。区域内各个地方知识产权执法部门之所以会选择合作，是因为合作能够带来收益。这种合作收益与传统经济学中的竞争收益有着本质不同。竞争与合作，都可以看作是基于理性选择的行为结果，但是区域经济一体化进程中的地方知识产权行政部门间关系却明显存在从竞争到合作的演化轨迹。当然，地方知识产权行政部门间合作关系的出现是需要具备一定条件的。只有当单个地方知识产权行政部门必须借助合作才能获得收益或者通过合作可以产生更多收益的情况下，合作行为才可能出现。在知识产权执法的区域治理中，地方知识产权行政部门间的合作关系主要有三种类型，即为了避免霍布斯状态的"共处共生"型合作、互通有无的"互惠互利"型合作和提高区域整体福利水平的"共创共享"型合作。不管哪一种合作，都可以让各方从合作中获得额外收益。这种收益既包括有形的收益也包括无形的收益，既可以是物质收益，也可以是非物质收益，如地方知识产权合作组织发起者得到国家知识产权局或者中央政府的褒扬等。此外，地方知识产权行政部门间的合作还可以使上级政府和区域内的企业、居民受益。上级政府可以把一部分公共职责和管理权力移交或授予区域知识产权行政合作组织，从而有利于精简机构、提高政府工作效率，实现事权和财权更为合理的分配。同时，上级政府也能够避免成为某些社会矛盾的焦点，尽可能地保持一种超然的地位。而对于企业和居民来说，地方知识产权行政部门合作所产生的"产业同筹、交通同网、信息共享、市场同体、环境同治、科教同兴"效果，也能够让绝大多数人都享受到合作所带来的好处。

二、与自创区相关的知识产权执法协作实践

（一）自创区知识产权执法协作的必要性与重要性

1. 知识产权执法协作是自创区科技经济发展一体化的必然要求

自创区的科技经济发展一体化要求突破各地区市场的局限性，促进生产要素自由流动，优化资源配置，实现优势互补、互利共赢。自创区建设实质上是将郑州、洛阳、新乡三地原本各自独立的市场有机地联合起来而形成一个关系紧密的大市场，要使得这些本属于不同行政区划的市场协调一致、高效运行，就必须保持自创区行政执法的协调性和统一性。在知识产权领域，通过知识产权行政执法协作在区域知识产权工作一体化中占有重要地位，成为保障自创区稳定发展之必需。具体来说，知识产权执法协作对自创区建设的作用主要包括以下两个方面：一是构建统一的知识产权交易市场规则，减少知识产权交易带来的各种冲突。知识产权行政执法协作使各地区共同致力于维护知识产权市场的统一性，制定共同遵守的市场规则并依照其开展各项执法工作。而且，统一的执法标准能使区域内的相关行政执法一视同仁，有效地减少协作各方因执法行为而导致的摩擦和冲突，保障自创区的和谐稳定；二是维护良好的知识产权市场秩序，保障市场机制在知识产权领域的正常运转。通过知识产权行政执法协作，维护好市场经济的平等互利性、公平竞争性，最大限度地激发市场主体的积极性和创造性，达到自创区一体化发展的最佳效果。

2. 知识产权执法协作是遏制地方和部门保护主义的重要手段

地方保护主义是自创区建设过程中遇到的一大障碍。为了追求地方政府自身经济利益的最大化，地方政府经常对经济进行不合理的干预，行政区划成了阻隔经济一体化进程的一堵"看不见"的墙，行政边界构成了阻碍我国区域经济一体化的壁垒，也成为阻碍我国城市经济区形成与快速发展的巨大障碍。而且，在自创区的建设中，由于郑州、洛阳、新乡三地经济发展的差距不断扩大，区域之间的利益摩擦随之激化，各级地方政府为了保护本地区利益，往往限制外地知识产品的进入，严重阻碍了知识因素的自由流通。可见，地方保护主义严重阻碍了自创区建设的进程，且绝大多数的地方保护策略是通过行政执法来加以实施的，因此对地方保护主义的有效控制需要从各

地的行政执法入手，而通过自创区行政执法协作，为协作各方的协商沟通建立良好的平台，以消除区域间的行政壁垒，维护市场的统一性，促进区域经济的协调发展。

部门保护主义是阻碍自创区建设的另一障碍。执法中的部门保护主义，是指在执法活动中，一些部门行政执法机关及其执法人员违法以种种不正当方式保护本部门非法利益，或对本部门的合法权益采取违法方式来加以保护的行为。由于权力分散化，特别是在现行中国体制下，部门之间往往因为权力分配不均衡而产生争权现象并不鲜见。知识产权执法协作实践中，执法机关将执法行为与其所在部门的经济利益挂钩，对有利可图的执法任务争先恐后地采取行动，而对无利益关系的案件则相互"礼让"，从而使协作中出现了多头执法、重复执法的"密集地带"和相互推诿、无人管理的"空白地带"。在自创区建设中，执法权的冲突需要自创区行政执法协作进行缓解，特别是对一些多部门都有管辖权的事项，更是要通过多方的协调，理清执法主体间的关系，明确各自的权责，以避免执法权的冲突和执法行为的混乱无序。

3. 知识产权执法协作是形成执法合力，治理自创区知识产权事务的有效举措

在知识经济时代，区域经济一体化的潮流接踵而至。在这种全新的政治行政生态格局下，纷繁芜杂的动因交织在一起，使各地区诸多的传统"内部"社会公共问题与知识产权事务，变得越来越"外部化"和"无界化"，跨行政区划的知识产权争议逐渐兴起，并有复杂化、多元化和规模化之态势。因此，在一省领域内，以往由一个地方政府进行的单边处理知识产权事务已经力不从心，无法应对大量的"区域公共问题"，而由双边或多边的区域政府追求协作行政或联合执法便提上议事日程。简言之，在自创区发展过程中的知识产权事务的区域政府协作与执法协作问题日益凸显，已经远远超出单边行政的能力范围，必须依赖郑州、洛阳、新乡市政府或其他非政府组织的联合治理。开展知识产权行政执法协作有助于推动自创区内各行政执法机关之间的执法沟通、协调和联动，强化监督检查，形成执法合力，有效治理跨地域知识产权事务。

4. 知识产权执法协作是统一知识产权执法程序和标准，提高知识产权执法效率和质量的主要途径

首先，知识产权执法协作有利于统一执法程序，切实保障权利人的合法权益和减少行政内耗。统一的执法程序一方面能有效地规范和控制知识产权执法中公权力的行使，保障市场机制的正常运转和保护行政相对人的合法权

益；另一方面，执法程序的统一对于区域内的各行政执法机关而言，减少了其内部各方因程序差异而产生的冲突，降低了行政系统的内耗，使行政执法人员能把精力集中到各项执法事务中去，而不是消耗在其内部复杂的利益冲突之中。区域行政执法程序的统一是实现自创区建设必须解决的问题，而通过行政执法协作的反复实践和磨合，是解决该问题的重要途径。

其次，知识产权执法协作能推动执法标准的统一，促使自创区内各行政主体执法目标达成一致。在自创区的建设过程中，执法标准的确定是行政执法的前提之一，也是影响行政执法协作是否能取得预期效果的重要环节。自创区内的各方由于受到各自社会状况、经济发展以及执法环境等因素的影响，在执法标准上可能存在差异。为了推进自创区向纵深方向发展，使协作各方的执法标准相一致是必要的。比如，在判定专利侵权，打击知识产权犯罪等方面，一致的执法标准能使区域协作的平等性得以体现，更有利于促进知识资源的合理配置、知识产品的自由流动以及确保良性竞争、公平交易等。一致的标准还能有效地遏制地方利益化和部门利益化的行为，促使各方形成一致的执法目标，共同致力于自创区的长远发展。而就自创区发展的现状而言，执法标准的差异主要是受制于郑州、洛阳、新乡三地经济发展水平的不平衡，因此，执法标准一致并不能机械地理解成为各种量化的、精确的一致，应当根据各地的实际情况保有合理的弹性空间。而且，达到执法标准的一致不可能是一蹴而就的，而是一个以经济的发展和平衡为基础的过程。在此过程中，知识产权执法协作能够将以上构想付诸实践，并对其在区域一体化的不同阶段给予调整，从而在操作上形成一套切实可行的执法标准，进而促成一致的执法目标。

最后，知识产权执法协作对于提高知识产权执法效率和质量起着积极的作用。知识产权执法协作是与自创区科技经济发展相匹配的执法模式，它既能有效地整合资源、形成执法的合力，又能优化知识产权行政执法系统的内部结构，而且还能增强信息传递的速度和执法协作的紧密程度，提高行政执法的效率，从而能在广度和强度两个方面较好地回应自创区建设所带来的执法压力和挑战。知识产权执法协作是科技经济协调发展在法治层面的体现，自创区行政执法机关的通力协作有利于增强执法的效果，保障自创区行政执法的质量。

（二）与自创区相关的知识产权执法协作探索

从2002年始，河南省各省市就积极探索知识产权执法协作长效机制，逐步构筑起跨市、跨部门、跨省纵横交错的知识产权"保护网",取得明显成效。2011年年初,河南省已与广东省、广西壮族自治区、海南省、湖北省、山东省等20多个省、自治区建立知识产权执法协作机制,省内的知识产权、工商、版权、公安、法院等近30家行政和司法部门共同开展知识产权执法保护工作,18个省辖市之间均建立起较为完善的执法协作关系。据统计,截至2011年8月份,河南省与兄弟省市知识产权管理机构相互移交处理案件30余起,结案率达100%,为知识产权权利人挽回经济损失两亿多元;河南省知识产权局与省直各部门协同办案年均50次以上,全省18个省辖市相互移交案件和协作办案已成为跨区域知识产权纠纷处理的主要模式。

一是建立跨市执法协作机制,成功实现执法主体下移。2004年,河南省知识产权局与郑州、洛阳等10个省辖市建立了联合执法机制,组织开展了四次较大规模的联合行动,初步实现了执法主体下移。2008年,郑州、洛阳等六个省辖市签署《河南省六省辖市知识产权(专利)执法合作协议》,开创了河南省知识产权执法工作新局面。到2010年,全省专利执法协作发展壮大到十个省辖市。几年来,成功协作处理了多起专利违法案件,全省知识产权保护合力的进一步形成。目前,全省18个省辖市均能独立处理专利侵权案件,成功实现了执法主体下移。

二是建立跨部门执法协作机制,构建案件处理"绿色通道"。省政府于2003年建立知识产权联席办公会议制度,于2006年成立了保护知识产权工作组,并先后出台了一系列加强知识产权工作特别是专利保护的政策措施,为多部门共同开展知识产权保护工作搭建了平台。2002年河南省知识产权局与省公安厅建立联合执法机制和案件移送制度,2003年又联合成立了执法联络处。洛阳、南阳等市随后相继成立了执法联络处,并开展了卓有成效的专利执法活动。目前,河南省18个省辖市均建立了公安局驻知识产权局联络机构,全省专利执法的力度明显增强。据统计,仅2010年,全省公安驻知识产权局执法联络处参与和配合专利行政执法处理案件50余起,案件涉案金额近亿元,为企业、权利人挽回经济损失7000多万元。

三是推进建立跨省执法协作机制,打造区域知识产权"保护网"。2004年,由河南省知识产权局牵头,联合广东省、广西壮族自治区、湖南省、湖北省、江西省、海南省、深圳市、广州市、武汉市10省市知识产权局在郑州签署发表了中南地区专利行政执法协作的《郑州宣言》,在全国率先开展跨省专利行政执法协作,有效推动跨省联合执法协作机制的建立。同年,河南省还加入了由湖北省发起的中部地区专利行政执法的协作协议。

值得关注的是，2012年中原经济区规划被批复后，中原经济区各省市的知识产权执法协作已经出现了向深度和广度发展的良好态势。继南阳市与湖北襄樊市签署了执法合作协议（2009）、新乡市与山西省长治市签署了执法合作协议（2010）之后，2011年4月山西省长治市，河北省邯郸市，山东省菏泽市，河南省新乡市、安阳市等五市共同签署"晋冀鲁豫四省跨地区知识产权行政执法合作协议"等。旨在促进合作与交流，共同提高执法能力和效率，方便专利权人立案、申请专利保护，降低维权成本。晋冀鲁豫五市知识产权行政执法协作联盟已正式启动。协议在依法管辖原则下打破地域限制，突出快速配合、就近移送、协作调查取证、建立执法协作机构等方面，创新了知识产权执法的新思路新举措。为了顺应国家加强跨省市专利行政执法协作的趋势，借鉴地方局签署的区域性协议，五个知识产权局又根据自身工作实际，建立了成员单位辖区内的企业知识产权保护信息数据库。

2012年10月23日，在晋冀鲁豫五市知识产权行政执法协作联盟的基础上，冀豫相邻的焦作市、濮阳市、邢台市三个知识产权局相继加入，晋冀鲁豫四省八市齐聚新乡，共同探讨交流协作机制，并签署了《企业维权绿色通道协议》，印发了《侵权判定标准和假冒认定标准》（讨论稿），跨省区域性专利行政执法协作机制由此迈上了一个新台阶。在本次签署的《企业维权绿色通道协议书》中，四省八市知识产权局规定了协议的期限，即首次开通企业维权绿色通道期限为3年半，自2012年10月23日至2016年4月21日。协议中规定了对跨省区域内执法办案和企业维权的协作内容，日常执法办案中的立案、调查、口审、送达等环节如何开展协作；跨省市协作案件的优先处理原则，即要求各成员单位接到其他成员单位转交的协作案件，应当优先办理，确保协作案件的处理高效、快捷；当协议成员单位辖区内的企业在其他成员单位辖区内发生侵权、假冒专利等行为时，要将相关信息及时通报给所属辖区的成员单位，及时帮助企业尽快处理问题。

针对跨省案件，当成员单位辖区内的企业到其他成员单位请求处理专利侵权纠纷案件，或者举报投诉假冒专利行为时，该成员单位要启动快速办案机制，符合立案条件的，做到当日请求当日受理；因不够立案条件而导致无法立案的，一次告知不能受理的原因，让企业尽快补充材料，以便做到早日受理。根据协议，协议成员单位辖区内的企业到其他成员单位请求处理专利侵权纠纷时，根据该企业的申请，要及时启动知识产权（专利）维权援助工作，必要时，也可自行启动知识产权（专利）维权援助工作，帮助该企业维护其权益。维权援助内容为国知识产权局印发的《关于开展知识产权维权援助工作的指导意见》中的维权援助内容，尤其是经费资助。

为及时了解企业维权保护信息，为成员单位内的非辖区企业提供异地维权帮助，晋冀鲁豫四省八市成员单位共同建立成员单位辖区内的企业知识产权保护信息数据库。协议成员单位辖区内知识产权意识较强的企业，其产品在市场上享有一定声誉，且易被仿冒侵权的，协议成员单位应将该企业申请专利的数据信息收集建库并在协议成员单位交流，其他成员单位收到信息后，将开通绿色通道，重点为其提供相关知识产权（专利）维权保护。四省八市跨省区域专利执法协作联盟施行年度例会制度，即八市每年轮流举办专利行政执法协作交流会，在重大执法活动中通力合作，形成跨省执法合力。本着"五市中的两市相接壤"原则吸纳成员单位，即与长治市、新乡市、安阳市、邯郸市、菏泽市其中两个市接壤，方可加入执法协作联盟。遵循高效互通、资源共享原则，四省八市还开发了专利执法协作信息交流共享平台，为成员单位专利执法协作提供了信息化支撑。平台以网上专利执法案件协作为中心，以信息交流、资源共享为重点，旨在实现提高案件移送、案件办理效能，执法人员实时沟通。目前，信息交流平台上执法人员交流、重点案件信息沟通、执法实务问题研讨等正顺利进行。

(三) 与自创区相关的知识产权执法协作存在的问题

与自创区相关的知识产权行政执法协作工作探索实践逐渐顺利展开，但是在进行的过程中并不是一帆风顺的，行政执法协调机制的不完善导致一些问题的存在还是非常突出的。

第一，参与主体问题。郑洛新自主创新示范区内只有新乡市领头，郑州市、洛阳市并没有参与，自创区的核心区郑州市、洛阳市、新乡市三地的高新技术开发区管委会没有身影，且其他知识产权管理部门，以及知识产权相关机关与部门也较少涉及，涉及范围还不是十分广泛。

第二，协调机制问题。实际上这牵涉到区域知识产权执法协作的协调层次问题。目前，与自创区相关的知识产权执法协作机制上只有四省八市跨省区域专利执法协作联盟施行年度例会制度，且轮流坐庄主持会议，没有常设的知识产权执法协作管理机构。定期联席会议制度显然无法满足自创区行政执法协调的日常工作，无法有效地处理各地区、各部门之间发生的知识产权纠纷案件。而且河南省知识产权局的主导作用还没有充分发挥。

第三，协作内容问题。现行的与自创区相关的部分城市的知识产权合作协议主要是明确管辖权，协同进行调查或处理，案件移送处理，相互协助调查取证，加强对专利侵权纠纷案件处理情况的交流；相互给予帮助或指导；统一与协调行动。协议还就执法协作程序、执法协作保障措施等内容进行了规定。但是很显然，各城市之间的知识产权执法协作还不是很全面。

第四，执法标准问题。目前，与自创区相关的各市县区之间的知识产权执法协作的标准还不够统一，突出表现在如何认定专利侵权，认定侵权的标准，认定侵权的程序，认定侵权的法律依据等方面，这使得每个市县区在自身知识产权执法上存在差异，在接受协议成员单位的请求后无法与其他成员单位的执法保持统一性。而且由于与自创区相关的各市地区在产业结构、市场开放程度、科技水平和创新能力方面的差距，各地不仅在知识产权资源拥有和产出方面有差别，而且在知识产权的宏观战略和微观管理方面也存在差距。

第五，跨部门协作问题。与自创区相关的知识产权执法协作不仅是专利管理部门之间的跨区域协作，还牵涉到知识产权的其他种类，例如商标行政管理部门、版权行政管理部门、地理标志管理部门、不正当竞争管理部门等。这种情况不仅发生在自创区之内，更发生在自创区核心区与辐射区之间。目前，与自创区相关的知识产权执法协作的探索还仅仅在专利执法层面。

第六，协作保障问题。自创区知识产权执法协作必须有一定的保障措施，这包括体制保障、机制保障、制度保障、资金保障、人力保障等诸多方面，同时包括法律法规的保障，即硬法与软法的结合运用。现行的与自创区相关的各市县区之间的知识产权执法协作保障措施显然远远不足。

三、区域知识产权执法协作的借鉴

（一）国外一般区域协作的实践

1. 美国的区域协作

美国的创业精神、创造力和独创性在全球经济中都具有比较明显的优势。因此，美国人也成为全球创新、创意服务和产品的领袖，而这些成就离不开美国完善的知识产权保护，为继续在全球经济中领先、成功与繁荣，美国保证了持续的知识产权执法。

在 PRO-IP Act 的支持下，美国知识产权执行协调员（IPEC）和负责打击知识产权侵权的联邦机构进行了合作，并获得了公众的大量支持，确定了美国政府改善知识产权执法的措施，在 33 个执法战略行动要点中，他们确立了打击知识产权侵权的协同作战方案，这些行动要点概括说来包括：

第一，以身作则。首先美国政府认为，如果不能以身作则就无从要求他人行动起来，因此，美国政府采取了一系列的措施，例如建立美国政府范围内的工作组以防止美国政府采购仿制产品，使用联邦承包商开发的合法软件等措施为美国的贸易伙伴树立了一个榜样，通过其政府行为和政策以提高人们对知识产权产品的使用。

第二，提高透明度。美国政府认为，信息和信息共享对高效执法显得尤为重要，因此，美国政府支持执法政策制定过程的透明度，在联邦机构（包括执法机构）之间的信息共享，以及国内和国外的执法行动报告。具体措施包括：提升美国知识产权政策的制定和国际谈判的透明度；提升知识产权所有者的信息共享；与受害者、知识产权所有者进行交流；报告贸易伙伴的最佳做法；在《特别301报告》中确认外国盗版网站；执法行动的跟踪和报告；共享"禁止进口令"执法数据；改进交流以加强337条执法等。

第三，保证效率和协作。为了提升美国知识产权执法的效率和效果，减少重复和浪费，美国政府通过联邦、州和地方执法的联合行动，来实现全国执法行动的统一。在联合执法中，美国政府首先保证了负责知识产权侵权刑事调查的联邦机构在合作行动中得以实现全面的参与，当今最大的合作行动就是IPR中心，它由移民与海关执法局（ICE）创建。IPEC在相关联邦机构的协作下将保证合作行动的范围。同时，美国政府还提供了一个数据库——或者提供与单一数据库相同功能的多个数据库，数据库中的内容由多个联邦执法机构共享，包括了大量的知识产权案例信息，同时提供将要调查的特定案件的信息，包括提供给主要调查探员的姓名和联系方式等信息。这些信息共享有力地帮助了联邦的执法行动，并保证了合适的资源被用于最高优先级的调查目标中。

第四，在全世界范围内执行美国的权利。美国政府将在其他国家打击侵权行为作为执行美国知识产权的一个重要方面，为此，美国政府一直致力于协调一致的知识产权全球执法。具体的措施包括：打击基于国外和受外国控制的侵害美国知识产权的网站；提升国外执法合作；通过贸易政策工具促进美国知识产权执法；制定特别"301行动计划"；通过国际组织强化知识产权执法等。

第五，加大力度保护供应链。美国政府保护供应链，通过执法行动及与私营机构的合作来遏制侵权产品的进入。特别是美国政府支持互联网上信息的自由流动及言论自由，政府鼓励企业界通过合作以降低互联网盗版。

第六，建立数据驱动型政府。信息对于建立有效的联合执法战略是非常重要的。为此，美国政府加强知识产权相关活动数据和信息的收集，并评估国内和国外法律及执法行为，为美国的知识产权所有者创造一个开放和公平的环境。

2. 西班牙的区域协作

西班牙在 2010 年 9 月 16 日发布了《西班牙知识产权推进计划（2010—2012）》，计划的目标是将知识产权作为差异化、专业化的因素，并为西班牙的生产能力提供长远的回报。计划将激励知识产权运用，加强国际知识产权执法协作以有效保护知识产权，优化知识产权管理作为战略目标。计划对于每一项战略目标的实现都拟定了详细的预算和实施计划。对于危机蔓延、赤字严重的西班牙来讲，知识产权或许真的是危机的一根救命稻草。

早在 1997 年，西班牙政府就在无形资产领域（包括知识产权和工业产权）成立了工作组，对知识产权和工业产权领域的盗版行为进行了严厉的打击。为协调各区域政府部门的联合执法行动，2000 年西班牙政府成立了打击知识产权和工业产权侵权活动的跨部委员会。至 2005 年，委员会和工作组取得了极为丰硕的成果，在推动西班牙知识产权立法改革以及公布反映西班牙盗版知识情况的联合统计数据方面发挥了关键的作用。

在西班牙政府计划规定的合作和协作措施中，重点是要建立一个部门间的委员会，作为公共和私营部门接触、辩论、找出解决方案和达成协议的机制。在委员会中，各代表来自负有相关责任的所有公共机构，包括负责计划实施的机构，以及私营部门的代表，该委员会按要求将发挥知识产权行政执法协作战略催化剂的作用。

委员会提出的各种倡议中，最值得借鉴的是：（1）建立由专业从事打击知识产权犯罪的警察首长和管理机构组成的工作组。成立该工作组的目的是协调打击盗版和税务欺诈的活动。（2）计划为司法行政部门的成员加强培训活动。（3）根据马德里市和巴塞罗那市的经验，为市政府编写示范法令，举办防止侵犯知识产权活动。（4）在旅店场馆开展活动，制止流动贩卖侵权产品行为。（5）在学校中心普遍开展提高认识的活动。除此之外，该计划还包含了预防措施，明确问题的真正范围，并找出公民即使自己不消费非法制品、但接受非法制品交易和消费的原因。

（二）国内区域知识产权（执法）协作的实践

在我国，通过区域经济的长期发展，自然形成了以经济中心、经济腹地以及经济联系为基本构成要素的经济区；而我国对区域经济的治理，又往往以行政区划为对象。于是，除了与经济区相对应的"经济区经济"系统外，还客观存在一个与行政区相对应的"行政区经济"系统。随着经济全球化的步伐和区域一体化的发展，建立跨越行政经济区域的"区域经济区"就不可避免。同时，为了区域经济区的发展就必须建立区域合作机制。近年来，区域合作机制发展迅速，北部环渤海、珠三角、长三角、东三省以及中西部，都以相同或互补的经济禀赋为基础，实现区域协调发展为目标创建了合作机制，独具中国特色的行政协议机制就是上述努力的制度创新，通过该机制缔结的协议广泛涉及交通、能源、贸易、农业、投资、旅游、就业服务、信息化、科教文化、环境保护及公共卫生等领域。可以说，国内这些一般性的区域合作实践取得了一定的成功，积累了一定的经验。本章主要关注国内其他区域的知识产权执法协作的实践，分述如下。

1. 长三角区域知识产权（执法）协作

2005年9月23日，长三角地区27个知识产权局，包括上海市知识产权局、江苏省知识产权局、浙江省知识产权局以及江苏和浙江两省所辖24个地级市知识产权局的代表一致同意并签署了《长三角地区知识产权局系统专利行政执法协作协议》（以下简称《长三角协议》）。《长三角协议》将更有利于充分发挥各知识产权局协作执法的优势，降低知识产权行政执法成本，大大提高执法效率。从某种意义上讲，《长三角协议》实际上就是将长三角地区知识产权局系统的执法资源最大限度地加以整合，从而达到降低执法成本、提高执法效率的目的。

"长三角协议"的优势和特点在于：（1）《长三角协议》明确增加了级别管辖原则、配合原则、报送原则和指导监督原则，并明确了协助调查取证的范围，从协助开展重大、复杂案件的调查取证扩大到积极配合协助开展知识产权侵权纠纷、假冒他人知识产权和冒充知识产权案件的调查取证。（2）《长三角协议》中增加"协作办理重大案件"的执法内容，明确规定"对跨区域的故意侵权、群体侵权、共同侵权、重复侵权等重大案件，相关区域的知识产权局根据实际情况可以协作办理"。（3）《长三角协议》明确规定在"联席会议下设办公室，负责处理联席会议的各项日常工作"，从而更加突出加强执法协作的组织保障。另外还规定在国家知识产权局网站设置"长三角专利执法协作信息专栏"，利用国家知识产权局网站来进行宣传与监督，这也是长三角协议保障措施的一个特色。（4）《长三角协议》更加注重执法的效率。这突出表现在《长三角协议》的以下规定："知识产权局自出具《长三角地区专利侵权纠纷行政处理请求材料接收单》之日起 3 个工作日内，填写《长三角地区专利侵权纠纷材料移送单》"，并将之移送到有管辖权的知识产权局。对此，省际协议规定的期限是 5 天之内移送完毕。

2. 泛珠三角区域知识产权（执法）协作

泛珠三角区域合作的总体目标是构筑开放、有序的区域性共同市场，打造泛珠三角区域的合作品牌，整体提高国际竞争力和影响力。泛珠三角区域合作自 2004 年正式启动以来，在经贸、投资、交通、能源等领域取得了重大进展。知识产权法律保护对泛珠三角区域合作总体目标的实现具有不可或缺的重大作用，如何加强泛珠三角区域知识产权保护的执法协作，是我们必须研究的主要课题之一。伴随着区域经济一体化进程的推进，泛珠江三角洲区域行政执法合作迈开了步伐，取得了进展。就珠三角地区而言，自 2005 年以来，为切实整合行政执法资源，充分发挥专利行政执法优势，加大专利行政保护力度，搭建广泛协作平台，广东省知识产权局起草了《建立泛珠三角区域专利行政执法协作机制项目工作方案》（以下简称《方案》），《方案》明确规定了该项工作的内容和原则、工作方式和进度以及组织架构等。根据《方案》的要求，泛珠三角区域的各省已报送了项目领导小组和工作小组的人员名单。《方案》的制定，标志着泛珠三角区域知识产权行政执法协作机制的全面启动，也意味着广东省在加强区域知识产权合作方面迈出了新的一步，将有利于开拓泛珠三角区域合作新局面，为促进泛珠三角区域经济健康协调发展发挥积极的作用。

泛珠三角区域知识产权行政执法协作方面的成功之处在于：（1）统筹协调各方资源和人才优势、政策研讨。统筹协调各方资源和人才优势，加强调研及学术交流与合作，实时研究政府知识产权工作面临的共性问题、难点和热点问题及战略性问题，探索有效的解决渠道和措施，提高政府知识产权管理水平。（2）宣传与培训。加大知识产权宣传培训力度，加强培训课程和教材等方面资源和信息的共享，培养满足区域发展要求的知识产权人才，提高区域知识产权意识。（3）九省（区）间打破地方保护，加强区域内知识产权执法部门间的沟通与协调，形成统一、有效、规范的知识产权保护秩序，整体提高区域知识产权保护水平。（4）建立区域专利技术转移促进机制，推动专利技术产业化及区域间的合作与转移，充分发展各方的产业优势，促进产业优势互补，构建区域产业发展链条，提高泛珠三角产业的整体竞争力和创新能力。（5）建立联席会议制度。会议成员由协议各方省（区）级知识产权协调机构及相关专利、商标、版权管理部门负责人组成。会议每年举行一次，研究决定合作重大事宜，必要时可召开临时联席会议。会议由协议各方轮流召集和主持，每届会议确定下届会议的主办方、时间和地点。会议设会议主席，由当年主持会议的省（区）知识产权负责人担任。（6）建立联络员制度。各省（区）确定一名联络员，负责联络、沟通和协调工作。联络员应加强跟踪、落实和情况反馈，畅通各成员单位信息交流渠道，提高工作效率，确保各项合作项目的顺利完成。（7）建立专题工作小组制度。根据每年联席会议确定的合作项目，成立相应的专题工作小组，开展具体的专项合作工作。专题工作小组成员由协议各方指定，对具体合作项目及相关事宜制订合作计划，提出工作措施，落实合作事项，并定期向联席会议报告合作项目落实情况。

3. 西部地区知识产权（执法）协作

2011年内蒙古自治区与甘肃省、重庆市、四川省、贵州省、云南省等西部12省市区知识产权局共同签订了《西部十二省市区专利行政执法协作协议》，主要包括指导思想、基本原则、协作内容、专利案件的管辖、工作程序、保障措施6部分内容。此协议的签订与实施，对加强区域间专利行政执法交流与协作，营造西部地区良好的知识产权法治环境起到了一定的推动作用，将有效推进西部地区知识产权保护能力与水平的全面提升。

根据协议的规定，具有借鉴意义的地方在于：（1）要求在知识产权行政执法中加强信息沟通，作好案件移送，协助调查取证，杜绝地方保护主义，切实维护权利人的合法权益。（2）协议中规定，各签约方将制定统一的知识产权案件受理程序、办案规则，以及相关执法表格。（3）协议中规定，知识产权侵权行为不论发生在西部12省的任何地区，将由该地区管理知识产权的工作部门进行就地调查处理，并由签约省份提供必要的支持和配合。（4）协议中规定各签约方多久将轮流承办召开一次省际专利行政执法协作会议，总结专利行政执法协作经验。

4. 渤海湾经济区知识产权（执法）协作

渤海湾经济区知识产权协作是进一步深化区域合作的重要切入点和突破点，通过知识产权行政执法协作，渤海湾经济区以合作为基础，以共赢为目标，根据"政府引导、市场运作、企业主体"的原则，构建渤海湾经济区知识产权协作体系，在区域层面搭建两个平台：区域信息资源共享平台、区域知识产权工作平台。完善了六种机制：预警机制、政策协调机制、人员交流及培训机制、协调规划机制、行政执法协作机制、专利技术转移促进机制；聚焦三类产业：生物产业、信息产业、装备制造业等，建立一个跨区域企业知识产权合作联盟。渤海湾经济区知识产权协作充分发挥了体系的集聚效应、联动效应与网络效应，在创造、管理、运用、保护的各个环节共同推进区域知识产权的协调与合作，推动了知识产权与科技、经济、贸易的协调发展，将渤海湾经济区建设成创新活力张劲、转化渠道畅通、知识产权保护有力、知识产权人才集聚、知识产权运作体制完善的区域。

渤海湾经济区知识产权协作体系的成功之处在于：（1）通过搭建信息平台与管理平台，加强区域间信息共享与政府部门的合作。通过构建渤海湾经济区知识产权信息共享平台，建立渤海湾经济区知识产权专家库、知识产权案例库等数据信息库，加强了区域知识产权信息资源的共享；通过区域知识产权技术信息平台的建设，使知识产权信息的检索、研究、利用和传播更加便捷。例如"渤海湾经济区知识产权交易合作网"围绕促进渤海湾经济区知识产权信息流通和知识产权交易展开。搭建渤海湾经济区政府知识产权管理平台。通过建立"渤海湾经济区知识产权联席会议制度"，确定何年组织召开"渤海湾经济区知识产权合作联席会议"，研究决定合作重大事宜。以此为平台，实时研究政府知识产权工作面临的共性问题、难点和热点问题及战略性问题，探索有效的解决渠道和措施，提高政府知识产权管理水平。（2）建立和完善合作与协调机制，为区域知识产权合作营造良好制度环境。建立和启动区域知识产权预警机制。在区域现有知识产权工作的基础上，配合知识产权合作事宜，固化知识产权预警机构或组织。基于区域内产业发展、对外贸易情况及企业知识产权申请状况，利用区域知识产权信息平台，对数据予以分析。根据分析结论，及时为区域内企业提供同行业发展预测，发布预警信息，并指导行业协会和企业积极主动地运用知识产权国际规则，指导企业研发投入，规避知识产权陷阱，组建知识产权联盟共享知识产权。（3）聚焦支柱产业，充分发挥知识产权在产业未来发展中的重要作用。聚焦生物产业、信息产业和装备制造业，充分发挥区域的科技优势和创新优势，加强知识产权领域的工作力度和合作力度，为渤海湾经济区创造出更多的经济增长点。（4）建立企业知识产权联盟，增强企业的技术创新能力与市场竞争力。通过建立渤海湾经济区企业知识产权联盟，实现合作共赢、知识的积累和创新，实现知识产权相关资源的共享和交流。使企业在利益一致的前提下，互相支持，互通情报，联手痛击盗版侵权行为。就企业知识产权工作共同的难点与关注热点进行交流和探讨，引导企业加强品牌意识，实行环渤海地区的"著名商标互认制度"和名牌商品市场优先准入制度，鼓励有条件的重点行业以知识产权为基础建立技术标准体系等。

5. 东北地区知识产权（执法）协作

东北地区知识产权行政执法协作机制主要是指在辽宁省、吉林省、黑龙江省、内蒙古自治区（以下简称"三省一区"）政府之间，在运用知识产权行政执法方式时，所确定的用以协调、调整区域内部省（自治区）级政府横向之间的各种关系，使之分土合作、权责清晰，相互配合、有效地实现行政目标和提高整体效能的活动安排。目前该协调机制的内容主要体现在2008年8月三省一区知识产权局签订的《东北地区知识产权行政执法合作协议》中，它确定了东北地区知识产权行政执法协作机制的初步框架。进一步加强了政府之间的跨地区横向合作，对于贯彻实施知识产权战略纲要，实现区域知识产权行政执法协调一体化，形成东北地区和谐的区域市场竞争秩序，增强区域核心竞争力具有重要意义。

2008年8月东北三省一区各知识产权局签订了《东北地区知识产权行政执法合作协议》。该协议内容主要包括：各成员单位以统一指挥、分工负责、资源共享为原则，对于跨地区知识产权案件给予立案协作、案件协办、委托调查取证、证据互认、协助行政调处决定等协作，对于假冒他人知识产权和冒充知识产权案件应组成联合执法检查组，统一领导、统一部署、统一行动、共同打击等内容，初步确立了东北地区知识产权行政执法协作机制的指导思想、基本原则、执法协作内容、执法协作程序、执法协作保障措施五个方面的内容。

《东北地区知识产权行政执法合作协议》初步确立了东北地区知识产权行政执法协作机制的框架，对于加强东北地区知识产权行政执法协作与交流，共同推进跨地区执法协作，降低行政执法成本，提高行政执法效率，杜绝地方保护主义，营造规范、有序的知识产权保护环境具有重要意义。国家知识产权局从整体上对于知识产权执法协作进行积极的指导，尤其对东北地区知识产权行政执法协作机制的构建具有战略意义。

总之，上述地区通过知识产权行政执法协作加强了各方的合作与交流，联手推进了执法协作工作的顺利开展，促进了国家知识产权战略实施，提高了区域内自主创新能力，对该地区的知识产权整体保护也提供了较为完善的支持，对自创区知识产权执法协作机制的完善具有十分重要的借鉴意义。

(三) 区域知识产权合作的若干成功经验

从我们现有的区域知识产权合作实践可以看出，现有的区域知识产权执法多是针对上级督办的案件、群体性侵权案件、各地有重大影响的案件等重大案件，区域内的各级政府通过展开联合执法检查、迅速通报案件的查处进程和结果来确保行政处理的一致性、公平性和权威性。协议的内容通常还包括开展集中执法，即针对重点区域、重点领域和重点产品，发起集中开展知识产权行政执法行动。就行政执法中遇到的实务问题，应当共同研究解决。确定专门信息员，及时通报共同关心的执法信息。摒弃地方保护主义，强化开放、合作意识，努力形成知识产权行政执法合力，统一执法规范，公平公正处理跨区域知识产权行政执法案件。

第一，知识产权执法协作的观念强化。观念是行动的先导。鉴于当前部分地区及部门协作意识淡薄的问题，应当建立并强化区域协作执法的理念，促使各级行政机关能够从区域整体利益出发，以发展的眼光和站在全局的高度来理解开展区域行政执法协作的必要性和重要性。协作才能共赢，分割与内耗则必共损。各行政机关必须把本辖区的执法工作和整个区域的执法活动有机地联系起来，积极探索区域执法协作的新途径和新形式，一方面积极协作、配合其他地区和部门的行政机关进行执法，另一方面也通过执法协作使自身的工作得到改进和获得更多的支持，并搞好跨区域的行政执法工作，使区域执法协作在纵横向上得到全面发展。

第二，在区域内展开区域协同调查取证制度。一些区域在协同调查取证方面采用了网上信息交流，区域案件移送、协作调查取证的方式，很好地解决了不同区域间、不同部门间调查取证难的问题。例如在"长三角协议"中明确规定了协作调查取证的范围从"协作开展重大、复杂案件的调查取证"扩大到"积极配合协作开展专利侵权纠纷、假冒他人专利和冒充专利案件的调查取证"。在《川南片区专利行政执法协作协议》中要求在专利行政执法中加强信息沟通，作好案件移送，协作调查取证，杜绝地方保护主义，切实维护权利人的合法权益。

第三，在办理重大知识产权侵权案件中相互协作。在重大案件的协作办理上，规定侵权行为无论发生在协议辖区内的任何地方，该地区的专利行政执法部门都有权利就地进行调查处理，签约省份要给予及时的支持与配合。例如，在《长三角协议》中就增加了"协作办理重大案件"的执法内容，明确规定"对跨区域的故意侵权、群体侵权、共同侵权、重复侵权等重大案件，相关区域的知识产权局根据实际情况可以协作办理"。在《闽浙赣皖九市专利行政执法协作协议》中规定专利权人或利害关系人欲对发生在其他协作成员管辖范围内的专利侵权纠纷寻求行政处理的，均可以选择向当地的知识产权局提起请求，符合条件的，由当地市知识产权局向有管辖权的协作成员移送。必要时，协作成员可以开展协同调查取证。

第四，通过会议与协议共同保障专利行政执法工作的顺利进行。在"长三角协议"就明确规定了在"联席会议下设办公室，负责处理联席会议的各项日常工作"，从而更加突出加强执法协作的组织保障。同时还规定了在国家知识产权局网站设置"长三角专利执法协作信息专栏"，利用国家知识产权局网站来进行宣传与监督。无独有偶，在《西部十二省市区专利行政执法协议》中也规定了各签约方每年将轮流承办召开一次省际专利行政执法协作会议，总结专利行政执法协作经验。

可以说，这些经验是在知识产权行政执法协作的过程中，通过不断地加强各方的合作与交流产生的，为联手推进知识产权执法协作，促进知识产权战略实施，提升区域内自主创新能力以及完善知识产权整体保护机制提供了重要的保障。

四、自创区知识产权执法协作机制的建立

（一）自创区知识产权执法协作机制的路径选择

1. 路径选择的基本模式：公法治理

区域之间协作机制一般可以划分为私法治理模式和公法治理模式。这源于市场经济与计划经济的分野。市场经济的极端情况被称为自由放任经济，即政府不对经济决策施加任何影响。与自由放任经济不同，计划经济是由政府做出有关生产和分配的所有重大决策，即政府通过它的资源所有权（占有权）和实施经济政策的权力解答基本的经济问题。而当代社会中没有任何一个社会完全属于上述两种极端中的一个，几乎所有的社会都是既带有市场成分也带有指令成分的混合经济，从来没有一个百分之百的纯粹的市场经济。在当代世界，大多数决策毫无疑问都是在市场中进行的，但是政府在监督市场运行方面却扮演着重要的角色，比如政府通过制定法律来监督经济生活，提供教育和治安服务，并管制污染等，以弥补市场失灵带来的弊端。而对于区域经济一体化的实现模式而言，无论是磨合式一体化或整合式一体化，还是融合式一体化或竞合式一体化，政府的介入都不可避免，政府的作用都不

可忽视，问题只是在于介入的深度和作用的程度而已。实际上，根据政府参与的深度和广度，区域经济一体化可以分为两种模式来实现：私法治理模式和公法治理模式。

私法治理模式作为实现区域经济一体化的私法模式仅仅把法律作为实现一体化的工具，强调法律适用的被动性，法律的形式主要是私法，同时整个进程都是无意识的。私法治理模式的两大基石是自发秩序和私法。古典的奥地利学派强调的就是自发秩序的种种优点，而现代的法律与经济学派则强调私法（特是判例法）是实现区域经济一体化最为有效的法律方法。

自创区知识产权执法协作主要是政府知识产权部门的公法行为，其政府部门之间的协作行为也应该是以公法治理模式为主。自创区知识产权执法协作体现的是区域之间知识产权政府部门的意志，是以政府对于知识产权市场的介入作为主要形式。与一般公法治理模式相同，主要依靠行政协议和政策的制度导向来实现区域经济一体化，同时强调法律适用的主动性，而法律主要就是公法。政府的制度导向和公法是公法模式的两大基石。上述美国州际协定以及欧盟在实践中取得的史无前例的巨大成功，以及我国区域经济合作和知识产权协作的实践和经验证明，通过行政协议或超区域立法等公法机制在相对较短的时间内，可以实现区域经济一体化，实现区域协调发展的知识产权政策目标。

2. 路径选择的具体落实：缔结行政协议

区域之间的政府或其部门之间缔结行政协议是公法治理模式的重要方式。在我国，行政协议已经成为区域合作和解决行政争端最重要的区域法制协调机制之一。这些协议的缔结主体是行政机关；缔结形式是行政首长联席会议；它的本质是一种对等性行政契约。从法学上看，我国地方政府之间缔结的协议既不是共同行政行为也不是行政合同，而是类似于美国各州之间的州际协定、各地方政府之间的行政协议以及西班牙的行政协议，它是地方政府间实现平等合作的一个法律机制。以长三角为例，两省一市的交通部门、旅游管理部门、工商管理部门、信用建设部门、文化教育部门、人事部门、科技管理部门以及质量监督部门等行政机关开始广泛介入区域经济一体化的整合进程，缔结了大量的行政协议。自创区知识产权执法协作本身就是一个知识产权管理部门的行政行为，其他部门不可分割或分享其权力，是故该协作机制的路径只能是公法治理模式。前已述及，区域经济协作一般的做法是采取区际之间缔结行政协议的方式。

行政协议在我国尚未形成一个为理论界和实务界所普遍接受的名称，在理论上，大陆法系和我国学者很少对行政协议进行系统研究，他们往往在研究行政合同时附带谈到行政协议，有的称行政协议为"对等性行政契约"，有的称之为"行政协定"，也有的称之为"行政协议"。而在美国，州际合作经过几百年的发展，已经形成了比较完善的制度，州际合作产生的结果被称为州际协定（interstate compact）或行政协议（administrative agree-ment）。我们强调，行政协议主要有两个特性：其一是它的行政性，即它的主体是行政机关，并且运用了行政权；其二是它的合意性，即意思表达一致而达成某种协议。基于上述认识，并考虑到名称的简洁性和方便性，我们将其称为行政协议，在区域合作的实践中，可以简称为协议。当然，我们必须注意到，在区域经济一体化机制中，中央政府与地方政府，以及各组成部门之间所扮演的角色与地位不同，发挥的作用亦不相同，这给我们选择具体模式和路径中以很大的衍生空间。

（二）自创区知识产权执法协作行政协议的订立

自创区知识产权执法协作行政协议的缔结是各成员机关的意思表示达成一致并愿意接受该共同意志约束的整个过程。在这个意义上，协议的缔结是各成员机关参与到区域经济一体化进程中的第一步或起点，但绝对不是终点，缔结完成本身并不是我们的终极目标。

1. 协议的订立主体

自创区知识产权执法协作行政协议的订立主体主要有两个问题：其一，协议主体的缔约权问题，即哪些地方行政机关有权与其他行政机关缔结行政协议。其二，协议主体的缔约自由度问题，即各级地方行政机关是否具有完全的缔约权，这主要是涉及上级行政机关的领导权问题，主要包括事先的批准和事中及事后的监督。其实，从法律上来说，只要行为主体完全符合行政主体的构成要件，同时该行为主体是地方机关，那么自然有资格成为行政协议的主体。具体而言，如果行为主体是一个社会组织，也具有一定的行政权力，并且能够以自己名义订立协议独立承担法律责任，同时它也是一个地方机关，那么它就自然具有了行政协议的缔约权。由此笔者似可以得出一个理所当然的结论，行政协议主体的资格不会因为地域而改变，即所有行政机关都有权缔结行政协议，无论是与辖区内的行政机关，还是在区外的行政机关。由此看来，为了实现区域经济一体化，地方政府间缔结各种行政协议，在主体资格上并无法律上的瑕疵。

具体到自创区知识产权执法协作行政协议的订立主体主要包括三类：一类是自创区各级政府，包括河南省郑州市、洛阳市、新乡市政府。第二类是自创区区域内的高新区管委会、辐射区，包括郑州市、洛阳市、新乡市三地高新区管委会，以及辐射区的各县市。第三类是自创区的高新区管委会、辐射区内各市县区的知识产权局。按照上述定义，这些市县区的知识产权局是具体的执法部门，范围多涉及跨区域执法协作问题。由于知识产权执法的事权一般由管理专利的部门行使，而且一般由各地的知识产权局行使，我们认为自创区知识产权执法协作行政协议的订立主体应该为各地特别是市县区的知识产权局（或管理专利的科局）。

2. 协议的订立程序

与其他行政协议的订立程序相似，自创区知识产权执法协作行政协议的订立程序也要经历"要约与承诺"两个阶段。如果是缔结行政协议时，采取的是行政首长联席会议制度和行政代表会议制度，要约与承诺都是即时的，它们在会议过程中都能全部完成，虽然很多时候要经过多次的"要约—承诺—反要约—再承诺"的过程，但无论如何，该程序平台是相对简单的。而非会议的要约承诺制度则相对复杂得多，它是放大化或具体化的会议制度，两个步骤往往更为清晰。不管怎么样，作为行政协议的程序平台，它们都要经过要约和承诺两个步骤，只不过时间与场合不同而已。这是因为行政协议实质上是一种双方合意行为，它的缔结过程非常类似于民事合同。如同民事合同一样，行政协议也是以要约的形式开始的。但不同于民事合同的是，在行政协议领域，行政主体的意思自由是非常有限的，通常限于法律、法规规定的相关权限。这里要约通常是指一方行政机关向特定的另一方行政机关作出的希望与其订立协议的意思表示，一经另一方行政机关承诺，该行政机关即受该意思表示的约束，必须与之建立协议关系。同样，行政协议缔结过程中的承诺是指一方行政机关同意另一方行政机关作出的要约的意思表示。承诺机关应当以适当的形式宣告接受该要约，并体现该承诺的全部内容，或者依据特别法规的授权，承诺机关已经开始具体实施该要约的内容，而要约机关也没有在一定的期限内明文反对的，这样的承诺应当认为是有效的。特别指出的是，要约和承诺一般不能通过口头的形式作出，它们是必须以书面形式出现。

基于自创区的现实以及已有的实践，我们认为自创区知识产权执法协作行政协议的订立程序可以多样：一是自创区各省政府首先订立"一揽子合作协议",然后各市县区知识产权局进行细化。鉴于自创区的区域现状是"河南省一股独大",这种区域内各省级政府缔结行政协议的方式并不可靠,而更适合于区域内各省份相对平等均衡的状态。二是自创区区域内的市县区政府缔结行政协议的方式,其所属的知识产权局再行细化,但是现实上似乎并不需要这种方式。具有可操作性的是第三种方式,以现有的晋冀鲁豫知识产权执法合作协议为基础,扩大所涵盖的整个自创区范围,由自创区各市县区知识产权局进行缔结,由河南省知识产权局指导,通过会议制度,结合非会议制度反复进行"要约与承诺",实际上是倡议与响应,最后订立"自创区知识产权执法协作协议"。

3. 协议的基本内容

自创区知识产权执法协作协议应该包括以下基本内容:

(1) 标题。行政协议的标题可以由地区、涉及主题和协议名称三部分组成,如《自创区知识产权执法协作协议》。

(2) 介绍性条款。行政协议的第二部分往往是介绍性条款,以此来辨别行政协议的缔约机关、行政协议的基本原则以及相应的法律、法规的授权。主要有:①主体条款。主要规定的是哪些行政机关参加了该行政协议,即缔约机关是谁。主体条款直接决定着权利由谁来享有、义务由谁来履行、责任由谁承担。自创区知识产权执法协作协议的主体如上所述。②目的条款。涉及的是各成员机关通过缔结行政协议希望解决的问题。此类条款明确了行政协议的意义,对合作动机和合作目的认识统一具有积极意义。③基本原则条款。解决的是各成员机关在缔结过程中和履行过程中需要遵循的最基本的规则。④授权条款。各成员机关缔结行政协议的规范依据或权力来源。在行政协议法律依据严重缺失的情况下,授权条款具有独特的意义,它甚至可起到临时法律依据的作用。

(3) 合作安排条款。如果说第二部分提出了存在的问题,那么第三部分则是提出解决问题的方案。合作安排条款涉及的是各缔约机关的权利与义务,它们不仅是行政协议中最主要或最重要的条款,还是行政协议的必备条款。如果没有合作安排条款,行政协议则不能成立。同时,为了便于实现行政协议的内容,其合作安排条款应当符合明确、具体、详尽等基本特征。自创区知识产权执法协作协议的合作安排条款主要包括:加强立案协作、加强案件协办、加强联合执法、加强交流合作、推动执法标准一致化、建立信息通报制度、建立案件移送协作制度、政策研讨、宣传与培训等。我们要注意分步骤实施，逐步扩大范围，逐步扩展到商标、版权以及其他知识产权。

（4）履行方式条款。现行的法律并没有对行政协议的履行方式做出相应的规定，这种缺憾只能由各成员机关在缔结行政协议时弥补，而具体形式就是约定履行方式条款。由此，在法律依据严重缺失的情况下，履行方式条款应当成为行政协议的主要条款。从理论上看，行政协议的履行方式主要有两种，即机构履行和自行履行，而需要各缔约机关在行政协议中约定的主要是机构履行方式。一般情况下，如果各缔约机关在行政协议中没有具体约定履行方式条款，那么我们可以默认为采取自行履行方式。自创区知识产权执法协作协议可以"机构履行"与"自行履行"相结合。

（5）履行机构条款。在实践中，为了更好地相互合作，各缔约机关在必要的时候需要设立一个机构来具体负责履行行政协议，此时，就需要在行政协议中约定采用机构履行方式，具体包括该联合机构的性质、权利义务、经费来源、工作人员来源以及该机构存在的期限等。河南省自创区知识产权执法协作协议的履行机构要有：一是指导机构，如河南省知识产权局；二是协调机构，自创区各市县区知识产权局的负责人联合成立"自创区知识产权执法协作联席会议"，办公室可以设立在河南省知识产权局法律事务处；三是联络员制度，在自创区各市县区知识产权局设立联络员。

（6）违约责任条款和纠纷解决机制条款。在实践中，无论是区域经济一体化已基本成型的长三角地区和泛珠三角地区行政协议，还是行政合作刚刚起步的其他区域的行政协议，都没有涉及违约责任条款和纠纷解决机制条款。这些内容在国外是由法律规定并有现成机制的，一般无须专门规定。在我国，由于地方利益或局部利益的客观存在，各缔约机关在实施行政协议的过程不可避免地会产生矛盾、摩擦甚至冲突。如果放任自流不加以妥善解决，行政协议将变成一纸空文，区际合作的成果也将付诸东流。在自创区知识产权执法协作协议中可以约定报国家知识产权局备案、协作协议执行中产生异议的报国家知识产权局审定。一般违约可以由河南省知识产权局协调解决。

（7）其他条款。包括生效时间条款，签署以及日期条款，修改条款（该条款对于行政协议的完善和发展具有重要意义，它应当成为行协议的主要条款），在实践中，只有少数行政协议约定了协议的修改、补充条款。

4. 协议的批准

按照我国宪法和行政法的规定与理念，对于影响中央和地方政治平衡的行政协议，应经过相应的批准程序才能生效，而不影响政治平衡的行政协议则进行备案即可。以此审视,《自创区知识产权执法协作协议》如果并没有超出缔约机关的权力范围,联合在一起只是为了更有效率地发展,没有改变中央与地方权力平衡,也没有侵害地方政府利益,因此不需要得到地方政府的批准,只是因其内容的重要性和监督实施的必要,则应报上级行政机关——河南省知识产权局审查备案。但是,如果是并不具备独立执法资格的缔约主体独立订立的协议是需要主管部门批准的。

（三）自创区知识产权行政执法协作协议的效力

自创区知识产权执法协作协议表面上看是行政主体之间缔结的内部行政合同,一旦生效,实质上会产生对外的法律效果,属于外部行政协议。凡是涉及行政相对人利益的一切有关事务,都应当公开其信息,让公众了解行政部门的执法意图。根据《政府信息公开条例》第十五条的规定:行政机关应当主动公开政府信息,通过政府公报、政府网站、新闻发布会及报刊、广播、电视等便于公众知晓的方式公开。这是政府保障公众的知情权,也是公民对政府行政事务进行监督的一种有力方式,是公民最基本的权利,因此,协作协议应当主动向公众公开。

协议虽然约定网上信息交流、案件移送、协助调查取证及办理重大案件等方面的内容,在这些内容生效后,自创区三地知识产权行政执法部门是必须通过协作,尽自己最大义务去帮助完成这些行政任务。从各区域协作的本意来看,都是为了提高行政效率,保护知识产权。但协作机制绝对不能成为主管部门之间逃避职责的理由,只有符合应当提供协作的条件,能达到协作目标时,各主管部门才必须协作。那么,应当提供协作的事项条件有:（1）案件复杂,执法部门无法独立完成的;（2）无法自行调查知识产权案件所需要的材料的;（3）由被请求协作部门执行任务会更经济;（4）对行政相对人有利的。然而在这些情况下,虽然符合协作条件,但也存在禁止协作的情形,也应该约定事项,为被请求协作机关对不正当的请求提供拒绝理由。结合国内外实践的经验,主要有如下几种情形:（1）被请求协作的具体情形为宪法、法律所禁止的行为;（2）请求协作的事项是应当保密的内容;（3）提供协作会导致损害国家利益、公共利益或个人利益;（4）请求协作的任务超出了被请求机关的职权范围。

五、自创区知识产权执法协作机制的运行保障

自创区知识产权执法协作机制的运行实际上就是行政协议的履行问题。

如上所述，自创区知识产权执法协作协议的执行实际上有两种方式，一是自动履行，第二是机构履行。结合自创区的现状，我们认为，自创区知识产权执法协作协议的执行应该以机构履行为主，自动履行为辅，并且必须具有一定的保障措施。

(一) 自创区知识产权执法协作协议的执行机构

1. 自创区知识产权执法协作协议的指导机构

河南省知识产权局承担着知识产权工作协调以及专利管理等工作，是自创区郑州、洛阳、新乡三地的知识产权业务指导部门，应该是自创区知识产权执法协作的指导者。自创区知识产权执法协作协议的执行应该在河南省知识产权局的指导下进行，如规则的制定，行动的协调，异议的协调等，如此才能保证自创区知识产权执法协作协议的顺利执行。自创区知识产权执法协作协议指导机构的办公室设在河南省知识产权局法律事务处，以负责自创区知识产权执法协作指导的日常事务，这是与我国其他区域知识产权合作不同的一点。

2. 自创区知识产权执法协作联席会议

联席会议机制，是当前在开展执法协作中一个行之有效的磋商平台，通过建立联席会议机制，由各地的行政首长或行政执法机关的主要负责人对区域执法中的一些重大问题进行沟通、磋商。经协商一致，联席会议可就有关执法事项达成行政协议，以明确各自的职责权限，做到相互配合，形成区际间的执法协作机制，保障行政执法的正常高效运转。现阶段与自创区相关的联席会议机制仍有些欠缺，在会议层次、讨论内容等方面有待完善，且应当增强该机制的规范性，固定会议召开的时间和次数，降低该机制的随意性。自创区知识产权执法协作协议的执行，可以沿袭和借鉴其他区域知识产权执法合作的经验，建立联席会议制度。会议成员由郑州、洛阳、新乡三地知识产权局组成，待条件成熟再吸收版权以及其他知识产权管理部门负责人组成。会议每年举行一次，研究决定合作重大事宜，必要时可召开临时联席会议。会议由协议各方轮流召集和主持，每届会议确定下届会议的主办方、时间和地点。会议设会议主席，由当年主持会议的市知识产权负责人担任。

3. 自创区知识产权执法协作联络员

为了使自创区知识产权执法协作协议的执行常态化，必须建立联络员制度。各省市（区）确定一名联络员，负责联络、沟通和协调工作。联络员应加强跟踪、落实和情况反馈，畅通各成员单位信息交流渠道，提高工作效率，确保各项合作项目的顺利完成。

4. 自创区知识产权执法协作专题小组

自创区知识产权执法协作协议的执行牵涉到许多专门的业务知识和技能，应该建立相应的专题工作小组，以解决法律、技术、管理等交叉融合的知识产权问题。根据每年联席会议确定的合作项目，成立相应的专题工作小组，开展具体的专项合作工作。专题工作小组成员由协议各方指定，对具体合作项目及相关事宜制订合作计划，提出工作措施，落实合作事项，并定期向联席会议报告合作项目落实情况。

(二) 自创区知识产权执法协作协议的争议处理

自创区知识产权执法协作协议毕竟是一个"软法"性质的行政协议，它对签订协议的各方主体具有规范性和适用性，但却没有法律的强制性，在实行的过程中富有弹性，它的执行有赖于各协议成员的自觉性。在实践中，不可避免地将会发生协作上的争执或争议。如果要保障这种"软法"的执行，保持自创区知识产权执法协作协议的完整性和可持续性，就必须有一个协调机构启动。作为自创区知识产权执法协作协议执行的指导机构，河南省知识产权局可以根据协议先行协调解决。当然，这是在各协议成员自行协商成效不是太明确的情况下进行的。这种协调由于没有法律上的依据以及行政或业务上的管辖权限，只是行政道义上的解决路径。

(三) 自创区知识产权执法协作协议履行的其他保障

1. 加大物质与经费投入

物质与经费是自创区知识产权执法协作的物质基础。河南省知识产权局和各地市知识产权部门在区域知识产权执法协作中要加强知识产权执法联动协作机制建设的资金保障，将其纳入年度工作预算，积极向财政部门申请专项经费。有条件的地区，要积极向当地党委政府申请，落实人员和经费。自创区知识产权执法协作的各地市要配备必要的设备设施，确保知识产权执法联动协作机制正常运转。

2. 不断开展宣传与培训

宣传与培训是保障自创区知识产权执法协作机制有效运行的根本，只有各地市的知识产权协作意识不断提高，知识产权协作机制的自动履行才有可能。各地要积极宣传知识产权执法联动协作机制情况，充分利用电视、报纸、网络等媒体宣传知识产权部门联合打击知识产权违法犯罪行为的信息，让全社会熟悉相关法律法规，威慑环境违法行为。在联合打击侵权违法行为过程中，要注重宣传引导，对于案情复杂、社会关注度高的案件，要积极配合当地党委宣传部门做好信息发布工作,确保社会稳定。强化业务培训,通过省、市多层级联合集中培训、相互派员培训等形式,重点加强案件调查取证、移送办理及有关法律适用知识等方面培训,提升知识产权违法犯罪案件的办理水平。

3. 逐步引入考核激励

引入考核激励措施是保障自创区知识产权执法协作机制顺利运行的现实选择。有考核才可以将目标落到实处。自创区各有关知识产权局要积极推进当地政府将知识产权执法协作情况等纳入政府目标责任考核,积极推动知识产权执法协作机制有效落实。自创区适时启动总结表彰工作,对涌现出来的先进集体和个人每年进行一次表彰和奖励,有效鼓舞士气和调动执法人员工作积极性。

4. 探索将协作法制化

执法协作的法制化是自创区知识产权执法协作机制顺利运行的制度保障。尽管我们强调要充分发挥"软法"在执法协作中的作用,但也应当看到它的局限性,故还应发挥"硬法"的规制作用,建立软法与硬法优势互补的混合法规制体系。完善对知识产权执法协作的硬法规制,应通过加强立法来实现,以将行政主体之间的执法协作关系固定化、规范化、系统化。对于立法规制的范围,本章认为,可以从以下几个方面入手加以完善:第一,坚持执法协作的基本原则。这既是指导执法协作的准则,也是考量个别执法行为合法、合理与否的标准,具有统领全局的意义,应通过立法予以规定。第二,制定完善的知识产权执法协作的基本程序和标准。执法程序和标准是执法协作中最具操作意义的环节,"软法"难以对这两者作出细致严格的规定,应当通过"硬法"来明确。否则,程序和标准的差异太大则会导致执法协作缺乏现实性。第三,明确执法协作各方的职责。执法协作是由多个相互独立的行政主体根据协议而共同进行执法活动,因此各主体间在执法过程中的权限如何、对内对外如何承担责任等问题,应在立法中予以规定。这样做一来是为了减少执法过程中的各种越权行为,二来则为确认各主体所应担当的责任,防止它们之间相互扯皮推诿,而致使行政相对人投诉无门。第四,建立执法协作的监督和救济机制。权力必须在监督下运行和有权利即有救济,是不言而喻的。在现阶段以"软法"调整为主的情况下,执法协作中的权力监督和相对人的权利救济均处于较为模糊的状态。而权力监督与权利救济并不是可有可无的,恰恰相反,它们是公权与私权得以平衡的一道防线。一旦缺少了这道防线，执法协作同样会构成侵犯相对人合法利益的巨大威胁，它不仅难以产生提高执法效能的作用，还强化了执法主体的力量，如果减少对它的制约，是极不合理的。所以，应当通过立法明确执法协作的监督与救济的相关事项。

本章小结

为了充分利用知识产权制度来推动地区间科技与经济的快速发展，许多地区纷纷制定专门的符合地方特点的知识产权发展战略，并谋求区域间的合作以应对经济与知识一体化带来的挑战，就目前国内而言，区域性知识产权执法协作问题也引起了各地政府的重视，如长三角、珠三角等地区都已经结成知识产权执法协作联盟，就充分证明了这一点。在实施中部崛起发展战略的大背景下，自创区知识产权执法协作工作有着共同的利益基础，知识产权合执法协作不仅可行，而且意义重大。完善自创区知识产权执法协作有利于提升河南省的核心竞争力，促进中原城市群统一大市场的形成，有利于做强做大自创区内的优势经济，是缩小与东部沿海地区经济差距的有效途径，是有效地实现知识资源的补充与融合，减少不必要的执法资源的浪费的必由之路。

本章报告首先从理论上探讨了区域知识产权执法协作的基本问题，界定了"区域""知识产权""知识产权执法""知识产权执法协作"四个概念的含义，分析了区域知识产权执法协作的表层原因与深层原因，指出之所以区域知识产权执法要协作，其原因在于行政区域的分割、知识产权本身的特点、知识产权执法体系等表层原因，其深层原因在于经济学的"公地悲剧"理论、"集体行动"逻辑以及"囚徒困境"理论。区域知识产权执法协作的目的在于解决跨行政区公共问题、提高区域治理绩效、分享区域协作的"合作收益"。本章的第二部分主要是研究自创区知识产权执法协作的现状，包括自创区知识产权执法协作的必要性与重要性，讨论了自创区知识产权执法协作实践与问题。第三部分主要是国内外区域经济合作的经验借鉴，国外部分选取了美国与西班牙，国内部分则广泛探讨了长三角区域、泛珠三角、西部地区、渤海湾经济区、东北地区，总结了区域知识产权合作的若干成功经验。第四部分是本章的主体，研究了自创区知识产权执法协作机制的建立，包括自创区知识产权执法协作机制的路径选择，指出路径选择的基本模式是公法治理，路径选择的具体落实是缔结行政协议。自创区知识产权执法协作行政协议的订立，包括协议的订立主体、协议的订立程序、协议的基本内容、协议的批准等。自创区知识产权行政执法协作协议的效力是行政主体之间缔结的内部行政合同,一旦生效,实质上会产生对外的法律效果,属于外部行政协议。本章第五部分是自创区知识产权执法协作机制的运行保障,包括自创区知识产权执法协作协议的执行机构,涵盖了自创区知识产权执法协作协议的指导机构、自创区知识产权执法协作联席会议、自创区知识产权执法协作联络员、自创区知识产权执法协作专题小组。自创区知识产权执法协作协议的争议处理,包括河南省知识产权局的协调、国家知识产权局的监督协调。至于自创区知识产权执法协作协议履行的其他保障,则包括加大物质与经费投入、不断开展宣传与培训、逐步引入考核激励、探索将协作法制化等。

  自创区知识产权执法协作机制的构建是一个系统性和长期性的问题,本章虽竭尽其能,但仍然可能有一些不足。相信任何一种理论、一种方法、一种工具都可能是本章的有益补充或者替代,期待各位专家学者对此做出贡献。一种理论的成熟,以及一种理论与实践的有机结合,都需要多角度透视和深入探讨。自创区知识产权执法协作机制的顺利和有效运行,期待您的参与。

第五章 国家自主创新示范区重大经济活动的知识产权风险预警

一、重大经济活动知识产权风险预警的意义分析

(一)知识产权风险产生的原因分析

知识产权风险是指在智力成果创造的过程中,因无法取得预期的知识产权成果及竞争优势,或者因知识产权与其他竞争者产生纠纷的概率和后果。[1]随着科学技术的迅猛发展和知识经济的到来,知识产权已经成为一种重要的生产要素和财富资源,成为一国竞争力的核心要素。对核心技术和关键领域知识产权的掌握和控制已经成为各国竞争的焦点。为实现创新型国家的发展目标,我国政府投入了大量的科技资源和财政资产,研发了一大批自主知识产权。在经济全球化的浪潮中,中国作为一个发展中的大国,不可避免地要面对许多威胁国家经济安全的因素,而对重大经济活动的把握就成为国家稳定和经济发展的关键,关乎着国家和企业的根本利益。但长期以来,我国对重大经济活动中知识产权审议机制构建的重视度不高,使得我国在经济、科技、贸易、金融等诸多领域都产生了许多不利的因素。

在重大经济活动知识产权工作的不同阶段,往往会面临着不同的知识产权风险。一般来说,在知识的开发阶段,知识产权方面的主要工作是对内外部资源的吸收和利用,其一般涉及的知识产权风险包括:知识产权资源投入的风险和知识产权侵权的风险。知识产权资源投入风险指的是因缺少对市场

---

[1] 丁秀好,黄瑞华,任素宏. 知识产权流动状态下自主创新的知识产权风险与防范研究[J]. 科学学与科学技术管理,2009(9):73-74.

需求和重大经济活动自身需求的了解，或者由于相关人员在这些问题上的认识存在偏差，就会造成创造的知识产权是无用的，导致资源的浪费和机会成本的增加。知识产权侵权风险是指在重大经济活动中，因为没有对所使用的知识产权进行认真的筛选，而面对非法使用他人的知识产权，从而导致被起诉以及遭到巨额索赔的风险。在知识的创造阶段，工作的重点则在于对已有智力成果的消化、组合和再创造工作上，一般会涉及知识产权破损的风险、知识产权外溢的风险、知识产权断层风险以及知识产权先进性风险。知识产权破损风险指的是由于知识的复杂性和工作人员的理解上的偏差，而造成的知识转化不完全，知识被错用或被少用的风险。知识产权外溢风险指的是，在重大经济活动的实践过程中，由于内部信息或者人才流失而造成一些商业秘密或技术诀窍流失的风险。知识产权断层风险是指由于人员的流动而造成在重大经济活动某一时期知识的空白，进而影响知识创造进度，甚至造成知识创造失败的风险。知识产权先进性风险是指由于知识的创造途径是多样的，对不同创造路径的选择就会造成知识前景的不同，对知识前景的估计不足就会在竞争中处于劣势，收益会大大减少的风险。在知识的运用阶段，知识将转变为一种资源和能力，会带来巨大的经济收益，对已创造的知识产权进行有效的运用，就必须对知识产权的价值进行正确的评估，因此，在这个阶段，主要存在的风险是：知识产权的确权风险、知识产权评估风险和知识产权收益的占有性风险。知识产权的确权风险是指因他人的抢先申请而造成权利丧失的风险。知识产权评估风险是指由于低估了知识产权的价值，而造成的延迟知识的应用时机或丧失知识应用机会的风险。知识产权收益的占有性风险是指由于竞争对手以极低成本模仿或改造相关智力成果而使知识产权竞争优势迅速消失的风险。

  知识产权风险往往是一个国家或企业技术发展和创新目标无法实现的潜在原因。一般来说知识产权风险的产生包括内部原因和外部原因。内部原因包括：自主创新研发的技术水平、拥有的知识产权数量和质量、知识产权研发人员的素质、研发机构的自主创新能力和知识产权管理的流程、组织机构的设立以及知识产权文化的培养等方面。外部原因主要是国内外的知识产权制度环境、相关领域竞争对手的态势，国民的知识产权意识以及市场对相关技术的供需要求等。随着我国逐渐融入全球市场，知识产权已经成为我国经济发展有力的助推器，尤其是随着大量自主知识产权的出现，知识产权领域的自主创新面临的外部环境愈加复杂，知识产权风险产生的概率大大提升。

第五章　国家自主创新示范区重大经济活动的知识产权风险预警

这两大原因对我国在重大经济活动中进行知识产权审议工作的开展产生了很大的影响，受到越来越多人的关注。

(二) 自创区重大经济活动知识产权风险预警的重要性

知识产权风险预警是指依据国家有关的政策法规以及相关行业的技术标准，对相关知识产权在创造、运用和管理过程中可能存在的风险进行科学公正的综合评价的活动过程。知识产权风险预警要求对相关知识产权在利用过程中会产生的负面影响进行预先的估计，并根据其风险发生的可能性和负面影响程度来进行安全风险级别的提前警示，从而做出科学、合理的规避风险的决策。知识产权风险预警是对相关知识产权技术安全和管理安全的全面评估，它不是局限于一个空间或时间的点上，而是通过系统、全面地在空间延拓和时间发展上对相关知识产权进行综合的考虑，从而正确、全面地了解和理解相关知识产权存在的风险，并通过相关措施的选择和制度建设，做出合理决策降低知识产权风险。

知识产权风险预警研究为自创区知识产权风险管理提供理论和数据上的支持。在自创区知识产权风险消减计划的制定过程中，往往需要通过增加安全控制措施对知识产权进行选择和评价。对重大经济活动的知识产权风险预警能够为自创区重大经济活动的整个过程中的知识产权研发和运用途径的选择提供可靠的依据，为自创区重大经济活动的顺利进行奠定了基础。这是因为，选用通过评估认定为安全的途径来进行自创区重大经济活动中的知识产权工作，是自创区确保该工作体系的组织单位和实施单位免受知识产权风险的关键。也就是说，在自创区重大经济活动中的知识产权安全问题不仅仅是技术上的问题，还关系着自创区整体经济安全的问题，如何判断自创区重大经济活动中的知识产权能否满足安全的需要，并对这些知识产权进行安全的管理已经到了迫在眉睫的时刻。

自创区的市场主体基本是高新技术产业或战略性新兴产业，这些产业大多也是国外发达国家关注的重点。目前，发达国家正在不断地通过设置技术贸易壁垒来谋求其全球竞争优势，保持其垄断地位。甚至还会为了降低开拓市场的高额成本和风险，采用各种诱惑的手段，以达到引诱我国企业进入其设计的知识产权圈套的目的，随后凭借知识产权的独占性对对手进行排挤、打压，以扩大自己的市场范围。而我国企业往往因缺少相关的经验而往往会在重视开发的同时，忽视了对竞争对手情况的掌握和研究，这样就极易受到外国企业的知识产权伏击，陷入一种很被动的状态。近年来，从手机芯片、数控机床到新能源汽车等，国外的威胁已经涉及我国大部分行业，严重制约了我国企业的发展，此起彼伏的知识产权诉讼，对我国经济的发展也造成了严重的损失。因此，为了适应全球经济一体化的发展态势，充分发挥知识产权在重大经济活动中的重要作用，构建自创区知识产权风险预警机制已经成为我国经济发展的关键性一环。一方面，通过对自创区重大经济活动中的知识产权风险进行预警能有效地提高我国自主知识产权的创造能力，缓解资源和环境对我国经济发展的制约，节约成本投入，促进我国经济发展方式从资源依赖型向创新驱动型的转变；另一方面，对自创区重大经济活动进行知识产权风险预警，能够有效加强对我国知识产权的保护能力，使我国企业在激烈的国内外市场竞争中能有效地保护自身的合法权益，从而进一步维护国家的经济安全。

正因为这样，对自创区重大经济活动中的知识产权进行科学、系统的风险预警就变得非常重要，成为国家经济安全研究面临的重要课题，知识产权风险预警已经成为当今世界上一项具有很大挑战性并不断发展的技术。同时，加强自创区重大经济活动知识产权风险预警工作也是我国当前经济安全的客观需要和迫切要求。知识经济的发展，使我国关系国计民生的重大经济活动中的知识产权工作规模越来越大，工作的复杂性也极大增加。而针对我国目前经济发展的现状，加大自创区重大经济活动中的知识产权安全管理，促进知识产权审议工作的进行，就必须重视对知识产权的风险预警机制的建设，通过法规、标准手段加以保障，逐步使重大经济活动知识产权预警机制朝规范化和制度化方向发展。

二、自创区重大经济活动知识产权风险预警的主体分析

（一）重大经济活动知识产权风险预警主体的实证分析

随着我国在经济上的不断发展，相关的法律制度在不断地完善。特别是我国加入世贸组织以后，对相关主体的规定也有了进一步的细化。2003年，科技部印发了《〈关于加强国家科技计划知识产权管理工作的规定〉的通知》，明确把知识产权作为独立指标列入到科技计划项目评审的指标体系，规定了科技项目立项、执行、验收以及科技成果转化阶段的知识产权保护和管理问题。原国家外贸部和国家知识产权局联合发文的《关于加强对外贸易中的专利管理的意见》中规定了对货物、服务和技术进出口贸易中所涉及的专利（包括专利申请）相关事务进行管理，包括有关专利文献检索、专利法律

第五章 国家自主创新示范区重大经济活动的知识产权风险预警

状态认定、专利侵权监视、专利许可贸易、专利权（专利申请权）转让和专利许可、转让合同的签约和履行等。❶

目前，我国在重大经济、科技活动方面着力于加强知识产权管理，强化政府投资的重大技术和装备引进、技术改造等项目的知识产权审议，防范和降低知识产权风险。从各地的实践来看，我国在知识产权审议机制构建方面已经具备了一定的基础，全国范围内的知识产权审议体系正在形成。通过多年的建设，行业知识产权服务机构、中介机构等组织也在不断发展，在重大经济活动知识产权风险预警工作中提供了有力的技术服务支撑。各地知识产权局的网站建设也在有序进行，一些知识要闻、统计信息、知识产权查询、申请以及相关的链接都能方便地在网上查询。这些措施的实施通过先进的硬件设施和丰富的信息资源，为重大经济活动的进行提供了优质的信息服务，提高了全社会的知识产权保护意识和运用能力，营造了良好的知识产权制度环境，防止了在重大经济活动中因知识产权问题而导致的国有资产流失，有效地维护了国有企业的合法权益，确保了重大经济活动的安全、平稳运行。

但是，目前我国对重大经济活动的知识产权风险预警工作还存在较多缺陷。首先，重大经济活动知识产权风险预警机制缺乏相应的制度保障。在重大经济活动知识产权风险预警机制的运行过程中没有相关的法规或政策明确相关实施效益及管理制度方面的规定。其次，目前我国进行重大经济活动知识产权风险预警的一般主体是各级知识产权局或其下属的事业单位，由于缺乏深层次专业技术分析能力，对相关知识产权的检索分析能力较弱，分析结果权威性不强，导致我国重大经济活动知识产权风险预警工作的预警对象有限，预警结果质量不高。再次，在现行的重大经济活动知识产权风险预警机制中，缺少相应的监督管理主体，由于我国在重大经济活动知识产权风险预警工作中过分依赖于政府的主导作用，导致政府系统之外的监督管理机能缺失。最后，虽然很多企业都认为有必要构建重大经济活动知识产权风险预警机制。但是，企业在重大经济活动中遇到相关的知识产权问题时，都缺失相应的知识产权管理机构和人员，大多数企业对于知识产权管理依靠的是兼管机构和兼管人员，或者没有任何的结构和人员进行知识产权管理，在实践中，企业知识产权管理部门的名称也相当混乱，有的称技术部，有的称法律部，还有的称总经办。可见，在知识产权管理的认识上我国企业还是存在很大差

---

❶ 金玉成，唐恒. 重大经济活动知识产权审查机制的现状与对策研究 [J]. 科技管理研究，2010（3）：222.

异的。也就是说，我国企业或第三方在重大经济活动知识产权风险预警中的资源缺少，能力薄弱。

(二) 重大经济活动知识产权风险预警主体的理论分析

知识产权风险源于法律制度、技术、经营方式和管理等领域的诸多不确定因素。国家要想在重大经济活动中获得最大收益，取得国际竞争中的优势地位，就要尽量降低相关领域知识产权的风险。而降低风险最有效的途径就是进行风险预警，这样才能防患于未然。这是因为，事前的预防比事后的补救风险更小，效果也更好。因此，无论是国家还是企业甚至是整个社会，都应当对重大经济活动知识产权预警工作进行专门化管理，这样才能有效防范在重大经济活动中知识产权风险。

根据西方的分权制衡理论，过度的权力如果只集中于一个地方，无论是在自然界还是在现代国家，都会导致"过分的任性"。只有分权、制衡才能达到和谐的状态。因此，要实现分权制衡，就必须对权力主体的权力进行适当的分立，形成一种决策、执行和监督相互制衡、协调统一的风险评估体系。同时，在国家重大经济活动中，如果仅重视政府的行政权力，而忽视企业以及社会的力量，就难以最终达到预定的目的。尤其是在对知识产权风险进行预警的过程中，仅靠知识产权局以及其下属的事业单位进行，无论是在人力、物力还是财力上都是难以满足现实的需要的。因此，在知识产权审议工作上扩大主体的范围就显得非常必要，企业作为国家重大经济活动的实施主体，在知识产权审议中的作用是不容忽视的。但是，在现阶段我国相关知识产权风险预警工作的过程中，对这个问题的认识还不够，导致不能充分地协调重大经济活动中各方主体的权利分配。

同时，根据法治主张的认识论，一个人的认知能力是有限的，群体的认知能力必然会超过任何人的认知能力。正因为这样，在重大经济活动中，如果把具有复杂性、专业性并任务繁多的知识产权风险预警工作交与一个或极少数的单位进行处理，就很容易出现错误。只有充分发挥出社会集体的力量，才能充分利用众人的智力成果，才能在最大程度上避免错误的发生，并以此治理国家，维护社会的和谐。同时，基于平等和独立的认识，在重大经济活动中的每一个主体都有权利参与与自己密切相关的经济活动事务的管理工作，并要求国家机关依法办事，以保障自己的合法利益。

也就是说，在完善的重大经济活动知识产权风险预警机制中应当有三个主体，他们所承担的职能不一样，起到的作用也各不相同。其中，政府及其

第五章　国家自主创新示范区重大经济活动的知识产权风险预警

所属各部门在整个机制中应当起主导型的作用,负责在重大经济活动中的知识产权风险预警方案的制定,风险评估技术体系的建立,同时还应当围绕重大经济活动知识产权风险预警机制来制定实施必要的法规以及组建专家顾问团队等。随着我国政治体制改革的推进,当前政府在社会中的作用正由监管者的角色向服务型政府模式发展,由政府为主导的重大经济活动知识产权风险预警机制为重大经济活动中的其他主体提供服务也充分体现了政府职能转变的进程。作为公权力的执行者,政府具有其他主体无法比拟的人力和财力优势。所以,在重大经济活动知识产权风险预警机制中以政府为主导才能做到统筹兼顾,保障整个机制的有效运行。知识产权中介服务机构作为一种社会力量,在重大经济活动知识产权风险预警机制中主要起到了协调和督导的作用。知识产权中介服务机构利用其专业的技术手段,在知识产权信息交流、行业标准把握上都有其独特优势。但是,知识产权中介服务机构的劣势也是难以避免的,因为其没有稳定的经济来源来确保建立自身完善的知识产权风险预警体系。而作为重大经济活动的实施主体,企业只有正确地分析出所在的竞争环境、竞争态势以及竞争对手的情况等,才能及时掌握重大经济活动的知识产权风险状况。因此,企业也应当通过主动收集、整理和分析判断与重大经济活动相关领域的知识产权风险,对可能发生的重大知识产权纠纷和可能发生的危害及时做出估计。

(三) 自创区重大经济活动知识产权风险预警主体的确定

首先,从政府来看,重大经济活动知识产权风险预警关系着自创区经济的安全稳定运行,要对其进行充分的重视,制定出具体的实施办法,做到有法可依,从而对自创区重大经济活动中的知识产权风险预警工作进行指导和规范。作为评估最重要的主体之一的政府,应当准确把握知识产权风险预警工作的新形势、新特点,重视对相关问题的研究,把握在预警过程中的全局性、前瞻性、战略性的重大问题,从而保证知识产权风险预警工作能有效开展。加大对重大经济活动知识产权风险预警的经费投入,切实保障知识产权风险预警工作的有序开展。具体到自创区来说,各省知识产权局以及各地自创区的知识产权行政部门应当作好牵头工作。由政府组织成立专家团队,建立专家顾问库,及时有效地做出重大经济活动知识产权风险预警报告,并重视收集与报告相关的反馈信息,建立预警报告异议制度,在最大程度上保障预警结果的准确与全面。政府层面的风险评估主体,要适当地进行权力划分。例如,一般来说,知识产权局作为决策机关不应当再参与到具体工作的执行和监督中来，应分门别类设置相应的组织部门、评估部门和监督部门，一般来说，组织策划的牵头机构应为各地知识产权局，具体的评估执行部门应当是各种预警委员会以及与该知识产权有关的利益人，例如投资者等，除此之外，还应当设置监督部门，例如纪检监察部门来对该机制的运行程序是否合法进行有效的监督，来保障其实施的顺利进行。

其次，从市场层面来看，要提高重大经济活动知识产权风险预警工作的质量，还必须建立起自创区知识产权风险预警服务的市场机制，通过竞争提高知识产权中介服务机构的发展，使其为风险预警主体服务，提供国内外相关的知识产权信息的状况并进行动态的分析。可以说，建立起自创区知识产权中介服务机构与重大经济活动实施主体之间的沟通与合作，才能充分发挥知识产权中介服务机构的知识产权人才和专业技能优势，为重大经济活动实施主体提供的知识产权法律咨询与培训，专利信息的检索和利用，专利、商标等知识产权的代理以及企业知识产权战略的制定和运行等方面提供的服务，方便而有效。同时，知识产权中介服务的预警工作对政府部门的工作在一定程度上起到了积极的补充和监督作用，可以说重视知识产权中介服务机构的建设，有利于实现各方主体在重大经济活动风险预警工作中的互利共赢、共同发展。与营利性的中介机构不同，在市场层面上还有一种评估主体为行业协会，行业协会更多的关注与该行业的相关从业人员的具体利益和该行业的发展方向，具有很强的公益性和号召力，因此，在自创区重大经济活动的知识产权风险预警中，行业协会作为行业的保护力量之一，其作用也是不容忽视的。

最后，从企业层面来讲，自创区企业是重大经济活动知识产权风险预警的最大受益者，对影响其运行的风险进行规避有一种天然的冲动。企业进行的知识产权风险预警具有很强的针对性，专业性更强。因此，我们要注意提高自创区企业在重大经济活动知识产权风险预警工作中的地位，鼓励企业积极开展本企业或本行业的知识产权风险预警工作，发挥企业在重大经济活动中的重要作用。但是，由于当前企业知识产权风险意识薄弱，企业的知识产权风险预警人才缺乏，要推动知识产权风险预警工作的全面开展，就必须加强企业的知识产权风险预警人才队伍的建设，注重人才的培养，建立企业专家库，完善与企业相关行业的知识产权数据库信息，以满足企业知识产权风险预警工作的需要。

因此，在重大经济活动的知识产权风险预警工作中，自创区企业、科研

第五章　国家自主创新示范区重大经济活动的知识产权风险预警

单位、相关利益主体以及中介结构、行业协会都应当在政府的有效配置下进行资源的合理整合，在最大限度上实现知识产权信息的实效，保持风险预警工作的高度敏感状态。自创区各评估主体应当形成一种连贯、通常的信息沟通渠道，保证相关知识产权信息的及时有效。可以说，任何风险预警主体如拒绝与其他主体进行信息的互动和合作，必然会导致信息资源的局限性，进而导致评估结果的不准确甚至无效，在科技日新月异的今天，在自创区重大经济活动知识产权风险预警机制中，各风险预警主体在合理分配权利的同时也要加强协同配合，共同保障该机制的顺利运行。

三、自创区重大经济活动知识产权风险预警的客体分析

(一) 知识产权的界定

知识产权是指人们对于自己的智力活动创造的成果和经营管理活动中的标记、信誉依法享有的权利。其英文为 intellectual property，原意为"知识（财产）所有权"或者"智慧（财产）所有权"，也称为智力成果权。根据我国《民法总则》的规定，知识产权属于民事权利，是基于创造性智力成果和工商业标记依法产生的权利的统称。作为人们依法对其在科学技术和文化艺术领域中所作出的创造性智力劳动成果所享有的经济权利和精神权利的总称的知识产权，其范围有狭义和广义之分。

狭义的知识产权包括专利权、商标权（二者可以合称为工业产权）和著作权（或版权）。根据《保护工业产权巴黎公约》第一条的规定：工业产权包括专利、实用新型、工业品外观设计、商标、服务标记、厂商名称、产地标记或原产地名称、制止不正当竞争等。此外，商业秘密、微生物技术、遗传基因技术等也应属于工业产权保护的对象。对于工业产权保护的对象，在理论上可以分为"创造性成果权利"和"识别性标记权利"两种。其中，创造性成果权利包括发明、实用新型和工业品外观设计，因为，发明和实用新型是利用自然规律作出的解决特定问题的新的技术方案，而工业品外观设计是确定工业品外表的美学创作，完成人需要付出创造性劳动。识别性标记权利包括商标、服务标记、厂商名称、产地标记或原产地名称以及我国《反不正当竞争法》第五条规定的知名商品特有的名称、包装、装潢等为识别性标记权利。著作权是指作者对其创作的作品享有的人身权利和财产权利。其中，人身权包括发表权、署名权、修改权和保护作品完整权等；财产权包括作品的使用权和获得报酬权，即以复制、表演、播放、展览、发行、摄制电影、

107

电视、录像或者改编、翻译、注释、编辑等方式使用作品的权利，以及许可他人以上述方式使用作品并由此获得报酬的权利。关于著作权保护的对象，按照《保护文学艺术作品伯尔尼公约》第二条规定，应当包括文学、科学和艺术领域内的一切作品，而不论其表现形式或方式如何。此外，计算机软件和集成电路布图设计也被我国和大多数国家列为作品，成为著作权的客体内容。

广义的知识产权包括著作权、与著作权有关的权利（邻接权）、商标权、商号权、地理标志权、域名权、专利权、植物新品种权、集成电路布图设计权、商业秘密权等。根据《成立世界知识产权组织公约》第2条第（8）款的规定，知识产权包括下列权利：（1）与文学、艺术及科学作品有关的权利。这主要指作者权，或一般所称的版权（著作权）。（2）与表演艺术家的表演活动、与录音制品及广播有关的权利。这主要指一般所称的邻接权。（3）与人类创造性活动的一切领域内的发明有关的权利。这主要指就专利发明、实用新型及非专利发明享有的权利。（4）与科学发现有关的权利。（5）与工业品外观设计有关的权利。（6）与商品商标、服务商标、商号及其他商业标记有关的权利。（7）与防止不正当竞争有关的权利。（8）一切其他来自工业、科学及文学艺术领域的智力创作活动所产生的权利。随着科学技术、文化艺术的迅速发展和繁荣，知识产权保护对象的范围不断扩大，人类智力劳动的成果日渐丰富，如计算机软件、生物工程技术、遗传基因技术、植物新品种、传统民族艺术和历史文化遗产等，也逐渐被当今世界主要国家纳入知识产权的保护范围。

由上述知识产权的范畴和分类不难看出，知识产权本身不具有独立实体，有赖于一定的载体才能体现出来，一般是那些在一定时期内能对特定主体的社会行为产生显著影响并带来利益的智力劳动成果。由此，我们也可以看出知识产权具有如下的特征：（1）客体的非物质性。知识产权的客体即知识产权法的保护对象是非物质财产，而不是物质财产，不以物质的形态而存在。（2）知识产权的地域性。知识产权的地域性是指知识产权的效力受到地域的限制。它有以下两层含义：第一，在通常情况下，知识产权的效力具有严格的领土性，其效力只限于特定国家的国境。第二，在地区经济一体化的情况下，有些国家通过签订双边或者多边条约使知识产权的地域性得到了扩展。但是，知识产权地域性的上述扩展，只是扩大了知识产权地域的范围，并未突破地域性本身，否则就不需要签订双边或者多边条约了。（3）知识产权可以分地域取得和行使。知识产权可以分地域取得是指自然人、法人或者其他组织就其同一知识产权客体可以依法分别在不同国家取得相应的知识产权。而知识产权的确权标准为现实性、控制性、有效性、垄断性和合法性等，它们从不同方面确定了知识产权的性质、范围、关系及其本质。

(二) 自创区重大经济活动的界定

关于对自创区重大经济活动范畴的界定，目前理论上还没有统一的定义。一般认为，自创区重大经济活动考虑的范围应当包括国家投资、立项等巨大因素，在考虑经济建设项目的同时还应当包括技术创新（技术创新从本质上讲也是一种具有经济性质的投资活动）、企业并购和国家贸易等因素。在我国的执法实践中，国家层面尚未出台具体的规范性文件，仅存在少量的相关条款分散于相关法律法规和政策性文件上。在地方层面上，不少省市和地区根据各地实际情况的不同，先后对重大经济活动的范围的界定进行了有益的尝试。例如，贵州省人民政府在2006年12月14日颁布了《贵州省重大经济活动知识产权特别审查机制（试行）》，将重大经济活动定义为："使用财政及国有资金、涉及国有资产数额巨大或对贵州省经济社会发展影响较大的经济活动"。2007年，武汉市人民政府在《武汉市人民政府关于加强重大经济活动知识产权审查工作的意见》中将重大经济活动的范围界定为："在以政府投资为主体的单体项目中，使用财政和国有资金、涉及国有资产数额巨大或对武汉市经济社会发展影响较大的经济活动，其中包括重大科技项目及产业会项目立项；武汉市国有企业从境外引进重大技术；武汉市国有企业向境外出口产品、成套设备或者重大专利（专有）技术等情形。其中，对于涉及国有资产5000万元以上的项目，应当进行知识产权审查。"2007年，重庆市人民政府下发的《重庆市人民政府办公厅关于建立重大经济活动专利特别审查机制的通知》指出："下列活动应进行专利审查：（一）市级以上重大科技专项的立项；（二）市财政性资金或其他国有资金投资或支持的基本建设、技术改造项目的审批、核准或备案；（三）国有及国有控股企业重大技术引进项目、重大合资合作项目的审批；（四）具有重要专利权的国有及国有控股企业并购、重组、转让项目的审批；（五）具有重要专利权的技术出口项目的审批；（六）其他对全市经济社会发展和公共利益有重大影响的涉及专利权的重大经济活动。"2009年，山东省潍坊市政府下发了《关于加强重大经济活动知识产权审查工作的通知》要求，其中指出重大经济活动是指"以政府投融资为主体的有关制造、加工类项目中，使用财政及国有资金、涉及国有资产数额巨大或对经济社会发展具有较大影响的经济活动。"从实际需要上来看，这些实践都还处于尝试和摸索阶段，无论是概括性的描述还是列举性的描述对重大经济活动的界定都显得笼统和片面，没有形成相对成熟的规则和模式，在实际操作中指导作用不强。

根据政策分析理论，并结合我国产业政策特点，一般说来，自创区重大经济活动是指在自创区由国家或政府立项投资或由企业投资实施，对国家和社会经济影响较大，且投资总额较大的重大经济建设项目、重大技术创新项目、重大企业并购或重组、重大进出口贸易项目以及对地方产业发展有重要影响的其他活动。具体界定要根据各地区自创区的活动种类的特性不同而具体规定。在经济活动中达到"重大"的程度，一般要从数额和影响程度两个方面进行考虑。其主要是指那些涉及国家财政资金大量投入，达到一定金额的经济活动以及那些经济活动的资金投入虽未达到一定的金额，但是却能对国家经济安全和社会的稳定产生重要的影响，这些经济活动自然应当列入"重大"的范围之内。具体来说，包括以下几个方面：

（1）自创区重大经济建设项目——主要指列入国家或省市重大建设计划，对国家或省社会经济影响较大，主要由国家或省级财政预算投资，或企业自行投资，投资总额较大的建设项目，主要包括：财政投资1000万元以上经济建设项目，或投资总额在5000万以上的生产性、经营性重大建设项目，或投资总额在1000万以上的非生产性、经营性重大建设项目。

（2）自创区重大技术创新活动与重大研发项目——主要指各级政府资助500万元以上的国家重大科技攻关、国家重点科技攻关和国家重大技改项目，省部级重大科技攻关、重大科技专项项目，或企业自身投资1000万元以上组织进行的关键技术研发、新产品研发或重大技术改造项目。

（3）自创区重大企业并购与重组项目——主要指有国资背景，或被并购或重组的企业在本行业居重要地位，或该并购或重组企业对我国经济安全有较大影响，并购合同金额或重组企业资产总额达到一亿元以上的项目。

（4）自创区重大进出口贸易活动——国内企业购买国外生产装备、引进技术，向国外出口生产装备，或者进口或出口消费产品，价款达到五千万元以上的国际贸易活动。

另外，除了上述使用一定规模国有财政或资金的经济活动要进行强制性风险评估以外，还有一类重大经济活动虽不适用国有财政或资金，但是在企业或行业中会产生重大经济影响且自愿进行知识产权风险预警，这些重大经济活动在规模和涉及范围上虽不及第一类，但在风险评估流程上与第一类重大经济活动相同。

四、自创区重大经济活动知识产权风险预警的流程分析

自创区重大经济活动知识产权风险预警应该按照一定的流程进行，如图5-1所示。在自创区重大经济活动知识产权风险预警流程中，其核心是一个数据评价体统，其中最主要的指标是数据库、搜索引擎和评价指标。所以在自创区重大经济活动知识产权风险预警机制的构建中，最基本的工作就是知识产权行政管理部门应当联合重大经济活动的实施主体以及各中介机构和行业协会，共同建立与重大经济活动相关的专用知识产权法律法规及技术标准的动态数据库，并形成相应的信息咨询服务网络，为重大经济活动的实施主体提供可靠的经营决策信息资源。在动态数据库的构建中，应当考虑到重大经济活动的性质来建立独立又相互有联系的知识产权信息网，使重大经济活动的实施主体能够及时了解与该经济活动相关的知识产权研发情况，从编制的知识产权资源网中寻求各自的突破口。通过对知识产权资源网的分析，有关部门应当能够及时有效地发出知识产权预警，例如，出口预警以及研发预警等。同时，知识产权政府管理部门还应当积极主动地收集和掌握国外对华贸易政策发展趋势和正在实施或拟定中的与贸易相关的技术贸易壁垒措施，建立完善的技术壁垒通报和快速反应机制，使得重大经济活动的实施主体能够在获知贸易伙伴的贸易政策和措施的变化后，能迅速有效地做出评估反映该变化对相关产业和对外贸易产生的影响，并分析其是否符合多边的贸易规则，同时通知重大经济活动的具体实施主体，适时调整和采取适应措施。并在国外滥用知识产权壁垒对我国的重大经济活动进行打压时，鼓励企业敢于大胆的起诉和应诉。积极主动地利用世贸组织的争端解决机制进行抗辩。

动态数据库建立起来以后，可以采用数理统计工具对已经掌握的知识产权信息进行统计和汇总，建立起知识产权信息分析和识别模型，注重定性和定量分析的结合，按知识产权信息的分类、知识产权权利人、年度、国别等标准对相关知识产权信息进行统计，从中详细了解相关知识产权技术的发展趋势和潜在市场、国内外存在的竞争对手、国内外企业的技术研发现状和市场占领情况、相关知识产权技术的生命周期以及产品生命周期等信息，并在分析结果之后进行关键性的危机评价，从而得出目前知识产权所处的阶段状

态。同时，重大经济活动知识产权风险预警机制的构建要注意管理上的动态化，根据相关知识产权的研发状况和数据变化及时对管理体系进行更新。

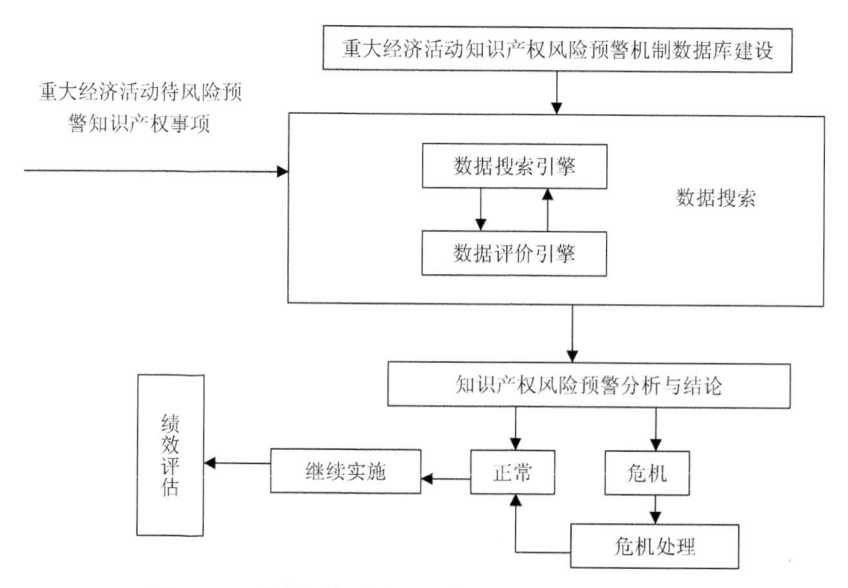

图 5-1　重大经济活动知识产权风险预警流程示意

其中，最为重要的就是要在风险预警过程中将知识产权风险预警结果同各相关实施主体的知识产权战略进行有效结合，要充分认识知识产权风险预警在重大经济活动实施过程中对知识产权战略起到的根本性作用，引导相关实施主体实施知识产权战略，开展关键、核心技术攻关。目前，在重大经济活动中各主体虽然在知识产权意识方面有所提升，但是在实践中对知识产权战略的运用能力还不熟练。对此，知识产权管理部门应当充分发挥引领作用，大力推动重大经济活动中知识产权战略的实施工作。同时，加强技术联盟，加大核心关键技术研发的投入强度，并积极利用知识产权文献跟踪研究国际相关领域的知识产权申请与部署、相关技术创新等情况，学会利用和借助已开发的知识产权进行有目的性地规避他人知识产权的研究。

一般来说，根据风险预警指标数据分析结果的不同，一般可以将重大经济活动中的知识产权状态分为"正常"和"危机"两种。其中"危机状态"包括了知识产权警戒和发生更严重知识产权危机的情况。在这两种不同的状态下，重大经济活动的知识产权管理部门就必须对其组织机构进行适度、灵活的调整。当重大经济活动运行中发生知识产权危机时，必须能够迅速根据危机预案，快速成立知识产权危机处理小组，该小组成员不仅要包括知识产权专业人员、技术人员、法律顾问、情报员、市场人员等，还应当包括一些涉及该知识产权危机的实施主体的领导层成员。此时的危机处理小组工作应当是独立于重大经济活动知识产权管理部门的，并且不应当隶属于其他任何职能部门。知识产权危机处理小组要确保知识产权风险预警工作的总体战略及服务目标，在重大经济活动遭遇知识产权危机时起到关键的领导作用。这样的组织机构有利于知识产权险情的及时处理，有利于有限资源的统一调度，并能集中运用到应对重大经济活动知识产权危机中。而当相关知识产权处于正常的状态时，专利危机处理小组就会自动解散，由相关的知识产权管理部门来主要负责和监督重大经济活动知识产权风险预警机制的日常运行和工作。可以说，重大经济活动知识产权风险预警的最主要目的就在于对知识产权在重大经济活动实施中可能造成的影响进行预测与评估，并找出主要问题。

具体的处理方式应当是对重大经济活动的所有替代方案进行分析，列出优选方案。实现以最小的知识产权代价来获得最大的经济利益的目标。作出知识产权因素对重大经济活动影响评价结论，对重大经济活动实施方案提出修订意见和减缓受知识产权影响的措施与建议，建立长期知识产权监测计划。

当危机状态恢复正常以后，还要注意对重大经济活动知识产权实施工作的监测和跟踪，以评估其对重大经济活动实施的影响。若发现知识产权对重大经济活动产生不良影响，应当及时提出改进和补救措施。

五、自创区重大经济活动知识产权风险预警的指标体系

（一）自创区重大经济活动知识产权风险预警指标体系的构建

要建立一个系统、有效的重大经济活动知识产权风险预警指标体系，要考虑多方面的因素和风险，并利用现有的数据挖掘、文本挖掘、搜索引擎等工具对这些因素和风险进行分析和判断。因此，重大经济活动知识产权风险预警指标体系应当遵循以下几项原则：

（1）目的性原则。一方面要对重大经济活动中设计的知识产权开展预先研究，对可能涉及的知识产权侵权发出前瞻性的专利警示信号，另一方面也要对已经涉及的侵权纠纷及时作出反应，并通过具体的措施增强企业在重大经济活动中的抗御知识产权风险的能力。

（2）系统性原则。重大经济活动中的知识产权风险预警工作是一项系统性的工程，其不仅包含了各种要素，包括政府、企业、行业协会等各种主体及信息收集、处理等各种网络技术等，还是一个动态的适应过程，要随着时间和空间的变化对各类参数和相关措施的内容进行及时的调整。

（3）科学性原则。一方面要对重大经济活动中的各类数据、指标进行准确、及时、全面的分析，尤其是评估指数体系要分类科学、层次清晰、可以量化；另一方面要在评估的过程中对主要的因果关系作出及时的反映，同时各类风险信号的产生标准要具有客观性，应能结合经济数学模型和神经智能网络系统等进行量化处理。

（4）预测性原则。重大经济活动知识产权风险预警指标体系应该是动态的，该体系不仅能反映出过去和现在的知识产权活动状况，而且还能随着时间序列的变化而变化，合理预测未来国内外相关行业和相关企业知识产权活动的发展趋势，通过简报等形式使重大经济活动的实施主体得到警示，提前做好应对准备。这样就可以提高实施主体对相关知识产权发展趋势的敏感度和应对突发知识产权诉讼的能力。

（5）可行性原则。重大经济活动知识产权风险预警是知识产权战略实施的重要一环，应当以国家利益的最大化和可持续发展为其根本目标，力求以最低的成本为国家以及重大经济活动的实施主体谋取最大的利益，同时要本着从简单到复杂的逻辑，提高整个工作的适用性和可靠性。

（二）自创区重大经济活动知识产权风险预警指标体系的分类

知识产权风险预警指标体系是指系统化的识别可能对重大经济活动造成威胁的风险因素。根据预警内容的不同，我们可以将自创区重大经济活动知识产权风险预警指标分为：

（1）活动规模指标。活动规模指标是指对与重大经济活动总体规模相关的各种风险因素进行分析。不同规模的经济活动涉及的知识产权工作无论是在数量还是质量上都是不同的，越大规模的活动就可能涉及越多越深入的知识产权问题。对重大经济活动的总体规模进行风险评价，能够有效地从整体上对重大经济活动的知识产权风险预警工作进行把握，从而保证了评估工作的有效性和全面性。

（2）国际环境指标。作为重要的外部环境因素，国际环境将会直接反映在重大经济活动的运行过程中，影响到该重大经济活动的开发和生存能力。随着全球一体化的发展，可以说几乎所有的经济活动都无法脱离国际环境的制约，对重大经济活动国际环境指标的评估，有利于在不同语言和文化背景下实现正式的和非正式的信息交流，对重大经济活动中涉及的知识产权问题已经进行的设计和开发进行全面的检测，起到不同地理环境下的相互促进

第五章　国家自主创新示范区重大经济活动的知识产权风险预警

作用。

（3）过程定义指标。过程定义指标指的是在重大经济活动运行过程中会产生各种相关的风险，通过相关的分析对这些风险进行评估。在重大经济活动运行的过程中，由于所处阶段的不同，预警的风险来源也会不同，根据不同的风险因素，风险预警的指标具体应当包括以下几个：一是市场风险指标。市场风险指标主要包括对市场、竞争对手数量和实力、潜在的市场容量以及知识产权生命期的预测，其准确度会对重大经济活动的运行产生至关重要的影响。二是资金投入指标。资金投入指标的建立是为了对融资能力、资金需求以及资金供应的及时性、投入—产出做出准确预测，以保证投入的必要性和有效性。三是政策风险指标。在重大经济活动运行的过程中，有时宏观经济形势会产生变动，特别是主管部门的政策变动以及外来知识产权的冲击会对重大经济活动知识产权工作的稳定性产生一系列连锁反应。四是生产风险指标。生产风险指标能够有效地对所研发的知识产权的质量、性能、生产工艺水平、生产成本、生产周期和原材料的供应有一个全面的把握，提前预知风险的发生，防患于未然。五是管理风险指标。对相关知识产权主管领导重视程度、管理者的能力以及组织内部协作能力的评估，能够保证重大经济活动知识产权工作的顺利进行，避免管理过程中不必要的风险发生。

（4）知识产权技术指标。在重大经济活动的运行过程中，因为知识产权技术的不确定性往往会导致侵犯知识产权风险的产生。知识产权技术风险威胁到了重大经济活动的运行质量和完成时间，知识产权技术风险一旦实现，就会造成重大经济活动运行的困难和夭折，造成国家经济的重大损失。专利技术指标要充分考虑各种可能影响的因素，具体来说，应当包括以下几个方面：第一，不同国家和地区对知识产权侵权判定的不同法律准则。知识产权的地域性导致了不同的国家或地区在侵权判定标准上也存在很大的差异，因此，针对不同的国家或地区要灵活适用不同的知识产权技术指标。第二，知识产权的状态是否稳定。在重大经济活动中，若知识产权遇到不可执行或不应获准的情况时，就有可能导致知识产权风险程度的波动。因此，在考虑知识产权技术指标时要将知识产权的稳定性作为评价指标的一个需要着重考虑的方面。第三，是否存在间接侵权问题。间接侵权又被称为引诱侵权或者共同侵权。由于在重大经济活动中分工的不同，一项技术可能会涉及多个单位或部门，在设置知识产权技术指标时也要对因为供应或合伙等关系而可能导致的知识产权风险加以考虑。

(5) 技术人员经验指标。人员经验指标是指对参与重大经济活动的人员在技术水平和相关经验方面引起的风险进行的估量。在重大经济活动中，技术开发人员面对相关的技术问题，往往会不自觉地重复利用以往熟悉的设计或技术方案。如果相关的技术人员在重大经济活动项目之前或之后使用该设计或技术，就有可能带来严重的知识产权风险，特别是技术人员已经签署相关的技术保密协议，因违反协议而披露了有关的技术秘密或者商业秘密，就极可能引起法律纠纷，带来不必要的风险。因此，对相关技术人员的经验指标评估，在重大经济活动中有着非常重要的作用。

六、自创区重大经济活动知识产权风险预警机制模型的构建

（一）自创区重大经济活动知识产权风险层次结构模型

知识产权风险预警本身就是指提前分析出每个知识产权风险出现的可能性以及由此带来的各种损失，风险级别的计算在其中尤为重要。为了量化重大经济活动中的知识产权风险，本章试从三个方面进行综合分析，即分别从风险发生的概率、风险造成的损失以及风险的不可控性，如图5-2所示。

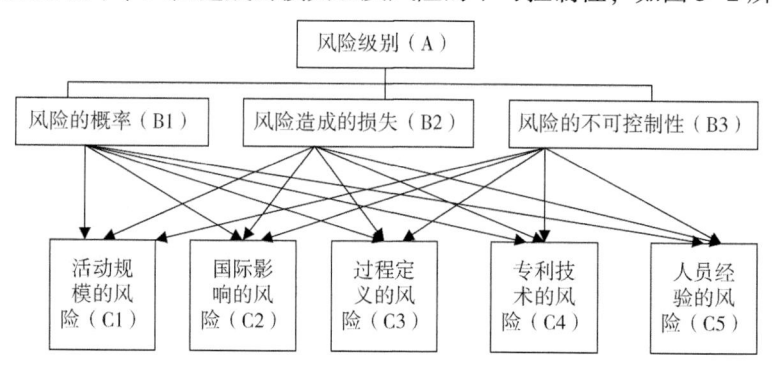

图 5-2 重大经济活动知识产权审议模型的层次结构

通过模型层次结构的构建，我们就能比较容易地计算出第二层次 B1、B2、B3 的相对权重。

首先，建立判断矩阵 $\begin{bmatrix} b_{11} & b_{12} & \cdots & b_{1m} \\ b_{21} & b_{22} & \cdots & b_{2m} \\ \vdots & \vdots & \ddots & \vdots \\ b_{n1} & b_{n2} & \cdots & b_{nm} \end{bmatrix}$，$b_{ij}$ 表示从判断准则 A 角度考虑要素 B_i 对要素 B_j 的相对重要度。根据对第二层级建立的判断矩阵，利用方

根法可以计算出各元素的相对权重。先求出特征向量 M：

$M=(m_1,m_2,\cdots,m_n)$，其中 $m_i=\sqrt[n]{b_{i1}b_{i2}\cdots b_{in}}$，

对 M 进行归一化处理后得出排序权向量 W：

$W=(w_1,w_2,\cdots,w_n)$，其中 $w_i=\dfrac{m_i}{\sum\limits_{i=1}^{n}m_i}$，

计算矩阵的最大特征根：

$$\lambda_{\max}=\sum_{i=1}^{n}\frac{(Aw)_i}{nw_i} \tag{5-1}$$

再进行一致性检验，一致性指标为 CI：

$$CI=\frac{\lambda_{mwx}-n}{n-1} \tag{5-2}$$

其中 n 为判断矩阵的阶数，当 CI<0.1 时，表明矩阵一致性成立，各项权重无逻辑上的错误。

接下来要计算出第三层次 C1、C2、C3、C4、C5 风险相对于与第二层次准则的相对权重。

首先应当构造风险因素集 $U=\{u_1,u_2,\cdots,u_n\}$。构造评判集 $V=\{v_1,v_2,\cdots,v_m\}$。构造模糊映射 $f:U\rightarrow F(V)$，$F(V)$ 是评判集 V 上的模糊集全体，$u_i\rightarrow f(u_i)=(r_{i1},r_{i2},\cdots,r_{im})\in F(V)$，映射 f 表示风险因素 u_i 对评判集中各评语的支持程度。令风险因素 u_i 对评判集 V 的隶属向量 $R_i=\{r_{i1},r_{i2},\cdots,r_{im}\}(i=1,2,\cdots,n)$。于是得到隶属度矩阵 R 为：

$R=\begin{bmatrix} r_{11} & r_{12} & \cdots & r_{1n} \\ r_{21} & r_{22} & \cdots & r_{2n} \\ \vdots & \vdots & \ddots & \vdots \\ r_{m1} & r_{m2} & \cdots & r_{mn} \end{bmatrix}$，$R$ 的转置矩阵为 R'，设权重分配集为 $A=\{a_1,a_2,\cdots,a_m\}$，由模糊变换的运算：

$B=A\cdot R'=(b_1,b_2,\cdots,b_n)$

B 为各种风险因素在某些准则下的相对权重，归一化后得到排序权向量。

在计算出各层相对于上一层的相对排序权向量后，风险因素的综合重要度即为风险因素相对于各准则的权重乘以准则相对于顶层的权重，再取得它们的和。

（二）自创区重大经济活动知识产权风险预警模型的应用

由图 5-2 所示的重大经济活动知识产权风险预警层次结构的模型可以得

出，构造第二层次对于第一层次的判断矩阵至关重要。第二层次的准则是"风险的概率""风险造成的损失"和"风险的不可控制性"以第一层次为依据的判断矩阵 A_B 为 $A\_B = \begin{bmatrix} 1 & 1/2 & 2 \\ 2 & 1 & 3 \\ 1/2 & 1/3 & 1 \end{bmatrix}$，然后计算出第二层次的相对权重。首次求出特征向量 M = （1.000，1.817，0.550），对 M 进行归一化，得到排序权向量 W = （0.297，0.539，0.164），进而计算出相互矩阵的最大特征根 λ_{mnx} = 3.007，然后计算出一致性指标 C I<0.1，表明判断矩阵一致性成立。

接下来可以计算出第三层次的相对权重。例如可以构造出模糊集合 U = $\{C_1, C_2, \cdots, C_5\}$，其中 C_1、C_2、$\cdots$、C_5 分别代表了五种风险因素，再构造评判集，对于不同的准则构造出不同的评判集。对于准则风险概率来说，风险因素集 U 的评判集为 $V = V_1, V_2, \cdots, V_5$，表示风险发生的概率可以分别为：$V_1$ 可以忽略的、V_2 低等、V_3 中等、V_4 高等、V_5 极高等。而对风险的损失与风险的不可控制性都可以通过这种方式进行划分。

七、自创区重大经济活动知识产权风险预警的绩效评估

（一）自创区重大经济活动知识产权风险预警之评估

在自创区重大经济活动知识产权风险预警过程中，由于评估数据和指标的数量是极其庞大的，要想从这些数据和指标中及时选取出数量最少、指示性最明确、收集成本最低、更新速度最快的评估数据，就必须对评估的过程和结果进行再评估，以便及时发现问题、解决问题，从而保证知识产权风险预警机制能够有效运行。同时，由于在评估过程中，很多评估指标本身并不是可以量化的，就必须通过对评估体系的再评估工作对这些指标进行科学、准确、客观的量化，从而保障评估体系能够满足不同活动的需要，通过最经济有效的途径实现重大经济活动中知识产权风险预警的作用。

对自创区重大经济活动风险评估机制的评估工作是整个机制运行的最后一个重要环节，它对制定其后的知识产权风险预警有着重要的参考价值，所以，应当对自创区重大经济活动风险预警进行认真而系统的再评估。

首先，要通过调查分析引起重大经济活动知识产权风险的成因、预防和处理措施执行情况，及时反馈机制情况的调查分析。其次，要对重大经济活动知识产权风险预警机制的工作进行全面的评价，包括对评估系统的组织和

工作程序、评估计划、危机处理决策等各方面的工作进行全面的评价,尽量详尽地列出机制运行过程中存在的各种问题。最后,要对在评估发现的各种问题进行综合归纳,分别提出具体的修正方案,改进评估机制的经营管理工作,并交由有关部门进行逐项落实,完善机制管理内容,保障重大经济活动知识产权评估机制持久有效的运行。

(二)自创区重大经济活动知识产权风险预警参与者责任

在国际上,对重大经济活动中的知识产权风险预警有两种模式,一种是由政府为主导,另一种是以商业模式为主导。我国知识产权制度的发展起步较晚,市场发展不充分,在资金投入方面存在着严重不足,这些因素都减少了我国知识产权风险预警工作由单一主体进行的可能性。因此,自创区的知识产权风险预警工作应当由政府、知识产权中介服务机构和企业共同参与的重大知识产权风险预警机制。但是参与主体的复杂性也决定了从法律法规入手界定相关主体权利的必要性。只有明确界定出各参与主体的权利、义务和责任,才能保证各主体各司其职,保障风险评估工作的顺利进行的同时实现了评估结果的公正、有效。因此,要进一步加大对知识产权风险预警主体评估工作的业务指导并加大对他们的动态监督力度,建立起重大经济活动知识产权风险预警承办人员责任制,行政执法督察制等重要的制度,不断健全和完善评估工作机制,推进在重大经济活动中知识产权风险预警工作的制度化和规范化。并进一步实现业务的常规化、系统化,加强各主体之间的工作协调和经验交流,运用整体合力,切实维护重大经济活动中的知识产权安全。

(三)自创区重大经济活动知识产权风险预警的阻碍因素与消除

自创区在建立重大经济活动的知识产权风险预警机制过程中存在的阻碍因素主要体现在以下两个方面:

一方面是重大经济活动知识产权风险预警机制的专业水平较低。重大经济活动知识产权风险预警工作需要大量复合型、专业型的人才,需要涉及法律、经济、知识产权、计算机、情报学等多方面的知识积累。而在我国,从事知识产权相关工作的人员多是侧重于专利和商标上,专业范围窄,学术水平不高。知识产权人才是我国急缺的人力资源,而专业的知识产权人才的培养却是非常困难的,这些都使得在重大经济活动的知识产权评估中评估水平不高,效果不理想。

另一方面是重大经济活动知识产权风险预警机制成本高昂。重大经济活动知识产权风险预警机制无论是在初期建立阶段还是后期的管理阶段,都需要相当多的资金投入,从短期和局部来看,这种投入和产出可能是不成正比的,而且在现阶段,国家和企业对情报工作的重要性的认识还不深入,对这项工作的重视程度不够。而知识产权中介服务结构因其自身建设的不完善、资金等方面的制约,一般也不愿意涉及该领域的工作,社会力量不能充分地发挥出来。

要消除这些阻碍因素,完善自创区重大经济活动知识产权风险预警机制,可以从以下几个方面入手:

首先,要加强自创区知识产权人才队伍建设,建立起一支具有国际领先水平的风险评估专家队伍。高水平的专家队伍应包括各种专业的人员,实现专业上的互补性,在全省乃至全国范围内建立一个庞大的知识产权风险预警体系,由各行各业的专家组成团队实现专业的兼容,充分发挥多专业的优势。但是,在自身专业权威外,还应当懂得知识产权的相关知识以及知识产权相关的法律法规,以实现专家之间交流沟通的顺利进行。

其次,要建立起完善的知识产权风险预警数据库,保证准确、及时地分析出所需的信息。通过数据库的建设,能快速地查找出相关知识产权的数量、分布状态、核心及时以及发展态势。由于自创区重大经济活动多涉及一些重点的产业和企业,对评估工作的侧重点和内容的把握就非常重要,要针对具体实施主体的实际情况和现实需求,对重点研发和竞争力强的知识产权进行及时的评估分析。尽快研究能在重大经济活动中普遍运用的指标体系,满足不同实施主体的需求和关注点。

最后,完善的资金投入机制是保障自创区重大经济活动知识产权风险预警机制运作的基础和长久发挥作用的动力。自创区应当加大对重大经济活动知识产权风险预警机制建设的资金投入,提高基础设施和设备的运作水平,扩大融资渠道,调动社会力量,以保障资金的畅通。

本章小结

对自创区重大经济活动知识产权风险预警机制的研究在我国还是一个较新的话题。在全球化趋势不可逆转的今天,知识产权让世界各国的经济利益空前的联系在了一起,在这样的国际国内背景下,对代表国家和地方经济安全的重大经济活动知识产权风险预警机制的研究就显得尤为重要,依靠科学的手段对重大经济活动中可能产生的知识产权风险进行预先的掌握是发展知识产权战略、加大自主创新力度的保障性手段,对提升我国和地方的核心竞争力、应对越来越激烈的国际竞争、防范未来的经济风险都起到非常重要的作用。为避免因知识产权问题导致重大经济活动遭到不必要的损失，就应当增强责任感和紧迫感，自觉、坚定地把科技进步作为我国经济社会发展的首要推动力量，把建设创新型国家作为我国面向未来的重大战略选择。理清自创区建立知识产权风险预警机制的根本原因，准确把握其运行特点，提高人们在重大经济活动中的知识产权风险预警意识和自觉性，加强相关方面的研究，充分发挥出知识产权风险预警机制在自创区重大经济活动运行中的重要作用。而正是由于对本书课题的研究时间还不长，在现阶段的知识产权风险预警工作中还存在不少的困难和阻碍因素。本章试图通过一种模型的建立来弥补该机制存在的不足，为自创区重大经济活动知识产权风险预警机制的完善尽自己一份绵薄之力。

第六章 国家自主创新示范区专利信息传播与利用

一、专利信息的内涵及运用方式

(一) 专利信息的内涵

一般认为,专利信息是指一切专利活动所衍生的各种相关信息。包括:(1)专利技术信息,主要包括①某一技术领域内的新发明创造;②某一特定技术的发展历史;③某一关键技术的解决方案;④关于一项申请专利的发明创造所属的技术领域;⑤关于申请专利的发明创造的技术主题;⑥关于一项申请专利的发明创造的内容提要等。(2)专利法律信息,主要包括:①专利保护的客体及其权利范围;②一项发明创造是否获得专利权;③保护的地域效力;④优先权及其范围;⑤专利权是否仍然有效;⑥获得许可证情况;⑦一件专利的专利权人;⑧一件专利的时间效力等。❶ (3)专利经济商业信息,主要包括特定区域的专利申请量、有效专利量;特定产业、行业、企业的专利状况;重点保护技术、特定区域专利状况反映出来的经济发展质量与科技创新实力;同族专利的再开发、实施、许可、转让、评估有关的信息,专利缴费、营销收入、专利奖酬、专利动态跟踪分析结果、新发明创造等各种相关信息等。

有学者认为,专利信息包括静态专利信息和动态专利信息。静态专利信息包括专利文献信息;非专利文献信息;各国有关专利的法律、法规和规章以及相关的国际条约、公约、协定、议定书、换文等;国际知识产权(专利)组织和各国专利机关的组织机构构成、分布及人员素质状况;相关部门(新闻、出版、商业、情报等机构)出版的专利报道。动态专利信息包括各种权利主体(主要指企业)围绕专利开展专利工作的信息,如制定专利战略、

---

❶ 刘锁荣. 专利信息挖掘:企业竞争情报服务的新模式 [J]. 科技和产业, 2014 (8): 39.

开展专利贸易、专利诉讼等方面的信息；以专利为主题，各国立法机关的立法活动、司法机关的司法活动、行政机关的行政活动等方面的信息；国家间专利交往活动（包括贸易、谈判）信息；国际机构组织的涉及专利的多边谈判及其日常工作信息等。❶ 学界研究及企业利用所指的专利信息，主要是指狭义的专利信息，专利文献是包含已经申请或被确认为发现、发明、实用新型和工业品外观设计的研究、设计、开发和试验成果的有关资料，以及保护发明人、专利所有人及工业品外观设计和实用新型注册证书持有人权利的有关资料的已出版或未出版的文件（或其摘要）的总称，其所反映出来的信息，就是笔者研究的专利信息。

专利信息服务的主要内容包括基础专利检索、专利分析、专利数据加工、专利信息化建设、专利信息咨询、专利信息利用培训等。❷ 专利信息服务模式可以分为公共性专利信息服务、公益性专利信息服务、商业性专利信息服务三大类。河南省专利信息服务的主要内容包括：（1）将分散在不同载体上不同种类的专利原始文献和数据，通过专门信息工具进行收集、整理、组织和存储，形成便于用户利用的形式。（2）结合地方政府部门、企业和机构的具体需求，对专利信息进行二次加工，形成具有参考价值的情报。（3）通过纸质、网络等载体将有效信息或情报传递给用户并与之进行交互。（4）为专利交易、展示、推广、转让、评估、许可、质押融资、证券化、经营、托管等提供信息服务，为专利申请、注册、登记、代理、鉴定、认证、维权诉讼、纠纷应对等提供信息服务。建设基于云计算的专利信息服务平台，在专利信

---

❶ 马海群. 网络时代的知识产权信息理论研究 [J]. 图书情报知识，2003（1）：8-9.
❷ 基础专利检索包括专利查新检索、定题检索、法律状态检索、同族检索、专利交易信息查询、失效专利查询、国外专利环境查询等内容。专利分析包括专利性分析、定题分析、技术点分析、技术沿革分析、技术价值分析、专利侵权风险分析、专利预警等内容。

专利数据加工是指将原始专利数据经过整理、分类等转化成便于检索、分析的专利数据，包括初加工和深加工两种类型。专利数据加工具体内容包括专利文献翻译、专利文本内容加工、同族整理、申请人整理、分类法、编制词表等。

专利信息化建设包括专利数据库建设和专利信息系统开发。专利数据库建设是指根据需求将数据加工、录入到数据库中，便于查询和管理。专利数据库包括基础专利数据库和专题专利数据库两类。专利信息系统开发是指研制专利检索系统、专利分析系统、专利管理系统等计算机软件。专利信息利用培训是指通过举办讲座等形式介绍专利检索、专利分析等方面的知识和技能，包括普及性培训、执业培训、个性化培训等。金江军，刘菊芳. 专利信息服务体系及对策研究 [J]. 中国发明与专利，2012（1）：64-65.

专利信息咨询，主要是面向不特定用户，针对某项技术或专业问题提供的集专利检索、技术查新、情报分析、信息培训等内容为一体的一种综合服务。王根，周斌. 地方专利信息服务平台建设研究——以东莞市为例 [J]. 情报探索，2014（12）：61.

息服务网站上为用户提供场景式服务。❶ 目前，专利信息服务已成为国内地方信息工作热点，并呈现出系统化、集成化和创新发展的趋势。专利信息服务平台建设需要系统集成各层次专业服务，如面向基层公众提供无差别的基础信息服务；面向中介机构或企业提供基于专利信息分析、开发和应用，并集专利检索、法律状态咨询和专利查新等为一体的多功能、商业化服务；面向政府及相关机构提供基于专利统计分析、专利情报分析等手段的个性化服务。❷

（二）专利信息的运用方式

专利信息运用主要是指企业对于专利信息的利用，其可以分为专利信息的内部运用和外部运用。

1. 专利信息的内部运用

其一，专利作为商业战略资源和市场竞争工具的有效运用。通过对内部专利信息的整合管理，企业能够清楚地了解自己在整个产业中的专利布局态势，了解自己的各项产品或技术背后的专利保护力量，掌握每一项专利的市场覆盖范围，从而有助于企业从商业战略高度规划和利用专利资源。

其二，专利维持或放弃评估以及专利价值评估方面的运用。专利与产品、市场信息的整合管理，以及专利法律状态信息，都是专利评估系统中应当考虑的因素和依据。

其三，对企业专利布局战略调整的运用。企业通过对内部专利信息的管理和分析，并与外部相关厂商的专利信息进行比对，了解相关厂商与本企业各自的专利资源覆盖范围、相对优势（Strength）和劣势（Weakness）、机会（Opportunity）和威胁（Threat）等信息，形成SWOT矩阵。利用这样的SWOT矩阵，可以指导本公司的全球专利布局、专利许可和交叉许可（相互授权）、组建专利联盟、诉讼策略规划等行为。此外，通过内部专利信息管理，对提案部门、发明人及其产品或技术类别进行分析，既可以提供各个提案部门、发明人研发绩效的考评参考，也可以指导和调整各个提案部门的专利创新方向。

其四，避免内部重复提案申请专利。通过对内部专利信息具体详细至产品或技术各个类别层级甚至技术特征的分类管理，企业能够在最短时间内对专案提案进行初步分析评价，确认本企业是否有相同或者相似的发明创造在

---

❶ 金江军，刘菊芳. 专利信息服务体系及对策研究［J］. 中国发明与专利，2012（1）：65.
❷ 王根，周斌. 地方专利信息服务平台建设研究——以东莞市为例［J］. 情报探索，2014（12）：62.

此之前已经申请过专利,从而避免企业内部重复提案申请专利。

2.专利信息的外部运用

一是专利风险检索。在专利申请或产品开发前,利用企业自有专利资料库对相关现有技术进行检索和分析,以避免侵害他人专利权,也避免浪费时间与资金再重复开发他人已有的研究成果。利用专利信息资料库系统,能够快速在3~5天完成相关主题的检索及分析工作并提交报告给研发部门。

二是相关厂商专利分析。利用以企业产品或技术树状图为基础建立的专利信息资料库系统,可快速完成对相关竞争厂商的专利分析,掌握其专利布局信息,了解其技术发展趋势,据此设定企业技术和市场竞争策略。

三是专利无效证据及公知技术收集。当企业对相关厂商的专利提出无效请求,或者面临专利侵权的指控时,利用专利信息资料库,能够快速地找到最相关的专利文献作为无效证据,或者快速找到可以作为公知技术的专利文献,从而利用公知技术进行不侵权抗辩。

四是投资策略分析。专利信息的调查及分析,有助于企业选定适合的投资对象、技术来源或合作者并进行适当评估。而且,利用专利信息管理系统,可以分析了解投资对象所具有的专利技术,评价其专利作为投资目标的价值。在技术移转和专利许可等行为中,利用专利信息管理系统对合作对象进行全面深入地专利检索与分析,将有助于增加企业在技术移转和专利许可的谈判中获得对己方有利的筹码。

五是绘制专利地图以追踪预测技术发展趋势。通过整合特定产业或技术领域的专利信息,企业可据此绘制专利技术演进图并判断未来可能的技术发展方向,从而适时适当地调整产品或技术开发计划,决定产品研发的资源最佳分配模式,进行最有利的全球专利网布局。

六是最新技术发展监视和学习。持续进行专利公报的定期收集、解读和分类,并定期提供给研发部门、市场部门进行传阅学习,有助于企业研发人员掌握新专利技术的开发动态,并正确利用专利的启发加快产品和技术创新,同时也可激发研发团队新的创意,或者调整研发方向。另外,通过专利公报简报对专利信息的监视,可提供研发、制造、销售过程的专利预警,一旦发现与己方产品相关的专利公告或公开时,企业可及时就风险专利进行破解和回避设计,在必要时可及早对风险专利启动无效宣告程序。❶

---

❶ 谭佐晞,黄威.知己知彼 百战不殆——谈企业的专利信息管理与运用[J].中国发明与专利,2007(7):52.

二、新技术的发展对专利信息传播利用方式的新挑战

新一代信息技术、大数据技术、移动终端技术的重大发展，都对专利信息服务带来了质的飞跃和新的机遇，加快推动了专利信息的开放共享和有效利用，为专利信息的传播利用带来了新的要求。

（一）专利基础数据格式标准化与运用方式的便捷化

专利基础数据格式已有国际通行标准。可扩展标记语言（XML）的开放性、简单性、自我描述性、互操作性和可扩展性，使其在数据描述方面有着得天独厚的优势。采用 XML 处理专利原始数据，进一步提高了数据质量，方便各国进行数据交换，使得不同的软件工具能以统一的方式读取专利数据，做到"一次加工多次使用，一方处理多方共享"。按照 WIPO ST. 36 初步加工的专利数据，由于格式的标准化，变得机器易读取、网络易传输，专利文献的内容保持不变，并未像专利数据深加工那样，进行摘要重写、IPC 改写等涉及数据内容本身的加工，因此，该数据是专利原始数据的标准化形式，仍属于基础数据的范畴。引入 XML 等标准，使能处理的数据量大大增长，降低了专利局向商业机构传送数据的成本，从而间接降低了商业机构向终端用户提供商业服务的成本，专利基础数据标准化加工的意义已为各方所认识。[1] 同时，新一代信息技术、大数据技术的发展及实践运用，不仅可以推进专利信息服务的标准化、规范化与智慧化，而且其还在专利信息服务范围的拓展、移动运用的便捷化、专利信息资源的共享、企业个性化需求的满足、专利信息的精准投送等方面，发挥着关键性作用。

（二）新技术催生专利信息服务模式创新

大数据技术与云计算技术强调"一切皆服务"。专利信息服务与 SaaS、PaaS、IaaS 等模式结合，可以整合分散在全国各地的专利信息服务平台的计算资源、数据资源、专家资源，成为虚拟服务资源，统一对外提供服务，避免重复建设和资源浪费。有需求的用户可以根据需要选择专利信息服务内容，专注于享受优质的服务，不需要关心实现细节，后台将通过"云"进行自动调配和计算。大数据分析具有数据量大、格式差异、查询分析复杂、从各类数据中快速获得有价值的信息等特点。在大数据时代，存储方式的便捷、分

---

[1] 马斌，刘菊芳，龚亚麟. 新技术条件下专利信息服务发展趋势探析 [J]. 中国发明与专利，2014（9）：15.

析工具的完善，将为专利信息的应用与服务提供更加便利的条件，传统的服务方式将逐渐被新兴、虚拟、多样化的方式所取代。传统的专利分析工作主要依靠人工，分析报告的质量取决于分析人员的经验和业务水平。利用大数据的算法和工具，可以对非结构化的专利文本信息进行实时自动计算，快速精确量化，发现隐藏在专利文本中的潜在模式，而这些模式无法通过有限的检索策略与传统分析方法发现。人工智能、机器学习、模式识别、数据挖掘、神经网络、语义分析、可视化等技术的引入，对海量的专利数据进行智能挖掘处理，将极大地提高专利信息服务的效率和水平。❶

（三）新技术对政府专利信息运用决策的优化

对于专利大数据来说，其更高价值应体现在与创新主体的互动中。数据使用者抓取数据的内容、频次、维度是怎样的，不同类型使用者对数据的偏好、分析策略是如何的等，类似这样的"互动数据"才能真正构成专利大数据，对这些"互动数据"进行分析能够帮助我们更准确地进行技术对比、动向监测、竞争力研究等，进而做好专利预警、专利分析、产业导航以及政府决策。❷通过新一代信息技术、云计算、移动运用、大数据技术的加持，可以加强、拓展并优化专利信息传播的利用效率、传播范围和精准化服务水平。

基于开放平台产生的专利信息应用也将对政府的宏观管理和科学决策大有裨益。例如，优化的专利检索分析工具、专注细分领域的专利信息追踪、授权专利互动评价等应用将有效促进总体专利质量的提升；建立数学模型分析专利转让许可等历史信息，可以对相关领域专利的价值评估提供参考，这一应用尤其可配置在专利展示交易平台上；接入微信、淘宝等大众移动应用，通过查询接口帮助消费者及时辨别商品专利信息真伪并实时举报，从而将打击专利侵权从集中行动式转为普及化、常态化；第三方服务机构获得企业在开放平台上的授权后，可实现对企业专利事务的托管或协助管理，特别是当专利数据开放平台整合电子申请系统、电子申请交互式平台、甚至专利审查系统数据后，具有代理资质的机构可以实现服务效果的极大提升。❸

---

❶ 马斌，刘菊芳，龚亚麟. 新技术条件下专利信息服务发展趋势探析［J］. 中国发明与专利，2014（9）：17.

❷ 于大伟. 对专利信息利用困境的思考及对策探析——以构建专利数据开放平台为视角［J］. 知识产权，2014（7）：81.

❸ 于大伟. 对专利信息利用困境的思考及对策探析——以构建专利数据开放平台为视角［J］. 知识产权，2014（7）：82-83.

三、自创区专利信息传播利用体系探析

(一) 专利信息传播利用体系的构成要素

专利信息服务体系涉及诸多因素,既有服务机构、服务人员、服务平台等静态要素,又有专利信息分析、专利战略制定、撰写信息分析、专利预警等动态要素,可以说,专利信息服务体系的构建是一个系统工程(如表6-1所示)。鉴于专利信息本身的技术特性、专利保护制度的地域性以及专利信息数据由政府管理的现实状况,政府作为专利信息数据和数据库服务的主要提供方,是责无旁贷的。因此,为了促进专利信息的充分、优化运用,各级政府应构建涵括专利信息运用的政策环境、资金支持、交易规则、平台建设、技术支持、人才培训、纠纷解决的专利信息利用的规范与制度体系,联系地级市、县(区)、科技或产业园区等特定区域或范围,以分支机构、联络点、服务站等形式,设立专利信息传播利用站点,推动专利信息工作的延伸,❶ 以专利信息的传播利用体系的构建为先导和切入点,推进河南省知识产权强省建设。

表6-1　专利信息传播利用服务体系

	技术信息	法律信息	经济信息	著录信息	战略信息
专利信息的类型	某一技术领域内的新发明创造,某一特定技术的发展历史,技术解决方案(通常为产品、方法、设备、用途等方面的解决方案);关于一项专利申请的发明创造所属技术领域;关于一项专利申请的发明创造的技术主题	与专利的审查、复审、异议和无效等审批确权程序有关的信息;与专利权的授予、转让、许可、继承、变更、放弃、终止和恢复等法律状态有关的信息等	有关专利的申请国别范围和国际专利组织专利申请的指定国范围的信息;专利许可、专利权转让或受让等与技术贸易有关的信息等;与专利权质押、评估等经营活动有关的信息等	专利文献著录项目中的申请人、专利权人和发明人或设计人信息;专利的申请号、文献号和国别信息;专利的申请日、公开日和/或授权日信息;专利的优先权项和专利分类号信息;以及专利的发明名称和摘要等信息	经过对上述四种信息进行检索、统计、分析、整合而产生的具有战略性特征的技术信息和/或经济信息。例如,通过对专利文献的基础信息进行统计、分析和研究所给出的技术评估与预测报告和"专利地图"等

---

❶ 国家知识产权局办公室. 2018年度全国专利信息传播利用工作计划[R]. 国知办函办字〔2018〕384号.

续表

专利信息的类型	关于一项专利申请的发明创造的内容提要等			
专利信息服务主体	相关政府主管部门		非政府主体	
	各级知识产权主管部门、科技主管部门、商务主管部门、工业和信息化主管部门		非职务发明人、企业、高等院校、科研院所、行业协会、社会中介服务机构、图书馆等	
专利信息服务客体	企业、高校、科研院所和非职务发明人			
专利信息服务内容	基础专利检索		专利查新检索、定题检索、法律状态检索、同族检索、专利交易信息查询、失效专利查询、国外专利环境查询等	
	专利分析		专利性分析、定题分析、技术点分析、技术沿革分析、技术价值分析、专利侵权风险分析、专利预警等	
	专利数据加工		专利文献翻译、专利文本内容加工、同族整理、申请人整理、分类法、编制词表等	
	专利信息化建设		包括专利数据库建设和专利信息系统开发。专利数据库包括基础专利数据库、重点产业（行业）专利数据库和企业专利数据库；专利信息系统开发是指专利检索系统、专利分析系统、专利管理系统等计算机软件	
	专利信息利用培训		公益性培训	商业性培训
专利信息运用的方法或工具	传统专利信息分析方法		现代化专利分析方法	
	定量分析、定性分析和图表分析		专利地图、数据挖掘（DE）、文本挖掘（TE）、知识可视化（KV）化技术、SWOT和定标比超等竞争分析模型和方法、情景分析方法等	

续表

	主体功能		辅助功能	
综合专利信息平台	专利信息检索、专利在线分析、专利在线预警、专题数据库、专利技术展示交易、专利事务处理等		专利动态新闻、专利知识、非专利科技文献信息查询系统等	
专利信息服务模式	公共性专利信息服务	公益性专利信息服务		商业性专利信息服务
专利信息运用政策	基础物质保障政策	技术支持政策	运用便利化政策	资助政策 评估政策 组织保障政策 人才政策
专利信息服务的标准化	基础标准 专利信息服务术语、专利信息服务分类、专利信息服务行为规范等		服务标准 专利数据加工标准、专利信息检索标准、专利信息分析标准等	评价标准 服务质量评价、专利信息服务等级划分等
基于协同创新环境的专利信息服务机制	专利信息服务模式框架		专利信息服务流程	专利信息服务规范框架

（二）专利信息传播利用服务能力的提升

专利信息服务规范涉及因素繁多、体系复杂。通过河南省专利信息服务体系的科学构建，可以合理地调配专利信息运用促进政策、产权类型、体制机制、市场要素与资金支持等方面的资源和投入权重，更好地推进"创新河南"建设。对此，可以参考我国学者对于专利信息服务能力影响因素的系统思考，以专利信息服务机构能力提升机制的优化为突破口，❶ 全面提升河南省的专利信息运用能力，如图6-1所示。

---

❶ 陈锐，马天旗. 论我国专利信息服务能力的科学发展［J］. 中国发明与专利，2016（6）：69,72.

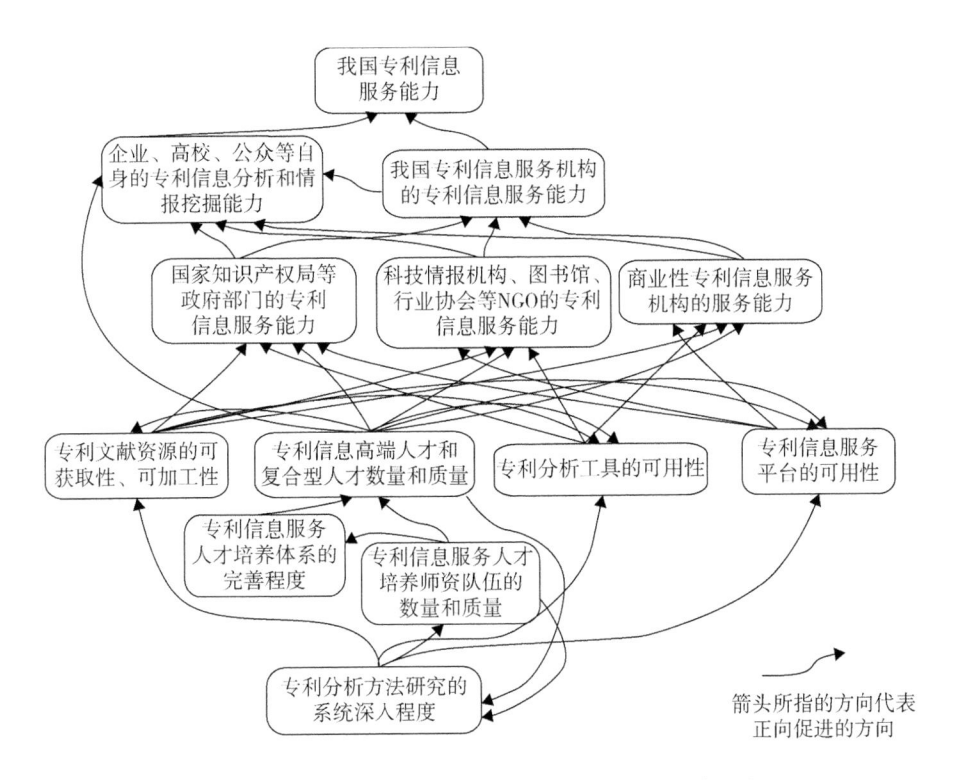

图 6-1　我国专利信息服务能力影响因素的系统思考

图片来源：陈锐，马天旗. 论我国专利信息服务能力的科学发展 [J]. 中国发明与专利，2016（6）：69.

在专利信息服务能力建设的诸影响因素中，政府部门的基础性专利信息服务能力、图书馆行业协会等 NGO 的公益性专利信息服务能力、知识产权中介服务机构的商业性专利信息服务能力，构成了河南省专利信息机构性服务能力的骨干框架。同时，专利信息资源本身的可获取与可加工能力、专利信息分析工具的运用能力、专利信息服务平台的完备性、专利信息高端复合型人才队伍的培养，以及科研机构对于专利信息分析方法研究的深入程度，构成了河南省专利信息传播利用的软实力系统。因此，河南省专利信息服务能力的提升，必须在三大类高质量专利信息服务（基础性专利信息服务、公益性专利信息服务、商业性专利信息服务）的提供上下功夫，在专利信息加工能力、分析能力、平台服务能力、人才队伍建设能力、传播利用的研究能力"五个能力"提升上做文章。

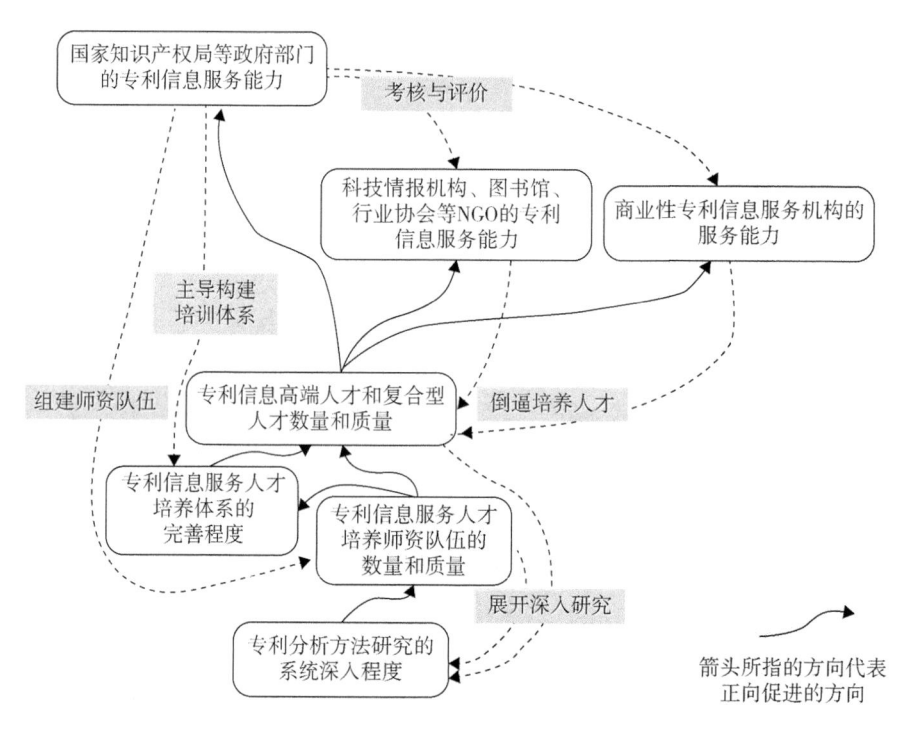

图 6-2　我国专利信息服务机构服务能力的可持续性提升机制

图片来源：陈锐，马天旗. 论我国专利信息服务能力的科学发展 [J]. 中国发明与专利，2016（6）：72.

在图 6-2 所示专利信息服务机构服务能力的可持续性提升机制的基础上，河南省可以结合自身专利信息传播利用的发展实际，制定出本土化、特色鲜明的专利信息运用能力提升的具体实施方案。其中的关键点，就是上图所凸显的高端、复合型专利信息服务人才队伍的建设，以及适应新一代信息技术、新的知识产权业态、新的经济运行模式的新的专利信息服务能力的提升，同时，河南省应将企业专利信息传播利用能力提升，作为发挥专利信息在技术创新决定性作用的重点。

四、自创区专利信息传播利用的问题检视

目前，河南省专利信息的传播利用工作还处于起步阶段。为了反映河南省专利信息传播利用的基本状况，2017 年 9 月，笔者所在的课题组通过河南省知识产权局、河南省知识产权研究会等权威渠道，采取问卷调查和现场访

谈的方式，对河南省专利信息传播利用的发展状况进行了实证调研。❶ 整体来看，河南省研发型企事业单位具有较高水平的专利信息利用意识。多数被调查单位能将专利信息与研发、生产结合起来进行综合考虑并利用到专利信息。然而，对反馈的问卷及谈话记录进行分析，可以看出其中存在的诸多问题，主要表现在以下方面。

(一) 地方知识产权局对专利信息工作的重视程度不够

在样本调查范围内的地方知识产权局中，24%的地方知识产权局制定的知识产权战略中，没有包含专利信息方面的内容，4%的地方知识产权局没有制定知识产权战略，更遑论对专利信息工作的顶层部署与深入推进；样本调查范围内的地方知识产权局都没有设立专门的专利信息管理机构，大多附属于局内设的协调科、综合科等科室；负责专利信息工作的专职人员很少，最少的为零个，最多的为2个；在这些地方知识产权局所在的地方政府是否对专利信息服务给予政策或资金支持的调查中，没有政策支持的占36%、没有资金支持的占48%。

(二) 行业专题数据库建设与服务滞后

随着国家自主创新政策实施与逐步推进，我国已建立武汉光谷、包头稀土、兰州石化、天津环保等多个国家级专题专利数据库，河南省也已经开始了相关工作，但依据笔者对河南省专利专题信息数据库现状的考察与检索，可以发现，此项工作仍处于规划与初步实施阶段，河南省知识产权局网站上的各专利专题信息数据库还没有开通应用，有些专题数据库难以通过搜索引擎寻找到入口或链接失效，代表河南省自主创新最高水平的战略性新兴产业专利信息库也没有建设完成，战略性新兴产业专利的信息统计工作也在准备之中，这显示出政府专利信息服务的滞后性和对创新活动的跟进乏力。

(三) 专利信息的深度服务能力不强，服务范围的涵括性不足

(1) 在服务深度方面，样本调查显示，专利信息服务的内容大多数集中于"专利知识普及"（68%）、"专利法律状态查询"（60%）、"专利事务咨询"（52%）、"失效专利查询"（32%）、"专利查新检索"（20%）、"专利网上展示"（20%）、"专利信息应用培训"（20%）、"专利交易信息查询"（12%）等相对

---

❶ 调查对象涉及河南省部分地方知识产权局、中介机构和企业。针对此次调查，共设计了3套问卷，即地方知识产权局问卷、知识产权中介服务机构问卷、企业问卷（此部分涵盖于郑洛新自主创新示范区知识产权保护情况的调查问卷之内）。

简单的公共性或公益性服务项目，支持政府战略决策的产业、行业专利信息运用的高端服务能力不强，企业及个体运用者需要的深层次、商业化的专利信息分析、评议、预警、数据挖掘与加工，也面临"空有需求而服务缺位"的困境。各地方知识产权局提供的专利信息服务内容，甚至出现"专利侵权风险分析""国外专利环境介绍""专利信息系统开发"3项服务提供者为零的情况。

（2）在服务范围方面，样本调查显示，部分专利信息的获取率较低，分别为：专利检索报告的引用文献等对比文献信息（46.4%），同族专利信息（30.4%），专利说明书（23.2%），专利复审、诉讼与无效信息（19.6%），专利权转让与受让信息（17.9%），专利申请人、发明人、专利权人的联系信息（16.1%），专利许可的相关信息（10.8%），法律状态信息（8.9%），专利的著录项目信息（5.4%），其他（1.8%）。

（四）专利信息个性化供给与企业需求的对接存在缺口

样本调查范围内的绝大多数地方知识产权局仅是依据现有的专利存量建设专利数据库，提供基本的查询服务，而没有对河南省域范围内的专利信息运用者的个性化需求进行数学与经济学的调查、统计与分析，专利信息运用服务的提供，存在一定的盲目性，以及仅将其作为一般性工作应付的惰性，而没有意识到专利信息的传播利用在知识产权强省战略实施中的重大作用。又如，各地自行建设的特色专利数据库不足，仅有2个，分别为鹤壁科技数据库专利库和知识产权法律援助专家库，无法为本区域提供个性化、多元化、定制化的专利信息服务。企业专利信息运用，仅仅停留于分析技术、专利布局，没有与价值链上下游关联性一并思考其价值，包括产品、顾客、市场、营运模式、资本结构等，进行全面分析。单凭专利检索工具，脱离企业营运事实制作出来的专利地图，不仅无法实现对专利的充分利用，帮助企业制定实施许多不同的管理机制与配套措施，甚至可能误导企业的经营战略，造成重大损失。❶而且，现行专利信息传播利用的方式陈陋，无法对接与满足大数据、云计算、网络共享等新技术与新模式的勃兴，对专利信息传播利用服务模式的新要求。

（五）专利信息运用服务的扶持力度不足，高端人才匮乏

样本调查显示，专利信息运用服务在扶持力度和高端人才方面的主要表

---

❶ 漆苏.企业对专利信息的运用研究［J］.情报杂志，2009（8）：17.

现为:"专利信息服务人才缺乏"(76%),"用户专利信息应用意识薄弱"(56%),"政府扶持力度不够"(44%),"专利信息服务行业缺乏规范"(36%),"政府掌握的专利数据资源开放程度低"(28%)。各地方知识产权局在专利信息服务或应用培训方面存在的困难,主要包括"缺乏师资"(56%),"缺乏培训资金"(44%),"缺乏合适的教材"(40%),"培训需求少"(36%),其他(4%)。知识产权中介服务机构面临的困难,主要包括社会专利信息意识薄弱(45%),缺乏专利信息专业人才(55%),政府政策扶持力度不足(50%),专利数据资源获取困难(45%),缺乏行业规范(40%)等,无法为"创新河南"的建设提供体系性的支撑。

通过上述河南省专利信息传播利用基本情况的分析,可以看出,除了专利创造者对自有的专利信息进行的利用(包括自己使用、许可转让使用、质押融资、专利证券化等运用方式)外,其他影响河南省专利信息传播利用的因素还有很多。目前,河南省还没有建立能够整合政策顶层设计、专题数据库检索、专利信息深度挖掘、现代专利信息分析方法等各要素组成的完整的专利信息传播利用体系,专利信息传播利用与科技创新、产业化的结合还不够密切,专利产业化的经济效益未见明显增长,传播利用的方式与范围也仅停留在信息"查询"和信息"集中"的层面,仍以提供粗加工的专利文献信息资源和围绕"专利获权"等较为低端化的服务内容为主,对专利信息的深度加工和创新运用的尝试较少,专利信息商业分析软件对于不同数据源融合度低、可拓展性差、知识挖掘程度浅,缺乏针对专利无数据结构的分析功能,更缺乏相应的专利地图。❶ 同时,高端专利信息利用的人才的匮乏,作为制约河南省专利信息传播利用水平提升的决定性因素,也没有得到显著改观。对此,政府作为经济发展"软环境"的塑造者和公共服务的提供者,应发挥政策引导、意识培育、资金支持、人才培养的基础作用,有效提升河南省专利信息传播利用的科学化水平和利用效率。

五、河南省专利信息传播利用方式的引领性创新

大数据、云计算和移动互联网技术的迅猛发展,开启了个性化、可定制化服务模式颠覆式变革的序幕。政府作为专利信息的主要提供者、加工者和拓展者,应结合河南省的具体情况,创新、优化河南省专利信息传播利用的方式和措施,以满足不断增长和延伸的多元化需求。对此,河南省专利信息

---

❶ 漆苏. 企业对专利信息的运用研究[J]. 情报杂志, 2009(8): 18.

运用能力的提升除了提高各方主体的重视程度,健全专利信息专门机构和加大资助力度之外,还应在"定量化""本土化""智慧化""定制化""移动化和共享性"等方面下功夫、做文章。

(一) 专利信息的科学"计量"

专利信息的"量化",也称为专利信息的计量,是专利信息运用的基础,它是指将数学和统计学方法运用于专利信息定量研究,以探索和挖掘其分布结构、数量关系、变化规律等内在价值的研究领域。❶ 专利信息计量研究的目的,是将专利分析、文献计量学和信息计量学的原理与方法用于专利文献和专利信息的定量分析,并为从事专利活动、科技创新、市场竞争、管理与决策等提供服务。❷ 其中,专利价值评估是专利信息计量的重要内容,同时也是专利运营的核心环节。对专利信息的经济价值进行评价,确定其相对精确的估值数额,可以为后续专利信息的商业化运用和专利政策的制定,提供经济学、统计学上的参考。如专利地图和专利引文耦合分析就可以衡量一项技术发明的价值。❸ 通过对专利信息计量的研究,能够了解到某一技术领域重要专利的时空分布,进而能够分析企业的成长衰退,从而为企业制定和改进专利战略提供建议对策。❹

河南省专利信息运用存在的问题之一,就是对专利信息计量的理论研究与实践应用的缺乏,这对河南省产业(行业、企业)专利战略的制定、专利信息经济价值的实现、专利许可交易定价机制的建立等,都会产生一定的阻碍作用。对此,河南省应将专利信息的计量分析作为专利信息传播利用战略实施的基础工作,在专利信息计量理论研究、专利信息计量指标与方法研究、专利信息计量工具与软件研究和专利信息计量应用与实证研究四个方面,通过研究课题招标的形式加强对专利信息计量的研究,组织专家对河南省的重点产业、重点项目等提供公益性的技术支持,并定期对专利信息人才进行有针对性的培训。同时,从纵向上,加大区域层面(如省域、市域、县域层面),机构层面(企业、大学、科研机构、政府部门以及其他社会组织),发明者层面的专利信息计量的研究和运用力度。从横向上,积极拓展专利信息

---

❶ Iversen E J. An Excursion into the Patent-bibliometrics of Norwegian Patenting. Scientometrics, 2000, 49 (1): 63-80.

❷ 文庭孝. 专利信息计量研究综述 [J]. 图书情报知识, 2014 (5): 77.

❸ Cho T S, Shih H Y. Patent Citation Network Analysis of Core and Emerging Technologies in Taiwan: 1997-2008. Scientometrics, 2011, 89 (3): 795-811.

❹ 肖梦丽. 基于专利计量分析的企业专利战略制定 [J]. 中国管理信息化, 2015 (8): 127.

计量的商业化运用的范围，探索形成可量化的专利信息服务效果评价指标，争取在国际技术贸易、政府专利管理、专利战略制定、技术创新、企业技术研发、竞争对手识别和合作伙伴选择、知识产权项目评议、专利预警、专利分析、专利人才选拔等方面，加强专利信息计量分析的运用，积极发挥知识产权对科技创新和经济增长的支撑作用。

（二）集成式、一体化的专利信息服务平台的构建

河南省各级政府和专利信息利用者应充分利用国家知识产权局的专利信息资源，构建包括专利资源库、专利专题数据库、科技情报数据库、经济情报数据库及在线翻译和咨询等内容的基础数据资源库和公共服务平台，实现与国家知识产权局信息资源以及省内各地方、行业、应用主体之间数据资源交换及互连互通。同时完善相关知识产权数据资源建设，包括数据深加工形成的资源库、管理信息库（业务数据库、企业库、专家人才库等）、网络资源数据库、商标资源库、版权资源库、科技情报资源库、经济情报资源库等，实现对各类数据采集、存储、加工与共享，为区域信息平台提供基础资源支撑。市县级知识产权工作部门应根据地方产业特色及企业行业特点，积极建设资源利用率高、信息更新及时的行业数据库，适合中小型企业的集中型企业专利信息服务平台，联合教育科研机构、行业协会等各方人才资源，提供专利信息托管服务、数据深加工服务、专利分析、知识产权咨询、专利技术服务、高层次专业技术人才的培训服务等，引导提高本地企事业运用专利信息的能力，提升服务职能。网络化的专利管理信息平台。通过建立联系省市县工作管理部门的三级专网通道，连接全省的大中型企业、中介机构、科研院所等单位，获得稳定可靠的基础数据来源，构建基础数据库，能够实测全省的专利工作开展情况，为预警分析和政府决策提供支撑。[1]

在数据库管理功能的确定上，企业应考虑到数据整理功能以及系统的管理功能，包括数据删除、专题转换、专题合并、数据管理、数据更新以及用户管理等。同时，在建立企业内部专利信息数据库的基础上，加强对专利数据进行专题分析。通过专利专题分析，可以使企业对所在行业领域内的各种发展趋势、竞争态势有一个综合了解，更加全面、深层地挖掘专利文献中的战略信息，为企业专利战略的研究、制定和实施发挥重要作用。（1）区域分析。可以了解行业发展的主导区域、不同区域内专利研发的重点方向和各区

---

[1] 陈仲伯，肖雪葵，陈雅忱. 区域性专利信息管理与利用研究——以湖南省为例［J］. 经济地理，2012（3）：41.

域之间技术的差异性、不同区域内专利技术的主要拥有者（申请人）和发明人。（2）申请人分析。可以了解行业内的主要申请人情况、不同申请人申报专利的主要技术构成及地域分布。通过对申请人的分析，可以了解企业的技术实力和技术发展情况，了解企业发展的侧重点和主要市场。（3）IPC 分类分析。可以了解行业内的主导技术、不同技术的区域分布、不同技术的主要拥有者和发明者。（4）发明人分析。可以了解行业内的主要发明人情况、不同发明人发明专利的主要技术构成及地域分布。并且按照企业的需求，根据专利专题分析的结果，形成以全面支持企业科研、生产为目的的专利战略。并提出专题技术的发展趋势、企业专利技术发展路线及专利布局、特定技术发展中存在的问题，及对于这些问题的解决方案，所解决的技术效果、技术发展的创新思路分析、专利布局思路分析以及实现专利规避的方法与途径，建立面向决策的专利战略体系与制度框架。[1]

（三）专利信息的"本地化"整合与"特色"运用

专利信息服务的提供者除了专利管理机关外，还有行业协会、知识产权（科技创新）联盟以及纯商业化运作的中介服务机构。专利管理机关除了提供本源性的基础专利信息，以及国家特别要求的重点产业专利信息外，还应紧扣河南省科技创新与特色产业、优势产业发展的实际，如襄城硅材料特色产业、新郑红枣产业、禹州中医药产业、南阳玉文化产业、许昌三国文化产业等，联合各行业协会、科研机构和高等院校，借助云计算、大数据和计算机辅助决策系统，对河南省域范围内的专利信息进行全面、彻底的普查，摸清专利信息存量的家底，科学搜集、分析各专利信息关涉主体的专利信息需求和运用中存在的困难。

各级政府还可通过提供政策资金支持、购买第三方服务、市场化招标等方法，联合知识产权中介服务机构和其他商业化技术研发企业，针对不同的产业特点、管理需求、技术水平和运营情况，设计出符合这些产业、行业、经济集群、企业的特殊要求，集成专利信息搜集、检索、加工、分析、导航和预警等功能的专利信息管理软件和技术支持系统，以此奠定专利信息"本地化"运用的技术基础。同时，专利管理机关还应通过知识集成、人才集成与机制创新，开发专利信息资源整合和延伸服务（如专利信息挖掘、价值评估、议价交易）集成的综合性的专利信息数据平台，如中小企业专利综合服

---

[1] 谈大军，朱晓丽. 企业个性化专利信息服务及其实施 [J]. 企业改革与管理，2012（10）：35.

务平台，打破政府专利管理机关、行业协会、知识产权联盟、特色型的经济发展集群、协同创新中心、科研院所、高等院校等组织之间的数据壁垒、信息孤岛现象，形成一个具有系统框架、中心节点和各部信息端口，涵盖专利信息的初始采集、二次加工与特色高端运用的全链条的专利信息数据平台，以此加强专利信息运用的科学性与规范化。

（四）专利信息运用体系的"智慧化"建设

对海量专利信息中蕴藏的隐性知识进行深度挖掘、规律化布排和精准分析，离不开现代智能技术的支撑和运用。专利信息服务未来的竞争点，就集中在是否最有效地利用了神经网络、人工智能、机器学习、模式识别、语意分析、数据挖掘、可视化、大数据等新兴数据分析技术，能否支持移动互联网、下一代互联网、云计算、物联网等新技术的应用开发。❶ 以新技术手段的融合运用为例，商业智能技术是包括数据仓库（DW）、联机分析处理（OLAP）、数据挖掘（Data Mining）在内的用于统计和分析商务数据的一种先进信息技术。商业智能系统设计包括实体数据模型设计、ETL（抽取、转换和装载）设计、数据挖掘方法设计、终端程序设计（OLAP 或 EIS）等。❷ 政府部门、企业和知识产权中介服务机构可以通过将商业智能技术以及经过优化的专利信息可视化分析系统引入专利信息分析，建立专利数据分析模型，开展精确的统计分析、引证分析、聚类分析和深层的数据挖掘，可以把巨量的专利数据转化为能够满足用户多层面、多角度需求的专利信息可视化分析报告以及规律性知识，以此帮助各级政府、产业、企业、科研机构和发明人等制定宏观专利发展战略、产业发展政策，进行企业专利布局，科学确定科技创新研发方向，提供有用的决策参考。

（五）专利信息的"定制化"加工与精准化服务

专利信息传播利用的"定制化"与"精准化"，主要表现为高端复合型专利信息人才的"订单式"培养和专利信息业务的精确对接。河南省专利管理部门和人力和社会保障部门应针对专利信息传播利用的产业现状、业务特点与各相关主体的工作开展情况，进行必要的高端专利复合型人才需求的专项调查，并将得来的调研结果与高校、科研院所等专利人才培养机构进行精

---

❶ 于大伟. 对专利信息利用困境的思考及对策探析——以构建专利数据开放平台为视角［J］. 知识产权，2014（7）：83.

❷ 刘晓英，文庭孝，杨忠. 专利信息可视化分析系统的现状与技术基础［J］. 情报理论与实践，2015（3）：3-4.

准对接，培养既具有专利信息利用国际观，又具有专利信息传播利用实际操作能力的具有知识产权管理、经济学、法学、政治学等复合型知识结构的专门人才。同时，政府及专利信息服务机构应积极主动地与中小企业进行联系，为之提供援助并组织"专利诊所"，并提供培训服务，对处于投资决定期的初期技术发展给予支持，提供专利技术商业化的建议，对技术发展和竞争方的行为予以指导和监督，对潜在的专利申请进行预先过滤。推出专利信息"无障碍"概念，提供定向服务、特色服务、侵权调查资助、专利风险投资基金、增值性专利信息服务、公益性专利信息服务、专家预见服务、专利信息机器翻译技术，通过网上交易市场鼓励中小企业生产的优质专利产品的电子贸易，建立定期跟踪机制，建立战略性新兴产业专题专利信息数据库、专利信息实时统计系统，积极开展重点发展产业、重点企业的知识产权战略研究与预警分析，重大项目知识产权审查，企业知识产权管理标准的评价，倡导中小型企业开展知识产权合约托管服务或知识产权外包服务，帮助中小型企业建立专利信息分析系统。依托科技企业孵化器，尝试专利信息托管，为用户制定个性化服务套餐。

政府作为专利信息服务的主要提供者，大多数情况下是基于自有的专利信息资源的存量，将其作为一项日常的管理事务，来开展专利信息管理工作的，相对来说，缺少针对需求市场的专利信息服务动力。知识产权中介服务机构作为商业性的专利信息服务供给者，虽然市场嗅觉较为灵敏，但是其有时无法掌握充分的具有权威性的专利信息资源，因此，在提供高质量的满足个性化需求的专利信息的方面必有余而立不足。对此，地方政府可以采取市场化的专利信息服务购买方式，通过设定一定的专利信息服务标准、奖惩措施、议价机制，一方面，在做好河南省区域内的专利信息需求调研的基础上，提出符合本地实情的专利信息服务购买要求与质量评价指标；另一方面，科学制定知识产权中介服务机构所提供专利信息服务的业务指引和行业标准（如服务流程标准、质量标准、管理标准），以此促进河南省专利信息服务工作的规范化、正规化开展。

河南省各级政府和知识产权中介服务机构还可以委托第三方调查公司，深入研究客户需求，贴近专利信息运用实践，加强与行业协会、园区等单位的合作，挖掘共性需求，开展集中推送服务，满足行业技术创新和竞争需求。开发专利信息推送服务特色产品，通过持续的跟踪服务提高推送信息情报的使用效能。开展企业应用效果跟踪，形成企业应用成果报告。❶ 通过区分专利信息服务产品的提供方和接受服务的对象，根据不同类型设定的专利信息服务数据库平台，提供不同的专利信息服务产品和服务内容。还可根据不同的服务对象、搜索习惯，设置适合用户使用的专利文献信息公布界面，对专利信息进行分类，提高专利信息服务工具的灵活性和产品的合理性等。❷ 深入挖掘企业实际工作中对于专利信息利用的需求或问题，参考《企业专利信息利用工作指南》，开展针对具体节点（例如，研发、技术转移转化、海外专利布局、海外参展、专利诉讼、产品进出口等）的专利信息利用工作。❸ 以此预测、分析客户对专利信息的潜在需求与未来需求，以便提供差异化、个性化的服务。

（六）专利信息的"移动"和"共享"运用

移动互联网技术的发展、共享经济的兴起以及智能终端的普及，对专利信息传播利用的方式带来了深刻影响。为了适应这一变革，河南省专利信息的传播利用，可以借助由其带来的虚拟化、即时性、交互性、便携化、个性化优势，对现有的专利信息利用体系进行升级换代和弯道超车。

1. 专利信息的移动运用方面

河南省有关部门、企业与知识产权中介服务机构可以采取以下措施：首先，对专利信息服务内容进行技术审查和深度梳理，将适用于移动服务的内容进行重新编辑，通过一定的编码技术，将其向移动模式转换；其次，建立手机短信平台和基于 WAP 的手机网络访问门户，重点开发基于 iOS 和 Android 等操作系统的应用客户端特殊的 APP 软件，尽快建成基于移动终端设备的专利信息检索系统、专利事务查询系统和专利信息服务系统，为用户提供一站式专利信息服务；最后，应注重专利信息服务过程与用户的互动，通过嵌入微博、用户论坛或网络社区等用户体验式服务形式，为服务机构与用户、用户与用户的即时交流学习提供平台，发布专利信息利用活动信息，根据用户在移动环境下的信息需求特征和用户使用移动信息服务的行为特征，

---

❶ 国家知识产权局办公室. 2018 年度全国专利信息传播利用工作计划 [R]. 国知办函办字 [2018] 384 号.

❷ 陈宇萍, 尹怡然. 浅谈泛珠三角区域专利信息服务存在的问题及发展思路 [J]. 广东科技, 2013（16）: 9.

❸ 国家知识产权局办公室. 2018 年度全国专利信息传播利用工作计划 [R]. 国知办函办字 [2018] 384 号.

建立用户个性化信息行为模型,通过个性化专利信息移动服务门户,提供个性化查询、收藏、定制服务,满足用户的个性化专利信息服务需求。如通过频道订阅或手机短信等方式,向用户推送其订阅的专利文献的费用催收信息、法律状态变更信息、被引用信息等。❶ 开展专业化、精准化的专利信息筛选推送服务,

2. 专利信息的共享运用方面

河南省可以借鉴共享经济的发展模式,建立开放式的专利信息数据平台,打造知识产权行业生态圈,政府部门、服务机构和用户将在生态圈作用下逐步形成互利共赢的和谐共生关系。基于开放平台产生的众多应用也将对政府的宏观管理和科学决策大有裨益。例如,优化的专利检索分析工具、专注细分领域的专利信息追踪、授权专利互动评价等应用,将有效促进总体专利质量的提升;建立数学模型分析专利转让许可等历史信息,可以对相关领域专利的价值评估提供参考,这一应用尤其可配置在专利展示交易平台上;接入微信、淘宝等大众移动应用,通过查询接口帮助消费者及时辨别商品专利信息真伪并实时举报,从而将打击专利侵权从集中行动式转为普及化、常态化;第三方服务机构获得企业在开放平台上的授权后,可实现对企业专利事务的托管或协助管理,特别是当专利数据开放平台整合电子申请系统、电子申请交互式平台、甚至专利审查系统数据后,具有代理资质的机构可以实现服务效果的极大提升。❷ 建议各级政府建立科技创新、经济运行与专利信息利用的关联政策,推动实现专利数据、科技情报、专业期刊、知识产权图书、报纸资讯、有关会议文献和研究报告的信息资源互联和共享。❸ 健全政府、行业协会、产业联盟、企业之间的联动机制,完善制度化、规范化、体系化的专利信息资源共享机制,强化专利信息运用和河南省科技自主创新、产业规划、知识产权战略制定、重点项目建设之间的对接,完善众创空间专利信息服务体系建设与工作评价,将专利信息资源对实体经济发展的强力支撑落到实处。

本章小结

专利信息作为一项战略性数据资源,具有重大的实践价值。通过强化专

---

❶ 张希. 移动阅读环境下的专利信息服务发展策略研究 [J]. 中国发明与专利, 2013 (4): 50.
❷ 于大伟. 对专利信息利用困境的思考及对策探析——以构建专利数据开放平台为视角 [J]. 知识产权, 2014 (7): 82-83.
❸ 刘菊芳, 马斌, 龚亚麟. 浅谈我国专利信息服务的发展形势与任务 [J]. 中国发明与专利, 2014 (9): 14.

利信息管理，利用专利信息战略，可以指导技术创新的选题和立项，提高研究开发效率，促成技术创新目标的实现。政府部门加强专利信息公共服务体系的建设，可以把专利信息利用作为发现倾向性问题、作出前瞻性决策、制定对应性政策的重要依据；企事业单位和中介机构加强专利信息利用的条件环境和能力建设，可以把专利信息利用作为了解竞争环境、获取竞争情报、客观科学决策、保护核心技术、避免侵权纠纷的重要手段，中介机构要把专利信息利用作为推动知识产权服务业发展的基础工作；科研人员加强专利信息利用的业务能力和素质建设，可以把专利信息利用作为吸收他人经验、找准研究方向、提升研发能力的有效途径。❶ 专利信息传播利用工作的顺利开展，需要专利信息管理部门、专利信息需求企业、知识产权中介服务机构与科研人员的科学、高效协作。

通过对河南省专利信息传播利用方式的创新进行深入研究，可以掌握、分析河南省各产业、行业、企业的专利状况和发展趋势，为发展壮大重点产业及战略性新兴产业技术创新和专利布局提供具有针对性、前瞻性的服务，提高专利信息服务于政府行政审议行为的水平，在专利行政执法、高新技术企业认定、自主创新产品认定和采购、政府性奖励和补贴、技术中心的评估预验收、重大项目的立项与验收等环节中充分利用专利信息。

新一代信息技术、大数据技术、移动终端技术的重大发展，都对专利信息服务带来了质的飞跃和新的机遇，加快推动了专利信息的开放共享和有效利用，为专利信息的传播利用带来了新的变革。主要表现为专利基础数据格式标准化与运用方式的便捷化、新技术催生专利信息服务模式创新、新技术对政府专利信息运用决策的优化等，特别是由于专利挖掘、专利规避设计、专利价值评估、竞争对手专利分析等基于用户价值的高端咨询服务需求和专利质押、专利证券化等专利商业化的新兴业态不断涌现，对河南省专利信息的传播利用的方式提出了新的挑战。然而，河南省仍存在专利信息服务主体重视程度不够、专利信息价值挖掘不充分、专利信息分析的科学性欠佳、专利信息供给的结构性失衡以及与应用需求相脱节等问题，对此，可以河南省专利信息服务体系的规范建构为出发点，建立涵括专利信息的类型、专利信息服务的主体与内容、专利信息分析的方法、专利信息特色数据库、专利信息服务的模式、专利信息运用的促进政策、专利信息服务规范的标准化和协

---

❶ 陈仲伯，肖雪葵，陈雅忱．区域性专利信息管理与利用研究——以湖南省为例［J］．经济地理，2012（3）：41．

同创新机制等内容的"一体化"的专利信息传播利用体系，并在此体系框架之下，适应新的科技变革对专利信息传播利用的深刻影响，在对专利信息进行价值评估和深度挖掘的基础上，通过专利信息的"量化"分析、本地化与特色化转换、智慧化建设、定制化加工和移动共享运用，以此提升河南省专利信息传播利用的可持续能力和效率。

  从根本上来说，河南省专利信息运用所表现出来的诸多问题，是专利信息服务主体思想重视程度不够、科技创新实力不强、专利信息运用体制机制不健全、高端引领人才缺乏的突出表现。因此，河南省专利信息运用能力的提升、与之相契合的专利运用体系的营造与传播利用方式的创新，必须与河南省创新驱动战略的强化实施，知识产权强省建设的深入开展，以及人才引智工程的统筹推进结合起来，积极发挥各级专利信息管理部门的核心作用，大力培育专利信息运用的商业化服务，科学配置专利信息资源，大力拓展专利信息运用的价值链与服务集群的知识集成度，以此构建河南省专利信息传播利用的完整生态系统。

第七章 国家自主创新示范区知识产权的协同创新

一、自创区知识产权协同创新研究的必要性与可行性

（一）研究的必要性——实证调查的引入

为了奠定研究的实证基础，本书选取不同地域、不同级别、不同行业，以及不同科技含量水平的郑洛新国家自主创新示范区企业，对其知识产权协同创新状况进行了调研，初步揭示了自创区企业知识产权协同创新中的现状与问题，这从另一个侧面，也说明了自创区知识产权协同创新研究的实践必要性。

（1）大多数企业都会实施知识产权协同创新活动，相对来说，企业自身对于知识产权协同创新还是相当重视的。在选择协同创新合作对象时，企业考虑的因素依次为研发团队的技术研发能力、研发团队产学研合作的经验、合作成本、合作单位知名度、地理位置。同时，企业对于知识产权协同创新的配套服务的需求还是非常强烈而多元的，依次为知识产权认证及价值评估、信息情报共享、中介服务、知识产权法律咨询服务、知识产权人才培养、培训。

（2）企业知识产权协同创新的内容，从单项指标来讲，占最大比例的是技术研发，其他依次为知识产权的创造、知识产权运营、知识产权信息共享和服务、知识产权人才培养、知识产权保护、知识产权管理。知识产权人才培养在企业知识产权协同创新中受重视的程度较低。企业知识产权协同创新经费在研发经费中所占的比例，也相对偏低。

（3）企业知识产权协同创新中，缺乏政府及有关部门所能提供的知识产

权协同创新政策、相关的制度供给、专门的协同创新平台，以及政府作为平等的创新主体参与的"政产学研用"规范化、制度化的长效协同创新机制，同时，虽然，企业认为中介服务机构在知识产权协同创新过程中，应当发挥更积极、更大的作用，然而，在企业知识产权协同创新实践中，中介服务机构显然没有满足这种期望，这可能影响后续知识产权运营价值的最大化。

（4）企业知识产权协同创新机制的牵头单位，基本上是以企业为主，作为统筹知识产权协同创新整体规划的政府及有关部门，则处于缺位状态。同时，作为政府与市场联结媒介的行业协会，在知识产权协同创新过程中，也没有发挥应有的作用。

（5）企业知识产权协同创新的对象，依次为科研院所、高校（也属于为企业技术支撑的参与体）、同类或相似生产企业、中介服务公司、同一产业链条上的企业，与政府部门的知识产权协同创新合作则处于缺失状态。企业确定知识产权协同创新对象的依据，较多地偏重于知识产权的创造的需要、知识产权的运用（既可以是适用于技术创新中，也可以是扩大知识产权经济价值的最大化）、企业生产经营的需要等硬实力的追求，对于知识产权管理、保护的需要、知识产权规划决策咨询需要、知识产权人才培养的需要等软实力的需求，则被相对忽视。

（6）企业实施知识产权协同创新的目的，依次为掌握行业或领域的技术发展前沿，获得强大的技术支持，利用高素质人力资源，开拓市场的需要，市场竞争与对手的压力，利用先进的专业设备资源，提升企业形象，培养人才需要，完成生产任务，申请政府经费，对于知识产权协同创新政策、法规、制度、机制等属于公共供给的项目，则相对缺乏参与的兴趣与动力。

（7）企业知识产权协同创新利益的分配机制比较简单，仅有产出利益分配模式、固定支付利益分配模式或者两者的结合，以及知识产权参股分配利益模式，但是对于知识产权的估值、产出利益的测算等前置性问题，没有进一步谈及。

（8）企业知识产权协同创新取得成效的主要体现，依次为解决了技术难题，加快了新产品研发，增强了产品竞争力，提高了生产效率，降低了生产成本；而知识产权创新制度、机制的完善和优化，企业协同创新能力的提升，却不在其选项上。

（9）大多数企业认为，企业知识产权协同创新工作机制的运行方式，主要应由企业自主、其他协同单位参与，接着是行业协会和政府牵头，而认为应由中介结构牵头的则没有。

（10）企业认为，协同创新能否取得成功的关键，依次为双方良好的合作基础、市场需求、双方合作的重视程度、市场环境、有明确的契约协议、政府的支持、其他方面等，而知识产权协同创新的政策法规、协同创新机制的优化，则没有谈到。

（11）企业知识产权协同创新机制，分为临时性、短期性和中长期性，其中属于中长期协作的较多，但其是以"任务"为计量单位的，且仅为完成特定或不特定的松散型任务，而缺乏对于知识产权协同创新的战略远景统筹与规划。

（12）在企业认为政府应为知识产权协同创新提供哪些服务的内容上，依此为知识产权信息服务、科技研发投入、建立信息服务平台、知识产权保护、健全工作体系、知识产权规划、发展知识中介服务机构，而对于知识产权协同创新的政策法规、运行制度的公共供给方面，则没有提到。

（13）在企业认为高校、科研机构应为知识产权协同创新提供哪些服务的内容上，依此为知识产权创造、知识产权人才培养、知识产权运用、知识产权规划、知识产权保护、知识产权决策咨询、知识产权管理；在企业认为中介服务机构应为知识产权协同创新提供哪些服务的内容上，依此为知识产权规划、知识产权保护、知识产权管理、知识产权人才培养、知识产权决策咨询、知识产权运用、知识产权创造、其他。从上述可以看出，企业对高校、科研机构、中介服务机构的服务期望方面，基本上是符合他们自身的职业或学科优势，以及其在协同创新过程中的角色分工以及定位的。

对上述调研结果分析可知，虽然自创区企业在实施知识产权协同创新的过程中，取得了一定成绩，但还是存在很多问题，例如缺乏作为核心地位的知识产权协同创新的政策法规规范与激励、协同创新过程中过于注重经济的效益、知识产权服务业的功能没有得到应有的发挥等，这些问题和风险，如果不妥善处理与改进，将影响自创区建设的长远发展，因此，对自创区知识产权协同创新情况进行研究，是十分必要的。

（二）研究的可行性——理论准备与实践支撑

自创区知识产权协同创新研究的可行性，包括两方面的内容：一是学界对于协同创新理论、知识产权协同创新，以及类似自创区范围内知识产权协同创新的研究成果或理论基础；二是自创区知识产权协同创新情况的实践支撑。两者为我们开展自创区范围内知识产权协同创新，提供了丰富的理论给养和实践经验，这就预示着进行自创区知识产权协同创新的可行性。

1. 理论准备

国外对于"协同创新"的研究范围已经拓展到了"区域"范围内的协同创新，并形成了点（企业）→线（产业）→面（政产学研用和区域）的研究格局。从国内看，协同创新体系的研究呈现四个明显倾向：一是研究协同创新影响要素，如企业、政府、政产学研、区域、技术、市场；二是讨论协同创新的方式方法，如路径、模式、机制；三是把要素及其运行机制联系起来，可将这些研究归结到"创新集群"这一领域；四是对协同创新能力或协同度的研究。[1] 尽管如此，国内从区域自创区的地域视角研究特定领域之协同创新的正面研究，还处于空白状态。然而，与此有关的其他研究成果虽然为后续深入思考协同创新奠定了良好基础，但仍有不足：一是前期研究多是片段、局部的讨论，无助于对协同创新的系统认识；二是研究多围绕创新主体展开，在彰显主体的同时弱化了对其他要素的思考；三是对"创新协同体系"要素的构成、要素与要素关系分析不够完整；四是提出的"协同创新体系"建设路径普适性太高、针对性不强；[2] 五是关于自创区知识产权协同创新的专题性研究缺失。然而，这些对于（自创区）协同创新的宝贵经验与积极探索，为我们下一步的研究提供了知识论和方法论的基础和指导。

而国内外对于"协同创新"之经济学与管理学上的研究，为知识产权协同创新的研究准备了基本的理论基础。有研究认为，"协同创新"是"协同"和"创新"的结合，在经济学与管理学意义上，两者都存有相对稳定的学术内涵。从已有的研究成果看，协同创新更像是一个具有中国特色的专有名词。国外的学者对于二者的分别研究较多，将二者合并在一起并对其概念进行界定的较少。

"协同创新"的前提是"协同"。"协同"的概念，最初滥觞于"复杂系统理论"中的重要分支——协同学理论，"协同"的初始词源来自希腊语，是指事物或系统在联系和发展过程中各要素之间有机结合，强调相互协作、配合和谐性和一致性。而最早研究协同理论的是德国著名的物理学家赫尔曼·哈肯。他认为，在任何系统中，各子系统之间，均依靠有调节、有目的的自组织过程，使不同的子系统协同作用，产生新的稳定有序的结构。事实上，

---

[1] 方茜，郑建国. 协同创新体系的结构特征及系统实现路径——基于解释结构模型 [J]. 经济学家，2015（12）：50.

[2] 方茜，郑建国. 协同创新体系的结构特征及系统实现路径——基于解释结构模型 [J]. 经济学家，2015（12）：51.

早在 20 世纪 60 年代，安索夫就首次提出了"1+1>2"这一最简练的协同概念。1971 年哈肯和格雷厄姆合作共同推介了协同学，他们认为，协同学立足揭示系统在外部参量驱动及内部子系统相互作用下，以自组织方式在宏观尺度上形成空间、时间或功能有序结构的条件、特点，以及从无序到有序演化的规律，以使系统形成协同效应。❶ 从此可以看出，协同的关键在于统合系统内各要素的合力，通过协同机制的串联与各要素的科学布排，加强、内化协同体内各单独要素之间的内在逻辑与内涵联结，进而形成超过原单个要素所具有的个别机能数学相加的新功能与新属性。

"协同创新"的关键与目的在于"创新"，"创新"最早属于经济学的范畴。早在 1912 年，美籍奥地利经济学家约瑟夫·熊彼特就提出了系统的经典创新理论。他将创新定义为："生产函数的变动"是在新的体系中引进一种生产要素或生产条件的组合。在他之后的世界上一些著名的经济学家继续探索创新理论，例如埃德温·斯菲尔德、莫尔顿·卡米恩和理查德·列文等，分别从技术推广、扩散和转移，以及技术创新与市场结构之间的关系对技术创新进行了深入系统地研究，从而形成了技术创新经济学派；兰斯·戴维斯和道格拉斯·诺斯等人，则研究了制度变革和企业经济效益之间的关系，将创新理论和制度有机结合在一起，提出了制度创新经济学的概念与理论体系。1962 年，伊诺思在其《石油加工业中的发明与创新》一文中首次从集合角度对创新下定义："技术创新是几种行为综合的结果，这些行为包括发明的选择、资本投入保证、组织建立、制订计划、招收工人和开辟市场等。而英国苏塞克斯大学的弗里曼在 1987 年的《技术和经济运行：来自日本的经验》中，提出了"国家创新体系"这一概念。他考察了日本"技术立国"政策和技术创新机制后认为，创新不仅是产学研三方合作的问题，更是一种国家行为。国内有学者认为，创新有三个方面的含义：一是原始创新；二是集成创新；三是引进消化吸收创新。❷ 而另一个学者认为，创新是一个由知识产生、发展，到不断转移进化，最终借助不同生产要素组合，在商业上实现其价值的复杂过程。❸ 可以看出，不同的学者对创新的定义也有所不同。结合已有研究，本书所说的创新是指人们为了发展的需要，运用已知的信息，不断突破常规，发现或产生某种新颖、独特的有社会价值或个人价值的新事物、新思

---

❶ 曹青林. 协同创新与高水平大学建设 [D]. 武汉：华中师范大学，2014：18.
❷ 方勇. 高等教育与创新型国家建设 [M]. 2 版. 重庆：西南师大出版社 2007：127-131.
❸ 张玉臣. 长三角区域协同创新研究 [M]. 北京：化学工业出版社，2009：4.

想的活动。创新的本质是突破,即突破旧的思维定式,旧的常规戒律。❶ 然而,此种情况下的"创新"更多的是经济学意义上的能够随之产生经济效益的技术创新,而不是"软体"意义上的制度创新或者技术创新成果法律化的知识产权创新。

2. 实践支撑

2016年,河南省委、省政府相继印发《郑洛新国家自主创新示范区建设实施方案》《关于加快推进郑洛新国家自主创新示范区建设的若干意见》,2018年,河南省人民政府出台《关于实施创新驱动提速增效工程的意见》,把自创区作为河南经济发展的重要抓手,着力推动郑洛新自创区的建设,取得了巨大成就。以郑州、洛阳、新乡3个国家高新区为核心的郑洛新国家自主创新示范区,通过开放合作、改革创新、人才集聚、协同发展,促进创新能力跨越式提升,撬动三城乃至中原城市群经济发展,外溢效应初现。一系列政策红利下,优势互补、错位发展、特色明显的产业格局正在逐渐形成。河南围绕三市产业发展重点,首批启动轨道交通装备、新能源汽车及动力电池、物联网及信息安全、智能装备等8个专项、29个课题。8个专项实施期内计划投资31.3亿元,带动研发投入18亿元,预计年新增销售收入118亿元,带动上下游产业年产值1050亿元。自创区的迅速发展需要政策、法律、财政、金融、科技、文化等多种社会资源的支撑,尤其需要知识产权制度的有力引领。但目前自创区知识产权运用、保护与管理均存在不同程度的问题,如知识产权意识不太强、知识产权转化率较低、知识产权保护比较薄弱,知识产权管理缺乏等。自创区知识产权协同创新好的经验与一些教训,为我们开展自创区知识产权协调创新研究,提供了较为全面的启示。

二、自创区知识产权协同创新的界定

自创区知识产权协同创新是一个多层次的概念范畴,可将其分为"协同创新—知识产权协同创新—自创区知识产权协同创新"三个层次进行界定。

(一) 内涵界定

1."协同创新"的含义

关于"协同创新"的概念,存有许多观点:

一是"活动或者过程说"的观点,例如,国内较早研究协同创新的学者

---

❶ 曹青林. 协同创新与高水平大学建设 [D]. 武汉: 华中师范大学, 2014: 19.

是严雄,他认为,协同创新是"大学、企业和科研院所三个基本主体投入各自的优势资源和科研能力,在政府、科研服务中介机构等相关主体的协同合作下,共同进行技术创新的协同创新活动";❶ 协同创新就是在大学、科研院所和政府以及企业系统配合下,通过协同合作来提高创新主体自身的创新能力,充分发挥各自的潜力,来更快更好地进行技术创新活动,产生"1+1+1+1>4"的多方共赢的协同创新效应。❷ 还有人认为,协同创新,是指不同创新主体以合作各方的共同利益为前提,以资源共享和优势互补为基础,通过创新要素的有机整合,经过复杂的非线性相互作用,产生单独要素所无法实现的整体协同效应的过程。❸

二是"组织模式说"的观点。例如,"协同创新是以知识增值为关键,企业、政府、高校、科研院所、非政府组织等主体之间,为了实现重大科技创新而开展的大跨度的创新组织模式。"❹ 协同创新是企业、政府、知识生产机构(大学和研究机构)、中介机构和用户等为实现重大科技创新而开展大跨度整合的创新组织模式。❺

三是"双层次或多层次说"的观点。有观点认为,协同创新,可分为微观和宏观两个层次。微观层次的协同创新,是指组织(企业)内部形成的知识(思想、专业技能、技术)共享机制,特点是参与者拥有共同目标、内在动力、直接沟通,依靠现代信息技术构建资源平台,进行多方位交流、多样化协作固;宏观层次的协同创新则,是指各方达成一般性资源共享协议,实现单个或若干项目合作,开展跨机构跨组织多项目协作,其目前主要运作形式就是产学研协同创新,是指企业、大学、科研院所(研究机构)三个基本主体投入各自的优势资源,发挥各自的能力,在政府、科技服务中介机构、金融机构等相关主体的协同支持下,共同进行技术开发的协同创新活动团,其实质是国家创新体系中知识创新体系与技术创新体系的结合与互动,是科技教育与经济的融合发展。❻ 有学者从微观角度出发,认为协同创新是不同创

---

❶ 严雄. 产学研协同创新 五大问题亟待破解 [N]. 中国高新技术产业导报,2007-03-19 (B06).
❷ 姜昱汐,胡晓庆,林莉,葛继平. 大学科技园协同创新中政产学研的作用及收益分析 [J]. 现代教育管理,2011 (8):34.
❸ 杜栋,胡慧玲. 着眼产业集聚和区域发展 建设产学研协同创新基地 [J]. 江南论坛,2013 (12):10.
❹ 马永坤. 协同创新理论模式及区域经济协同机制的建构 [J]. 华东经济管理,2013 (2):52.
❺ 陈劲,杨银娟. 协同创新的理论基础与内涵 [J]. 科学学研究,2012 (2):161.
❻ 周正,尹玲娜,蔡兵. 我国产学研协同创新动力机制研究 [J]. 软科学,2013 (7):52.

新主体之间为实现共同目标而相互配合、合作和进行资源整合，以发挥各自优势，获取外部性效应，使各种分散的作用在联合中的总效果优于单独效果之和，从而降低创新成本，提高创新绩效。❶ 还有学者认为，协同创新按实现途径的不同，可分为内部协同创新和外部协同创新两种。内部协同创新的主体是产业组织本身，其实现依赖于组织内在要素之间的互动；外部协同创新的实现主要取决于产业组织与其他相关主体之间的互动。显然，这是对产业组织为主导的协同创新的分类。外部协同创新分为横向协同创新和纵向协同创新，其中，横向协同创新，主要研究同一大类产业或项目中细分产业主体或项目主体间的协同，如产学研合作协同创新等；纵向协同创新，主要研究同一功能链不同环节上的主体间的协同等。❷

四是"准活动说或过程说"的观点。有观点认为，协同创新，是指在社会经济发展的驱动下，以开放式创新理念为指导，通过整合高校科研系统内外部的创新资源和要素，促进高校与产业部门之间在科学研究、教育、产业化等创新活动方面的深度合作，不断地推动知识生产、知识传播和知识转移之间的协同演化，以进一步有利于技术创新、人才培养、社会服务和产业发展。❸

分析以上关于"协同创新"的概念可知，经济学和管理学界一般将"协同创新"看作是一种组织形式，或者是科研主体之间的一种深层次合作的过程、活动，也就是，"协同创新"既在名词之"高档次组织体"的意义上适用，同时，其也在动词之"合作的过程或参与的活动"的意义上适用。鉴于本书研究对象——"知识产权协同创新"中创新形式的技术创新、制度创新、组织创新、机制创新的多重特质，笔者认为，应将"协同创新"的定义看作为涵括"活动、过程"与"新的组织形式"的理论范畴的综合。据此，可将"协同创新"界定为：各参与主体以知识的创造、转移、管理与增值为核心，汇聚各类知识创新系统内要素与外部资源，通过知识共享、风险共担、分工协作、功能互补及创新资源的集合运用，打破现实的制度桎梏、技术壁垒、僵化的工作机制，创造适应、符合市场需求与科技规律的创新产品、制度供给，探索崭新组织模式的大跨度动态整合活动或过程。

---

❶ 李祖超，梁春晓. 协同创新运行机制探析：基于高校创新主体的视角 [J]. 高等教育研究，2012（7）：81.

❷ 李祖超，梁春晓. 协同创新运行机制探析：基于高校创新主体的视角 [J]. 高等教育研究，2012（7）：82.

❸ 项杨雪. 基于知识三角的高校协同创新过程机理研究 [D]. 杭州：浙江大学，2013：18.

第七章 国家自主创新示范区知识产权的协同创新

2."知识产权协同创新"的含义

知识产权协同创新,顾名思义,就是各创新主体在知识产权方面进行的创新的一种知识共享活动、过程或者较为高级的政产学研创新组织模式。依照官方(原国家知识产权局局长田力普)❶的说法,知识产权与协同创新的关系,就是"知识产权既是协同创新的出发点,也是协同创新的落脚点,既是协同创新的基础,也是协同创新的衡量指标,进一步认识知识产权保护的重要性,大力实施国家知识产权战略,提高全社会创造、运用、保护和管理知识产权的意识和能力,对于提升我国协同创新能力至关重要。"知识产权能够从根本上激励协同创新主体的积极性。由法制权威的强势保护,协同创新主体可以从智力成果的发明创造中得到利益保障,也能从知识产权的交易中获益,进而把知识产权当作长期财富的积累加大投资,从而谋划更长远的经济活动。协同创新推动知识产权内涵、外延产生变化并在空间上使知识产权的调整范围得到延伸,推动传统知识产权制度的改变和发展。知识产权协同创新活动以一定的创新组织模式为依托,以知识产权(产品与服务)的创造、转移、应用与保护为核心,在一定的知识产权协同环境(包括企业战略环境、技术环境等)中,充分利用各种资源(资金、人力资源等),依据企业市场定位,选择合适的知识产权形式,达到激发知识产权产品与服务的创生、知识产权价值的最大化、知识产权资源的充分挖掘与运用、协调保护知识产权创新成果的目的。

3."自创区知识产权协同创新"的含义

依据官方定义,国家自主创新示范区是指经中华人民共和国国务院批准,在推进自主创新和高技术产业发展方面先行先试、探索经验、做出示范的区域。自此可以看出,自创区与一般的产业集聚区相比,除了产业特点是高技术、着重自主创新外,并无二致。自创区实际上是产业集聚区的升级版。由于研究产业集聚现象的学科众多,涉及经济学、区域经济学、地理经济学、管理学、社会学等众多学科,学科之间的融合不够,目前产业集聚研究缺乏统一的概念与研究范式。经济学、区域经济学一般多用"产业集聚"(industrial agglomeration)的概念;管理学科则多以"产业簇群或产业群簇"(industrial cluster)、"产业集群"(industrial cluster)、"产业群"(industrial cluster)等概念;而经济地理学科还有用"产业区"(industrial district)与"新

---

❶ 李玉璧,周永梅.协同创新战略中的知识产权共享及利益分配问题研究[J].开发研究,2013(4):146.

产业区"（new industrial district）、"区域集群"（regional cluster）、"产业综合体"（industrial complex）、"区域创新系统"（regional innovative system）等概念。尽管各学科所用概念名词不同，但基本都是指相关产业与机构在特定区域的集聚，既是企业与机构在特定区域的集中，又是产业在某一特定区域的集中，大量的集中形成网络，并集结成群。只不过管理学、经济地理学科所用的产业集群、产业区的概念可以是更加微观层面上的企业的"空间扎堆"，研究的视角可以扩展到地方社会制度、文化、技术创新与区域网络等宏观层面上的非物质联系；而经济学科则更加抽象和一般，研究的视角主要是集聚经济内在机制，强调企业间的物质联系，关心的是企业的成本与收益。虽然不同学科对集聚现象的关注各有侧重，但这些概念的含义大同小异，都从不同的侧面反映了产业集聚的地理特征、产业联系特征、经济外部性特征以及社会文化特征。❶ 本章对自创区的研究，就是从管理学与经济学的双重意义上进行的。

　　自创区是以高新技术主导产业为支撑，产业集聚特征明显，其基本内涵主要包括以下内容：一是企业（项目）集中布局。空间集聚是集聚区的基本表现形式。通过同类和相关联的企业、项目集中布局、集聚发展，为发展循环经济、污染集中治理、社会服务共享创造前提条件，降低成本，提高市场竞争力。二是产业集群发展。区内企业关联、产业集群发展是集聚区与传统工业园区、开发区的根本区别。通过产业链式发展、专业化分工协作，增强集群协同效应，实现二三产业融合发展，形成特色主导产业集群或专业园区。三是资源集约利用。促进节约集约发展、加快发展方式转变是集聚区的本质要求。按照"节约、集约、循环、生态"的发展理念，提高土地投资强度，促进资源高效利用，发展循环经济，为建设资源节约型、环境友好型发展模式提供示范。四是功能集合构建。推动产城一体、实现企业生产生活服务社会化是集聚区的功能特征。通过产业集聚促进人口集中，依托城市服务功能为产业发展、人口集中创造条件，实现基础设施共建共享，完善生产生活服务功能，提高产业支撑和人口聚集能力，实现产业发展与城市发展相互依托、相互促进。❷

　　从上述可以看出，自创区主要是一个"高技术产业的聚合"与"地理区

---

❶ 王洁. 产业集聚理论与应用的研究——创意产业集聚影响因素的研究［D］. 上海：同济大学，2007：8-9.

❷ 参见《河南省人民政府关于进一步促进自创区发展的指导意见（豫政〔2010〕34号）》。

域的集中"相结合的范畴,其一方面,具有物理意义上"硬实力"产业集聚的效应,即产业集聚内各个企业集聚在一起,分别从事生产和服务过程中的研发、制造、销售等不同环节,在产业集聚中完成自己独自所不能完成的任务,各企业通过集聚完成整个产业价值链的提升。产业链的上下游之间需要密切联系,各企业之间相互依赖、相互协调、相互补充,同时实现资源共享,更好地适应市场,满足多样化需求,实现利益共存的一体化发展,显而易见,这离不开政产学研之间科技协同创新所提供的支持。而且产业越是知识密集、信息变化越快、技术越未定型,产业集聚效应就越明显,形成外部规模经济和范围经济固。❶ 同时,还要发挥自创区"软实力、软环境"之技术、制度、机制等的协同创新。现代知识产权制度作为自创区发展的粘结剂和推进器,以知识产权为引领开展自创区范围内的协同创新,是提高产业集聚效率、发挥产业集群优势的必然要求和现实需要。

(二) 关系界定

1. 协同创新和产学研合作创新的关系

协同创新是产学研合作创新的高阶形态,在经历了独立创新到集成创新、合作创新、开放创新、协作创新等多主体创新形式的演化之后,具有了自己的特征。与传统意义上的产学研合作相比较,协同创新是一种更加复杂的创新组织形式,协同创新的关键,就是形成以企业、大学、研究机构为核心要素,以政府主管部门、金融机构、中介服务机构等组织为辅助要素的多元主体协同互动的网络化创新模式,通过资源整合和深入合作演化出"联合创新网络"。❷ 协同创新是对产学研合作创新的进一步深化,但是,产学研合作与"政产学研用"协同创新是不同时期产生于不同背景之下的两种创新范式,它们在理论基础、参与主体、核心特征、目标追求、实施范围以及关键环节等方面均存在着比较大的差别。协同创新作为一种由隶属于不同领域、不同部门和不同机构的多元异质行动者本着资源共享、优势互补原则而组建的混成组织,其功能的发挥必须以共同的目标愿景为前提。所以开展协同创新的首要任务就是围绕国家和地区重大战略需求,凝练主题方向,通过契约关系或者产权关系来引导协同成员朝着共同目标而奋斗。协同创新的目的不仅仅在于攻克技术难题、产出重大研究成果、培养创新人才,同时也要进行管理创

---

❶ 马方,王铁山,郭得力,毛凤霞.中国服务外包产业集聚与协同创新研究——以软件与信息服务外包业为例 [J]. 经济问题探索,2012 (7):65-66.

❷ 陈劲. 协同创新 [M]. 杭州:浙江大学出版社,2012:12-13.

新、体制创新，充分释放人才、知识、信息、资本等要素活力，形成一整套完备的长效机制，超越以往解决具体问题的产学研结合或者联合攻关（如图7-1所示）。❶ 由此可以看出，协同创新的法律纽带或者说其创新成果的法律展现，就是知识产权制度的当然内容，协同创新的涵括范围也不仅仅囿于技术创新的协同，而是汇聚管理、制度、机制创新的多元创新体系。

	产学研合作	协同创新
产生时间	19世纪末20世纪初	21世纪
创始人	赫尔曼·施奈德	彼得·葛洛
产生原因	社会分工不同、资源禀赋差异	资源分散且封闭、创新效率低下、创新能力不足
理论基础	分工理论、系统理论	协同学理论、系统理论、创新网络理论
参与主体	企业、高等学校和科研院所	政府管理部门、产业界、学术界、金融界、社会组织
核心特征	多主体多目标	多个主体、一个或多个共同的目标
目标追求	经济效益、社会效益	协同效应、放大效应
实施范围	创新链内部	创新集群、创新战略联盟、创新体系
关键环节	优势互补、供需对接	寻找各创新主体的共同的目标、价值和利益均衡点

图7-1 产学研合作与协同创新的主要区别

资料来源：潘锡杨. 高校协同创新机制与风险研究 [D]. 南京：东南大学，2015：48.

2. 知识产权和协同创新的关系

协同创新紧密围绕我国科技、经济和社会发展中的重大战略需求，对国家重大战略性需求、科技领域的尖端技术以及关乎国计民生的重大公益性问题进行重点研究和解决。协同创新过程中，协同创新主体提供大量知识、技术和信息资源，在此基础上进一步研发出高尖端的新技术和新知识。知识产权所代表的是新技术和新知识，所以，协同创新可以产生知识产权。❷ 从协同创新的经济诱因以及协同创新体系建立的目标来说，协同创新的过程就是知识产权的创造与运用过程。"协同"与"创新"的目的，就是为了获取能够体现知识价值的知识产权，然而，知识产权本身具有的地域性、专属性与经济属性，使得其与知识的协同存在天然的"反叛基因"，两者之间既有共同的目标远景，又存在现实的内在冲突。

知识产权与协同创新之间存在内在的冲突。协同创新不仅是一种管理创

---

❶ 潘锡杨. 高校协同创新机制与风险研究 [D]. 南京：东南大学，2015：50.
❷ 张丽娜，谭章禄. 协同创新与知识产权的冲突分析 [J]. 科技管理研究，2013（6）：164.

第七章　国家自主创新示范区知识产权的协同创新

新,更是一种创造性活动,其创新的结果不仅会创造知识产权的崭新形式与类型,同时基于科技创新的流变特性,其也会运用已有的知识产权作为创新的知识铺垫,以在更高层次上推进知识创新向深入发展。知识产权制度作为科技创新成果的法律化表征以及拟制的权利物权,是通过权利人对于知识成果的独占与专有,获得前期创新的投入进而发挥其科技潜力和实现其经济价值,而协同创新过程中的主体协同、创新目标协同、创新机制协同等,同时,又要求尽可能地进行开放式的创新并且增加知识的流通、运用与知识共享。知识产权与协同创新之间的内在逻辑冲突,使得科学、合理地协调两者关系以最大限度地发挥"1+1>2"的协同效果,变得重要而且必须。

目前,协同创新和知识产权的这种对立,对于当下知识产权的协同创新催生了截然相反的论调,一方面,有人认为,网络环境下应该尽可能地增加知识的流动来产生社会效益,知识产权应该要弱化,甚至要取消知识产权存在的必要性;另一方面,有人认为,网络社会的扁平化特征和互联网的知识共享追求,对知识产品的保护带来了很大的冲击,互联网时代需要强化知识产权的专有性、地域性与时间性,应该限制知识协同创新的适用范围。

另外,基于知识产权协同创新在我国科技创新战略中的重要地位,协同创新之发展方向的选择、创新课题的前沿性以及由此衍生的科技辐射能力,其都是紧密围绕我国科技、经济和社会发展中的重大战略需求,对国家重大战略性需求、科技领域的尖端技术以及关乎国计民生的重大公益性问题进行重点研究,并通过现代知识产权制度予以保障期良性运行的。因此,其对经过各方的知识协同、组织协同、机制协同等知识共享和合作,具有更高的要求,由此创造的知识产品的权利归属、处分收益等情况,以及可能产生的知识产权"公地困境"与知识溢出问题,以及不同创新主体间充分的知识共享和转移,会使私有知识向非私有知识转化,导致知识产权被他人免费使用、模仿或窃取,知识产权权利主体丧失对知识产权的独占性和排他性,都有可能影响到协同创新活动的顺利开展与高效运行,由于协同各方在协同创新中投入的主要是知识、技术和信息资源等无形资产,难以作价计量,所以,很难清晰地在创新主体间就实施知识产权的权利界限、收益问题进行清晰的界定与合理的分配。因此,协同创新与知识产权是作为冲突共同体而存在的,能否对知识产权进行有效保护与合理归属直接影响协同主体能否稳定、高效地进行创新。❶

---

❶ 颜敏. 产业集群中协同创新和知识产权的关系研究 [J]. 现代情报, 2014 (9): 72.

知识产权和协同创新表面上的对立让人容易忽视两者本质的一致性。❶ 知识产权与协同创新的一致性表现为两者之间的需求互动关系、目标一致关系和相互促进关系。

协同创新要求在协同主体间进行知识资源的大跨度、全方位整合，其重点是获取或创造知识产权资源。协同各方投入各自的知识资源，并在协同环境下通过信息交流、知识共享、思想碰撞，整合和创造出符合企业需求的新知识产权资源。因此，没有各方对于知识产品、成果转化、产业推动、效益追求等不同领域需求的交集，知识产权协同创新也就不可能发生。同时，协同创新具有比一般合作模式更强大的战略、组织、文化协同，能为知识产权合作提供更加坚实的平台支撑和保障，从而在更大程度上提高知识产权合作的效率。所以，知识产权合作需要依附协同创新的活动载体及过程来完成，二者之间存在紧密的需求互动关系。

在协同创新中，各主体通过整合各自优势资源（尤其是知识资源）进行技术合作研发。通过互补性资源的融合、协同和优化，形成协同链整体知识存量优势，并为协同链带来整体竞争优势和各主体的共同利益。知识优势的形成是企业、高校及科研院所合作共赢长效机制建立的前提条件，也是组建协同创新联盟的主要目标。而知识产权协同的理想路径则是经由知识匹配、伙伴匹配、知识整合、知识创造等环节，最终形成知识优势的。协同创新机制的引入有助于知识产权合作终极目标的实现。因此，协同创新与知识产权合作二者的最终目标是一致的，即均致力于形成企业的知识竞争优势。

协同创新对知识产权合作具有拉动效应。其战略要素协同、组织要素协同和文化要素协同分别可为知识产权合作提供方向性指导、组织保障和价值观支撑。上述各要素的协同度越高，则越能营造出一个良好的知识产权合作氛围，也越易实现"知识整合、知识创造、知识优势形成"的有效合作发展链条。而较好的协同创新绩效则有利于营造出融洽的知识产权合作氛围，可为新一轮更高起点的知识产权合作提供契机。因此协同创新对知识产权合作的正向拉动效应十分明显。

与此同时，知识产权合作对协同创新又具有推动作用。协同创新的成功与否很大程度上依赖于其知识产权合作中各方优势知识的互补程度和知识创造效率。同时，较好的知识产权合作绩效会提高协同主体间关系的默契度，

---

❶ 颜敏. 产业集群中协同创新和知识产权的关系研究 [J]. 现代情报，2014（9）：73.

第七章 国家自主创新示范区知识产权的协同创新

使协同关系得以延续,并为下一轮协同创新打下更加坚实的知识基础。❶

知识产权与协同创新的关系可通过图7-2的模型进行直观地展现:

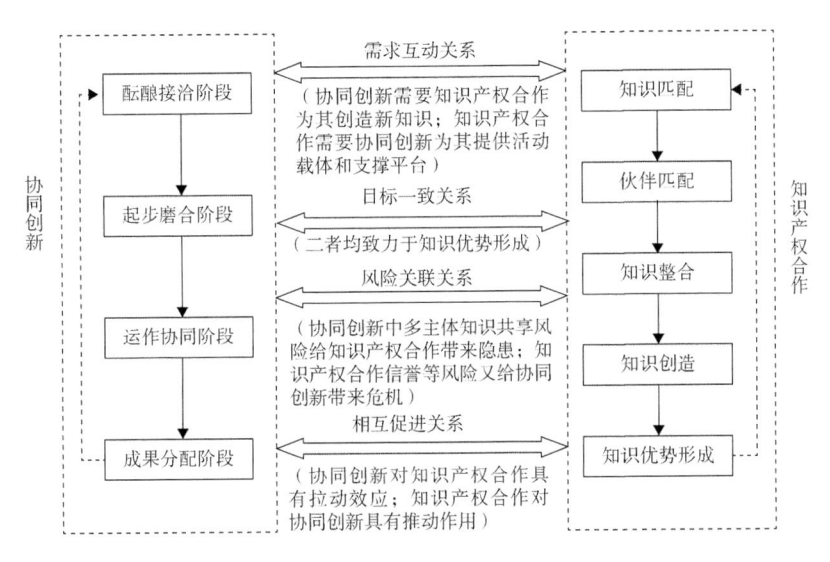

图7-2 协同创新与知识产权合作的关系模型

资料来源:罗群燕,李朝明.协同创新与知识产权合作的关系研究[J].现代情报,2015(9):47.

3. 自创区与知识产权协同创新的关系

自创区是一种将在生产运作方面有相互关联的资源密集型、知识密集型、技术密集型等企业或组织在地理位置上聚合在一起的产业形式。自创区具有地理集中性、中间组织性、相互关联性、地区根植性和相互平等性,因此自创区知识整合具有专业化、分散性、合作竞争性和互惠共生性等特征。❷ 本节对于"自创区知识产权协同创新"的研究,将分层次进行论述,即"自创区与协同创新","知识产权与产业集聚","自创区范围内的知识产权协同创新"。

一方面,自创区产业集聚为协同创新提供物质载体与发展平台。自创区产业集聚客观上为不同产业、不同学科、不同企业之间的协同与合作提供了物质载体与发展平台,交叉融合、集聚发展成为科技创新和产业发展新的增长点。自创区内的协同创新,可以实现如下目的。

一是提高系统的资源利用效率。以往科技活动的参与者都不肯轻易与他

---

❶ 罗群燕,李朝明.协同创新与知识产权合作的关系研究[J].现代情报,2015(9):47-48.
❷ 赵永强.知识整合视角下的我国自创区发展路径研究[J].学术论坛,2014(5):50-51.

159

人共享资源,而通过产业集聚容易实现企业内外部资源的有机结合,通过协同创新容易形成共同知识背景、管理模式和机会观念。一方面,通过协同创新可以把各种创新资源吸引到创新体系中,并通过有效整合和优化系统内制度安排,加大科技资源整合力度,降低协调合作难度,使创新合作者更容易参与到创新活动中,使创新资源更集中。另一方面,由于自创区范围内地理的相近与产业关联,通过自创区内创新主体之间的良性竞争机制,不断激活整个创新体系,降低交易成本,减少系统内的效率损失,实现科技力量的有效协同。

二是提高系统的技术溢出效应。协同创新机制不仅帮助实现诸多高科技领域的创新,以较低成本实现有形资源的交换与组合,还能激活各领域的创新基因,突破原有学科框架,将创新引向学科边缘、交叉地带。不但使协同的学科、产业、企业等不同领域之间高效地实现隐性知识和技术等无形资源的传递、交换、组合、优化配置、积累,实现充分共享,还间接利用更多的非自有资源,拓展优化配置资源的边界和效率。这不但推动了学科领域的拓展,也催生了新的前沿科技知识和产业形态。如果这一切都在自创区的范围内能完成和实现,那么,就可以大幅提高自创区的协同效应,而且,在特定自创区的周边地域,还可以形成由此衍生的上下游产业与完整的产业供应链。协同创新成果的溢出效应,就得到了更充分地发挥。❶

三是提高系统的创新效率。产业集聚使得相关相近产业的地理分布相对集中,原本分散的价值链被相对集中到邻近的地理区域内。首先,要建立起产业集聚内的创新成员间双向信任机制和依赖关系,成员间通过协调性的集体学习过程,不但促进了协同成员自身能力的提高,使得网络内企业的创新活动远较于其他单个创新主体更为活跃高效,降低协同成员重复创新的损失,而且形成创新知识的协同效应。由于重大科技产业和研究项目具有投资强度大、多学科交叉、实验设备昂贵复杂等特点,集聚内企业互相联合,围绕总体研究目标,有组织、有分工、有协作开展研究。创新成员间及时互通有无、密切联系,构建资源和成果共享共用的机制。因此要吸引多个企业、政府、高校以及科研机构共同参与,尤其是探索政府如何提供公共创新平台,企业如何与集聚周围高水平大学、科研机构建立实体性合作平台。基于产业集聚的协同创新机制有利于集聚内创新资源的整合和有效配置,以及创新成员间

---

❶ 马方,王铁山,郭得力,毛凤霞. 中国服务外包产业集聚与协同创新研究——以软件与信息服务外包业为例[J]. 经济问题探索,2012(7):67.

的协作，明显提高创新绩效并成为竞争优势之源。[1]

笔者认为，自创区协同创新，就是指在一定的地域空间范围内，围绕特定产业，通过规划引导和政策扶持等手段，有效集聚相关创新资源，以创新集聚带动产业集聚，促进创新要素和产业要素实现无缝衔接，打造产业特色鲜明、规模集聚明显、产学研合作紧密、科技服务体系完善、产业竞争优势显著的创新要素和产业要素集聚区，其核心为围绕目标产业差别化集聚科技创新资源，错位发展，探索政产学研协同创新模式，以更好地发挥自创区的创新汇聚功能。[2]

另一方面，协同创新是自创区产业集聚的内核。协同创新不是创新要素的大拼盘，而是构筑基于科技合作和成果商业化、产业提升的协同创新系统，促使技术的集成、转化和价值实现。对于集聚区来说，创新就是"神经网络"，任何技术创新，都能快速移植、嫁接、溢出到上下游和同行业，使个体创新演变成集群创新，促进跟随创新、融合创新、持续创新、系统创新。关键是"创新源"从哪来，创新链与产业链是否协同，创新联盟是否紧密，是否形成利益共同体？有的知名高校院所周边并未形成产业集群，说明仅有研究机构还不够；有的产业集群毗邻大学发展势头却不快，说明高校和集聚区地理相近并非充要条件。从境外产业集聚路径看，关键是知识中心、技术中心、创新中心快速实现市场转化的机制。创新主体不光要发生"物理反应"，更要发生"化学反应"。[3] 所以，要加强基于产业集聚的"官产学研用"的跨界合作、跨领域研发、跨学科协同创新，以切实发挥自创区的龙头带动与产业辐射功能。

第三方面，知识产权是自创区产业集群协同发展的粘合剂与倍增器。知识产权协同机制加速产业集群的知识创新。产业集群是工业全球化发展到一定程度的必然结果，它强调企业通过专业化的分工来优化资源配置，企业间相互协同来降低创新成本。经过多年的发展，河南省内的自创区虽然取得了很大成绩，但一部分自创区大都只是完成了企业空间上的堆积，在产业集聚的内涵式发展、协同性推进方面仍存在不足，例如，整体上缺少规划和引导，导致产业结构趋同，产业链不完备，资源浪费严重，企业核心技术含量低，

---

[1] 马方，王铁山，郭得力，毛凤霞. 中国服务外包产业集聚与协同创新研究——以软件与信息服务外包业为例 [J]. 经济问题探索，2012（7）：67-68.

[2] 杜栋，胡慧玲. 着眼产业集聚和区域发展 建设产学研协同创新基地 [J]. 江南论坛，2013（12）：10.

[3] 李魁. 自创区建设关键在于做强内核 [J]. 政策瞭望，2014（7）：39.

没有特色经济,以及各自创区间的合作匮乏等。已有的研究表明,产业集群更加有利于企业开展知识的创新与发展的协同,企业通过知识产权协同创新,可以促进主体内部动力的作用,鼓励企业在产品设计、生产制造等环节自主创新,扩大创新空间,缩短创新周期,形成企业自己的核心竞争力。

知识产权管理促进产业集群经济增长。信息化时代,知识产权是产业集群发展的重要生产要素,知识产权与其他有形的财产一样,推动着社会经济的发展,是集群经济中非常重要的一部分。知识产权作为一种无形的财产权,无法单独发挥作用,只要当它跟其他资本、技术等生产要素相互融合时,才能发挥其整合的功能。因此,知识产权是推进产业集群发展最为有效的一种制度,取得大量知识产权的企业可以带动其他企业去开发自己的核心知识产权,进而建立整个产业集群的创新文化,使集群充满创造力,进而推动自创区经济效益的提高。❶

三、自创区知识产权协同创新体系的构造

(一) 自创区知识产权协同创新的内容

自创区知识产权协同创新的要素主要包括:知识产权的类型(包括专利权、著作权及其邻接权、商标权、商业秘密权、植物新品种权、集成电路布图设计权、域名权、数据库特别权利等)、协同主体(包括政府、企业、科研院所、高等院校、中介服务组织等)、协同目标、协同内容、创新环境。自创区知识产权协同创新是多个要素的协作与整合,包括科技创新的协同、创新主体的协同、创新目标的协同、制度机制的协同、创新环境的协同❷与创新成果保护的协同、知识产权政策(战略、管理)的协同。

(1) 知识产权的协同创新,首要的是科技创新的协同。知识产权的协同创新的本质是政产学研的科技发明的合作创新的深化、优化与强化。其进行知识知识产权创新的目的,是为了促进科技的进步与产业层次的提升,知识产权之软科学的推进是科技硬实力提升的助推与助力,而且知识产权的实质就是科技产出的法治化保障,虽然,知识产权制度的发展可以方向推进科技创新的深入发展与升级,但科技创新与知识产权的"本末顺位"的科技认识观,必须坚持。协同创新体系构建初始即以"产学研"的科研产出、成果追求为基本导向,辅以政府、中介机构,形成内部专业化分工和协作的有效协

---

❶ 颜敏. 产业集群中协同创新和知识产权的关系研究 [J]. 现代情报,2014 (9): 72-73.
❷ 卢鹏好. 基于知识共享的产学研协同创新研究 [D]. 郑州: 郑州大学,2014: 11-13.

同创新组织形式。协同创新模式下的技术创新打破了现有创新链与产业链分割的局面,它不仅致力于满足个别企业的技术创新,而且能够助力国家创新体系的战略层面。科学技术之自然属性的无限性和知识管理运营所产生的利益获取,为知识产权协同创新的向纵深发展,提供了源源不绝的动力与协同发展的广阔前景。紧密型的协同创新还要求适应和满足科技市场的需求和用户的反馈,以科技为基础、以市场为导向的协同组织,不仅保证了技术创新成果的商品化、产业化,而且在技术成果转化渠道的搜寻上降低了成本,减少了风险。❶

(2) 主体协同,是知识产权协同创新的关键。过去人们在研究一般性的产学研合作创新时,往往是仅将其局限于企业、大学和研究机构三方之间的技术方面的创新活动。然而,涵括"政产学研用"的知识产权协同创新不仅仅限于各个主体内部元素的互动,它更加强调主体的内外部因素的协同作用,其并不是"政、产、学、研、用"五方面的简单结合,而是要有多个主体共同介入,而且通过体系化、制度化、机制化的知识产权合作、专利池的聚合、知识产权联盟等的构建与建设,从而提高各创新主体合作的效益和质量,以发挥"1+1>2"的协同效果。因此,知识产权协同不仅要求企业、大学、科研机构要积极投入各自的优势力量,同时也要求政府、科技中介服务结构、金融机构和其他相关主体的协同支持。当然,各创新主体之间的协同,必须通过有关的知识产权协同创新章程,制度化、机制化的深层次、宽领域的可预期的科学的合作机制予以保障,而不仅仅是临时需求型的商业合作。

(3) 目标协同,是知识产权协同创新的前提。不同的主体在知识产权协同创新中有着不同的价值诉求与利益考量。企业以盈利为目的,并希望充分利用高校和科研机构的科研成果和人才资源,促进产品开发和科技成果转化以提高产品效益。大学和科研机构以培养人才、创造知识为目的,希望通过协同创新提升科技成果的经济效益和社会效益,从而有益于人才的培养,获得更多的社会支持。政府则从益于社会经济发展的角度,通过协同创新来实现经济发展与科技创新的对接,提高国家自主创新能力,加快建设创新型国家。因此,如何找到一个利益结合点,协调各方主体的利益诉求,用共同目标来驱动各方主体的创新动力,消除主体间协同的阻碍,是实现知识产权协同创新的前提。

(4) 制度、机制的协同,是知识产权协同创新的核心。就本质而言,知

---

❶ 俞风雷. 高校协同创新与知识产权保护机制研究 [J]. 中国青年研究,2015 (7):103.

识产权协同创新是一种知识产权管理体制、管理方式的创新。政产学研用协同过程中各方的利益边界、责任范围、融资渠道等都需要有明确界定,建立健全相应的法律、法规体系与政策引导机制,是保护产学研各方的利益,激发各方协同创新动力的保障。这些促进知识产权法律法规体系与政策系统,主要包括各创新主体之间的机制化长效合作机制、知识产权权属与收益的归属与分配制度、知识产权成果的转移机制和运营细则、知识产权保护中各方主体的权利义务等。知识产权协同创新是一种新的合作模式与创新活动,需要新的体制、机制与制度的协同,以消融横亘在各创新主体之间阻碍其创新的体制障碍、机制桎梏与政策瓶颈,在创新主体之间寻求平衡点,用制度来引导和规范创新主体的行为,确立长效的合作机制。

(5)环境协同是产学研协同创新的有力支撑。在知识产权协同创新中,除了主体、目标和制度的协同之外,相关的政策、金融、税制、科技中介服务等外部环境的协同,也是促进协同创新得以顺利实现的有力支撑。现代知识产权协同创新是汇聚各方资源、凝聚各方力量的复合型创新方式与组织模式,各创新主体所处的政策法规体系、科研基础、科技硬实力、金融支撑载体、协同平台,都是促进知识产权协同创新的重要资源要素与努力的方向。

(6)创新成果保护的协同,是知识产权协同创新顺利进行的保证。知识产权视角下,协同创新知识共享过程就是以产权保护形式存在的知识获取、转移与共享过程。知识产权协同创新的结果之一是知识产品——知识产权资源的创造,异质主体知识的外部属性主要体现在协同创新知识共享中主体私有知识产权会突破产权边界限制进行扩散。对协同创新知识共享而言,需要异质主体投入核心知识产权,然而核心知识产权的外溢对于异质主体无疑是一种经济损害。再加上协同创新中易出现机会主义行为以及发生信任危机,更增加异质主体共享范围外的知识产权被窃取的风险。[1] 而且,各协同创新主体之间如果由于权力归属、权利义务、收益分配等原因出现的不明确或不完善,也会导致知识产权资源的不当使用与违法侵权情况的发生。因此,通过自我约束、契约规范、法律规范等多元保护手段,以协调各方主体的知识产权权益,防止知识产权资源的外溢与滥用,也属于知识产权协同创新中的一项重要内容。

(7)知识产权政策(战略、管理)的协同,是构建知识产权协同创新长

---

[1] 邢青松,上官登伟,梁学栋,邓富民,王永锋. 考虑知识多维属性特征的协同创新知识共享及治理模式[J]. 软科学,2016(2):51.

效机制的指引。在政产学研用创新主体中，政府制定有涵盖范围最广、类型繁多的知识产权政策与法律法规，而企业、高校、科研机构基于自身对于经济效益的追逐、科研能力的提升或者社会需求满足等原因，相应地，绝大多数也会设立知识知识产权管理机构、制定符合彼时需要的知识产权发展战略或管理要则。在知识产权协同创新过程中，为了达成共同的知识产权发展目标，各方在知识产权政策（战略、管理细则）的制定、阶段性任务的分配、具体措施的实施步骤等方面，必须注重政策内容、管理措施的协调配合、步调上的协同与目标任务的衔接，以免出现协同组织体内的内耗与正向作用的抵消，以致影响知识产权协同创新的绩效。

（二）自创区知识产权协同创新系统及其构成要素[1]

1. 知识产权协同创新的顶层政策与制度

产业集聚范围内的知识产权协同创新不能完全依赖市场的自发形成，必须通过政府的政策支撑与重大协同创新制度的顶层设计，这些知识产权协同创新政策与制度的统筹制定与协调，形成了推进知识产权协同创新向深度发展与融合的政策与制度框架。

2. 协同项目的领导（机构）

即该协同系统需要有组织、有领导、有管理、有制度、有体系、有规章、有规划。企业知识产权协同管理工作基础体系成型后，还应根据知识产权创造、保护、运用等方面规律，调整管理重点与优化管理方式，促进知识产权协同系统不断完善与优化。

3. 有关研发人员、管理人员参与及相应的组织机构

无论专门成立协同管理机构还是或由其他部门代办具体事务，有关人员参与及组织机构的形成是整个协同管理工作开展的基础和平台，是知识产权协同系统的重要要素之一。

4. 各协同主体知识产权基础管理体系

包含知识产权制度、知识产权组织结构、领导、流程、人员、经费等的"六有"：有领导分管、有组织机构、有管理制度、有工作人员、有专项经费、有知识产权资源。

5. 合意创新合作伙伴的配合

在知识产权目标愿景的感召、吸引下，具有胜任力的合意创新伙伴积极

---

[1] 黄国群. 系统调控视角的知识产权协同管理研究［J］. 现代管理科学，2014（10）：75-76.

配合，是构建知识产权协同管理系统的基础要素之一。

6. 协商基础上创制的组织间知识产权合作规则

组织间知识产权合作涉及投入、归属、共享、转让和许可、保护和传播等多方面的知识产权规则问题。创新各方需要在协商基础上，创制既满足包括知识产权法、竞争法在内各种法律要求，又能符合各方实际情况的相关知识产权规则。在实践中，合作双方基于各种关系，在法律框架下，就知识产权投入、归属、共享、转让和许可、保护和传播等有一定的协商余地。

7. 目标体系及其实施方案

包括知识产权愿景、总体协同目标、阶段协同目标等在内的目标体系是协同管理系统重要构成要素。当然各种目标顺利实施，还需要具体的实施方案。

8. 知识产权协同创新支持系统

知识产权协同创新的顺利、高效开展，离不开相应的基于产业集聚的知识产权协同创新公共服务平台、各协同体内部知识产权管理平台、协同创新绩效评价体系，以及知识产权质押融资系统、知识产权价值评估体系等系统的支持，因此，这些基于产业集聚的知识产权协同创新辅助系统，也成为知识产权协同创新系统的当然要素之一。

(三) 自创区知识产权协同创新模式与协同机制

自创区知识产权协同创新模式，包括内部创新模式与外部创新模式。

1. 自创区知识产权内部协同创新模式

自创区知识产权内部协同创新模式是指自创区内企业与顾客、供应商和竞争对手之间的协同创新。企业与供应商和顾客协同创新，即纵向协同创新。自创区内企业和顾客、供应商与竞争对手的知识产权协同创新，主要表现为企业通过与客户协同不仅能从客户那里获取有关客户偏好和需求信息，还能识别技术发展的市场机会，以便企业根据客户的需求，改善产品研发流程，提高企业生产的针对性，确定未来需要掌握与创造的知识产权信息的内容与种类；企业与供应商知识产权协同，可以从供应商那里间接获取供应商和客户需求信息和知识，在与供应商进行知识产权谈判时，还有可能掌握供应商的知识产权资源基础，企业还从供应商那里认识到潜在的技术问题和现存的技术困境，以及其所供应的商品的知识产权问题与下一步合作的潜力与价值；与竞争对手协同创新，即横向的协同创新。企业与竞争对手的协同创新主要体现在企业从竞争对手那里获取有关竞争对手的管理工具或实践方法、知识产品或服务信息，企业与有能力的竞争对手通过分享知识产权资源，共享创新资源并优化配置，减少资源浪费，减少创新的时间和风险，甚至还能从竞争对手的问题或失误中汲取教训。[1]

2. 自创区知识产权外部协同创新模式

自创区知识产权外部协同创新模式主要是指自创区内企业、园区管理机构与区域外的政府机关、高校、科研机构、知识产权服务机构之间的临时与中长期的协同创新。大学和科研机构为企业技术创新提供各种资源的供给和支持。大学和研究机构是新技术发明的重要来源和科学知识传播的重要中心，在技术创新体系中承担着提供知识源的任务。大学和科研机构也在为企业研发提供技术和资源过程中间接地参与知识产权协同创新活动，并以经济社会发展需要为创新目标，以人力资源培养为纽带为企业输送大量的知识产权人才。政府的任务是构建围绕创新的多部门协同创新体系，为知识产权协同创新提供知识产权政策、知识产权管理制度、运行机制的供给，运用自己掌握的知识产权协同创新政策庞大的科技资源为企业创新活动营造良好的创新生态，从研发资金投入、科技人员激励、知识产权保护、行业管制等方面对支持企业创新。同时，政府通过采购增加对企业尤其是民营企业和中小企业自主创新的支持力度，推动创新要素渗透进经济活动中。专利代理机构、知识产权融资机构与平台、知识产权公共服务平台、知识产权运营公司等知识产权服务机构，也为企业创新提供资金支持、信息咨询、知识产权专项支持等服务，与自创区内企业共同构成了完整的创新生态。[2]

自创区知识产权的协同创新必须依托一定的协同机制，一般而言，这些协同创新机制，主要包括知识产权协同创新的行政机制、组织机制、合作机制[3]，以及协同创新知识产权管理机制[4]、知识产权评估机制[5]、协同创新的

---

[1] 马方，王铁山，郭得力，毛凤霞. 中国服务外包产业集聚与协同创新研究——以软件与信息服务外包业为例 [J]. 经济问题探索，2012（7）：66.

[2] 马方，王铁山，郭得力，毛凤霞. 中国服务外包产业集聚与协同创新研究——以软件与信息服务外包业为例 [J]. 经济问题探索，2012（7）：66.

[3] 杨继瑞，杨蓉，马永坤. 协同创新理论探讨及区域发展协同创新机制的构建 [J]. 高校理论战线，2013（1）：52-62.

[4] 李伟，董玉鹏. 协同创新知识产权管理机制建设研究——基于知识溢出的视角 [J]. 技术经济与管理研究，2015（8）：31-35.

[5] 马卫华，李石勇，蓝满榆. 协同创新视域下的评价问题研究 [J]. 高教探索，2013（4）：31-35.

激励机制、协同创新的共享和信任机制❶、知识产权协同创新成果归属与利益分配机制、项目协同机制❷、协同创新动力机制❸、知识产权转移与交易机制、知识产权分析与评议机制❹等。

四、自创区知识产权协同创新存在的问题与风险

自创区知识产权协同创新的过程中,各参与主体之间既存在合作的一面,同时也存在冲突的一面。由于各方主体知识产权资源状况、知识产权本身的产权特性、参与主体产权的运用方式、不同知识产权类型的发展前景等的差异,协同方之间在知识产权创新协同中的合作过程中,也会出现诸多问题和风险。通过论证学界对于自创区知识产权协同创新的最新研究成果,本课题组的实地调研,以及分析河南省知识产权协同创新与自创区发展的实际,笔者团队将自创区知识产权协同创新中存在的主要问题与风险总结为以下几点。

(一) 专门的知识产权协同创新政策缺位或滞后

本研究对2006—2019年10多年间河南省与"自创区""知识产权""协同创新"有关(包括直接的和间接的)的政府文件(共45件,其中关键词为"协同创新"的没有一个政策文件)进行了梳理,迄今为止,从政策层面上,河南省还没有专门规范、引导、促进自创区知识产权协同创新方面的政策法规,即使在部分直接或间接涉及"知识产权""协同创新"或简单提到"知识产权协同创新"的文件中,对于知识产权协同创新实质内容的介绍,也仅是简单提及且语焉不详。例如在《关于实施创新驱动提速增效工程的意见》确定的专项工作中,没有明确将自创区知识产权协同创新作为推进自创区发展的重要抓手、有效载体与着力点,其中"建设区域产业创新中心""加强创新平台建设""加强业态模式创新""强化公共服务平台建设""探索开展公司化运营"中,仅包含"知识产权协同创新""强化资金保障""强化人力资源保障"的要素。因此,可以说,河南省对于省区域范围内自创区知识产权协同创新的政策法规方面,还属于空白状态。而且,自创区协同创新、知识产权协同创新各自在自己所属的领域内展开,相互之间处于分割状态,不得

---

❶ 杜栋,胡慧玲. 着眼产业集聚和区域发展 建设产学研协同创新基地 [J]. 江南论坛, 2013 (12): 10-12.

❷ 周小云,谢禾生. 项目协同机制促进知识产权发展——以江西省光伏产业为例 [J]. 科技广场, 2012 (12): 123-127.

❸ 周正,尹玲娜,蔡兵. 我国产学研协同创新动力机制研究 [J]. 软科学, 2013 (7): 52-56.

❹ 孟海燕. 知识产权分析评议基本问题研究 [J]. 中国科学院院刊, 2013 (4): 427-434.

不说这是一个极大的缺失，不利于河南省自创区范围内知识产权协同创新工作的高效开展。

在新形势下，开展协同创新，不但能把握当前世界科技的发展趋势，更能发挥各创新要素的综合效应，提升和创新管理机制。区域经济协同体系的建立，正是面对国家、区域、行业等重大的创新需求，以协同创新理念为指导，构建协同创新平台，以促进高校、科研院所、企业、政府、非政府组织等开展深度合作，建立战略联盟，促进资源共享，在关键领域取得实质性成果的重大理论研究课题和推进区域协同创新取得突破的实践方向。❶ 然而，河南省现行的知识产权政策已经滞后于自创区知识产权协同创新的发展实践，严重影响了自创区经济龙头作用的发挥。

（二）现有的知识产权政策不协同

有观点认为，河南省知识产权政策在完备性方面并不落后，但各级政府及政府各部门之间的沟通协商不够，政策目标不一致，政策工具不协同，使得知识产权政策与其他关联政策（如产业政策、创新政策、贸易政策等）之间存在对接错位、缺位等表现，导致知识产权政策体系不能充分发挥对产业经济的支撑作用。其主要表现为：

1. 政策制定主体不协同

包括：（1）横向职能部门协同联动程度不够。主要是知识产权主管部门主动关联财政、税务等部门，颁布施行促进知识产权创造的资金资助和税收优惠政策，而知识产权部门协同发改委、经信委和金融办等出台的对接产业发展诉求的政策文件较少，且相关产业政策中缺乏知识产权相关条款；（2）纵向职能部门协同落地政策缺乏。国家层面出台宏观知识产权政策后，省—市—园区等相关配套政策措施和具体实施细则滞后或缺乏。

2. 政策供给与产业诉求不协同

主要表现在政策制定主体未能把脉不同产业发展的内在规律，不能准确识别相关产业发展对专利政策的本质诉求，知识产权政策供给与产业需求存在缺口。

3. 政策运行不协同

政策运行不协同包括：（1）政策目标不协同。知识产权政策的终极目标是促进自主创新，提高产业经济增长贡献率，而现有知识产权政策目标主要

---

❶ 马永坤.协同创新理论模式及区域经济协同机制的建构［J］.华东经济管理，2013（2）：52.

聚焦于专利创造与权利保护等方面，尚未对接产业发展所需的专利信息开发与利用、专利商业化运用、专利市场价值实现等配置政策诱导点。（2）政策措施不协同。现有知识产权政策关注于产业创新资金配置以及立项扶持等，缺乏对创新链过程的监管，以及公共资源服务供给、项目实施效果评价以及政府采购等，导致专利政策体系运行效能衰减。同时，政策大多以政府财税资金直接奖励或者补贴等形式运行，缺乏对市场资源以及金融资源等的撬动作用，导致产业、企业等的创新行为过于依赖外生性政策驱动。（3）政策评估不协同。各部门政策的制定与实施绩效缺乏统一的评估标准，部门政策在执行中容易偏离预设目标。

可见，现行知识产权主管部门与产业经济管理部在制定产业发展规划时各自为战，施行"自系统发展目标—由本系统相关部门组织政策落实—自我评价政策效能"的传统政策运行模式。同时，由于我国缺乏知识产权政策制定与实施的协同评价标准及监控机制，以至于知识产权政策与产业发展政策、金融政策、贸易政策不能有效整合，且政策制定与执行不协同，相关政策已无法满足以知识资源有效配置为创新驱动的产业发展诉求。❶

（三）统筹管理知识产权协同创新的机构与平台缺失

在区域协同创新过程中，行政部门处于总体统筹调控的地位。行政部门依照区域科技协同创新的总体规划和具体实施计划，设计与区域科技协同创新发展相适应的资金科技投入方案、融资税收政策、采购服务项目等。这些政策性方案成为引导区域科技协同创新的人力、物力、财力资源的核心引力。但由于知识产权涉及的范围广、内容复杂，政府各部门的相关责任不明确，政府对相关部门在科技、教育等领域知识产权的考核评价体系尚未完备。未将知识产权工作任务，作为政府对各级领导和部门考核的内容并纳入考核指标，推诿和延误的现象较为普遍。而政府机构"官僚化"的运作模式，也阻碍了政府增强统筹规划协调资源能力，使得其无法高效、专业地完成自创区范围内知识产权协同创新的统筹、调控任务。❷ 2012—2014 年，河南省以省内高校为牵头单位，共设立了 33 个省级协同创新中心，其中，没有一个专门性的知识产权协同创新中心，而且，在省级层面，也没有一个专门的统筹规划自创区知识产权协同创新的协调服务机构。

---

❶ 杨晨，王杰玉.系统视角下知识产权政策协同机理研究［J］.科技进步与对策，2016（2）：115-116.

❷ 王玉环.支撑湖南区域科技协同创新的知识产权制度研究［D］.湘潭：湘潭大学，2015：23-24.

第七章　国家自主创新示范区知识产权的协同创新

知识产权保护越来越得到政府、企业、高校科研机构的重视，并随着信息技术、网络的发展知识产权管理也朝着信息化发展。构建产业集群的知识产权管理平台，是适应产业进步和集群多样化发展服务的要求。通过知识产权管理平台基本满足产业集群对知识产权信息的各种需求，使产业集群的知识产权信息传播利用能力和社会服务能力得到明显提升。

国家和地方知识产权战略的实施大力推进了知识产权的管理保护工作，特别是产业集群对知识产权管理工作更加重视，产业集群内的企业高校科研机构是知识创新的源泉，为了适应现代化集群知识产权管理工作，我国已经涌现一批致力于企业知识产权管理的平台软件，例如广东专利信息中心的"企业知识产权信息管理平台"、上海汉光的"汉之光专利管理平台"，以及中国电子科技集团"企业信息化-知识产权管理平台"，❶ 这为政府、企业、科研机构、高校等知识产权管理提供了相关的技术支持，同时为其开展知识产权协同创新工作起到了积极的推动作用。然而，目前对产业集群的知识产权协同创新管理平台、创新平台构建方面的理论研究还很少，自创区范围内也缺乏为知识产权协同创新提供公共服务支撑的局域性的管理平台，不利于自创区范围内知识产权协同创新工作的深入开展。

河南省为了推进自创区的科学规划和科学发展，提出在自创区利用高校、科研院所和区内外重要企业的科研实力，按照整合集聚创新资源、加强协作开放共享、促进产学研用结合的原则，打造自创区技术创新平台。这种创新平台从形式上分为两种，其中工程研究中心着眼于大行业发展，以推进产业进步为目标，开展系统化、工程化的产业关键共性技术研发，持续不断地为产业各环节提供技术支撑；而工程实验室则围绕产业发展需求，针对产业发展局部性、某一环节的共性技术制约，加强关键技术供给，提升产业持续发展能力。❷ 然而，自创区打造的创新平台知识技术创新意义上的创新平台，并不是涵括技术、政策、科研、制度、机制、知识产权资源与管理的知识产权协同创新平台，因此，应该把自创区的技术创新平台升级为具备多元功能的知识产权协同创新平台。

(四) 区域协同创新中知识产权制度的供给不足

自创区知识产权协同创新的高效、顺利开展，离不开各种知识产权协同创新制度的支撑和保障。目前，河南省虽然探索出了诸多支持自创区建设的

---

❶ 王琳娜. 产业集群的知识产权管理平台构建 [D]. 长春：吉林大学，2010：4.
❷ 龚毅，杨利锋. 技术差异条件下自创区创新平台的构建研究 [J]. 人力资源管理，2014 (3)：33.

制度和机制,但是,实事求是地说,知识产权方面的制度性创新还不够,现行的知识产权协同创新制度和机制还不完善,主要表现在:

1. 知识产权协同创新服务规范与引导制度不健全

知识产权服务业主要包括知识产权代理机构、知识产权评估与质押融资机构、知识产权运营机构、知识产权交易中心等。伴随着知识产权服务业对于知识产权协同创新支撑功能的增强,再加上郑州国家知识产权服务产业集聚发展试验区的获批与近年来的发展,河南省知识产权服务业取得了长足的进步,但是河南省知识产权战略定位不清晰、知识产权服务市场不规范、服务范围狭窄、服务能力差、专业人才缺乏、融资能力不强等问题,一直得不到有效的解决,而且,不同政府部门出台的相关支持政策,也存在条块分割的现象,不能形成支撑河南省知识产权服务业跨越式发展的合力,因此,亟须河南省出台统筹知识产权服务业发展的顶层战略与实施方案。

2. 协同创新机制运行方式不科学,其实证效果待检验

知识产权协同创新作为一种社会型、开放式创新模式,其主体包括政府、企业、院校、科研机构、中介机构、金融机构等众多参与方,其行为涉及"政、产、学、研、用"等多种内容,其社会关系囊括生产、教育、科研、金融等方方面面,其法律范畴涉及民商事法规、科技法规、教育法规、经济法规等大小多层法律条文及公共政策。多元的利益主体权益保障离不开完备的顶层设计,任何一个环节的衔接受阻都将成为影响机制运行的隐患,如企业的知识技术水平无法得到及时供给,高校及科研机构的科技成果无形流失或束之高阁,平台建设欠佳导致的交流不畅等都是机制尚未完善的表现。来自不同行业、不同领域、不同系统的主体在协同过程中对待分配也存在不同的主张。[1]例如,当下我国知识产权评估方法主要有分析收益法、市场法和成本法,但是它们科学性(如使用经济学与管理学的研究方法建构理论模型与计算机模型)的建构尤显不足,进而影响到后续知识产权协同创新过程中的知识产权资源拥有者对其成本无法得到精确估算。

3. 知识产权立法忽视知识产权的协同创新

在我国《专利法》《合同法》《反不正当竞争法》《促进科技成果转化法》等相关法律法规,以及河南省知识产权政策与法规中,都没有针对区域或者自创区内知识产权协同创新相适应的法律条文,当然,希望借由这些法律法规创造出新的知识产权协同创新制度和机制,也是不可能的。即便是有若干

---

[1] 王玉环. 支撑湖南区域科技协同创新的知识产权制度研究 [D]. 湘潭:湘潭大学,2015:21.

提及共同研发的部分也是较为简略的阐释，这些问题若不能得到恰当的解决，会制约协同创新的发展凝聚力，从而违背最开始设立协同创新体系解决创新难点的初衷。❶

4. 知识产权协同创新复合型人才培养制度不完善

当前，河南省还缺乏专门的知识产权协同创新人才培养和培训的政策和法规。知识产权人才的培养和培训，基本上是高校、知识产权管理部门、企业各自为战，高校进行独立的以学历教育为主的知识产权人才培养，同时也会以知识产权专题培训的形式，进行知识产权的相关培训。而知识产权管理部门、企业也会组织相似的知识产权培训活动。然而，知识产权培训的目标和具体内容，呈现出侧重知识产权"软体"培训的特征，对于知识产权和协同创新"硬核"科技创新能力的复合式培训，则相对较少，而将自创区知识产权协同创新作为专题的知识产权人才培训的，几乎没有。知识产权人才的培养和培训的授课模式也以老师、专家课堂授课为主，而缺乏解决企业知识产权协同创新实际问题的体验式培训。这样分割式、单一的、缺乏统筹的知识产权人才培养和培训模式，是无法为自创区知识产权协同创新提供强大的智力支撑的。

(五) 不完全契约下的知识产权协同创新风险

通常情况下，知识产权交易的结果均表现为一定的契约。但是，从信息不对称的视角出发，可以看出组织间知识产权交易的契约，必然是不完全契约。不完全契约是相对于完全契约而言的。完全契约是指契约条款详细表明了在于契约行为相应的未来不可预测事件出现时，每一个契约当事人在不同情况下的权利与义务、风险分享的情况、契约强制履行的方式，以及契约要达到的最终结果。毫无疑问，这样的假设条件在现实世界中几乎是不存在的。当契约中总留有未被指派的权利和未被列明的事项时，则称之为不完全契约。不完全契约产生的原因是多样的，包括有限理性、交易费用、语言模糊性、信息不对称、交易体制与交易规则漏洞等多个方面，但信息不对称是最为根本的原因之一。由于知识产权协同创新契约的不完全性引致的问题与风险有以下几个方面。❷

---

❶ 王玉环. 支撑湖南区域科技协同创新的知识产权制度研究 [D]. 湘潭：湘潭大学, 2015：23.

❷ 王智源. 组织间知识产权经济合作与交易的模式及机理研究 [D]. 合肥：中国科学技术大学, 2010：31-32, 64-65.

1. 组织间知识产权经济合作中的公平与互惠问题

在知识产权协同创新中，不可避免地存在公平与互惠的问题。当一个组织出于公平，将自身的知识产权及其相关信息毫无保留地在合作中予以展现时，另一个组织或另一些组织可能只将此次难得的合作看作权宜之计，正盘算着如何在合作中怎样刺探对方更多知识产权信息，以便通过"反向工程"经由一定的技术手段，对从公开、正当渠道取得的产品进行拆卸、测绘、分析等，以期获得该产品的有关技术信息，或其他非正当的手段获取其核心技术、信息与秘密。到其真正掌握需要的核心技术、信息和秘密后，可能会找出各种正当的、非正当的借口要求解除合作，而处于公平考虑的一方则悔之晚矣。

2. 知识产权协同创新中的"搭便车"问题

组织间知识产权经济合作中的制度设计问题。埃利诺·奥斯特罗姆在反思公共事物的治理之道时，论及了公地悲剧、囚徒困境博弈、集体行动逻辑三种模型，并特别指出这些模式的中心问题是搭便车问题。事实上，在任何协同模式中，均存在"搭便车"的问题，因为协同是一种集体行动，纠结着合作中"公共部分决策"等难题。通过协同体之间的契约中权利义务的详细约定与一定保密措施，再加上借助知识产权法律保护制度，可以最大限度地消弭协同创新过程中知识产权的"搭便车"现象。

3. "敲竹杠"问题

由于知识产权资产具有很强的专用性，供给者如果不予提供则很难购得相关的知识产权，需求者不予购买则可能被闲置在供给者手中。这样，一些强势的知识产权供给者可能会乘机抬高价格和其他交易条件。相应地，某些具有优势的知识产权需求者也可能会压低价格和其他交易条件。交易双方有时甚至以取消交易进行威胁，提出自身的苛刻条件。无论是从供给方，还是从需求方看，知识产权交易中的"敲竹杠"问题难以避免。

4. 维护、更新及其分享难问题

一般情形下，虽然说含有知识产权的产品、服务可能伴随着交易流程的结束，只要做出必要的售后服务即可满足用户的需要。但是，绝大多数知识产权交易并非如此简单。因为，在许可交易情形下，知识产权所有者仍然拥有知识产权的所有权、使用权；同时，由于科技进步、文化发展等原因，同一知识产权往往不断地进行升级。例如，专利技术改进可能来自专利所有人，也可能来自于专利使用人；版权（著作权）则因为不断升级、演绎作品等原因使问题更为复杂；商标经营策略也在不断变化着。但是，在知识产权交易合同中，可能没有或难以界定清楚升级后的知识产权如何维护、更新，以及如何分享，导致相关的难题产生，降低知识产权的效用。

5. 契约遵守与执行中的监控难问题

对知识产权交易契约进行有效的监控是履约的重要保证，但是由于知识产权法律体系内部的复杂性（专利、版权、商标、地理标志、传统知识产权等分类立法且立法的层级、效力也不同），特别是涉及国际知识产权协同创新时，虽然有《与贸易有关的知识产权协定》作为依据，以及各国知识产权法律制度具有国际化的倾向，但各国的知识产权法仍然个性鲜明，法律冲突协调起来较为困难。同时，知识产权法在执行上也特别困难（即行动中的法难以到位），既有司法保护，又有行政保护，还有行业保护和仲裁等"独立方"保护。这些原因导致组织间知识产权交易契约的履行，在监控上会出现主体的多元化。监控组织多并非完全是坏事，但相互间可能推诿扯皮，监控难到位、监控成本高等问题不容忽视。

6. "逆向选择"问题

当协同创新体间进行知识产权交易时，组织间知识产权交易时，由于交易各方的信息不对称，特别是绝大多数知识产权要素需要与其他生产要素有机结合后，才能有效发挥作用，其价值不能立即显现，或者交易的知识产权即使是"优秀"的，但由于不当运用也会导致价值扭曲。这样，需求者可能在主观上对拟交易的知识产权有意无意地贬低。久而久之，供给者也不敢或不愿提供最为"优秀"的知识产权，从而出现交易中的逆向选择问题。

7. "道德风险"问题

同样基于信息不对称，在组织间知识产权交易中会滋生道德风险。例如，当专利提供者将专利技术及相关的技术秘密销售给需求者后，假设需求者不转手交易而是自用，但其在运用过程中，不作任何竞业禁止的控制、不采取相关的保密措施等；当版权供给者将版权授权给需求者使用后，需求者不主动加强授权区域的保护或者纵容盗版等；当商标供给者将商标特许给需求者后，需求者不精心维护来之不易的商标信誉，滥用商标权，或者有意无意诱发商标的淡化等，均会导致道德风险。

（六）知识产权协同创新的动力不强

产学研协同创新动力机制的建立是提升产学研核心竞争力和整体协同创新能力的实际需要，也是国家创新驱动发展的战略选择。当前，我国产学研协同创新推进缓慢，实际效果不好，究其原因大多归结于产学研协同创新动力机制的缺失，使得协同创新的动力不足，除政府政策推动不到位、支持引导不够等外部动力不足之外，也有来自于产学研协同创新内部动力不足、激励不够等问题。

1. 外力推动不到位

河南省政府及有关部门虽然努力通过建立和完善以市场需求为导向，以实现科技创新为目标，以政府引导和社会服务为支撑，以企业为主体，以大学、科研院所为创新源头和依托的协作互动、互惠共赢的协同创新机制，并出台了《河南省人民政府关于印发河南省建设支撑型知识产权强省试点省实施方案的通知豫政〔2016〕66号》《河南省知识产权战略纲要》《河南省人民政府关于加快实施知识产权战略的意见豫政〔2013〕60号》《河南省人民政府关于加快建设创新型自创区的实施意见豫政〔2010〕70号》等政策文件，但在知识产权协同创新合作各方的权益保护、知识产权、利益分配、合作纠纷等方面尚缺少明晰化的政策配套文件，尽管可以通过国家其他相关法律法规如《知识产权法》《促进科技成果转化法》等找到类似规定，但漏洞在所难免，知识产权获取还没有成为衡量、考核产学研协同推进程度的基本指标，制定的各级、各类产学研战略联盟计划、政策法规还没有充分吸纳知识产权保护和利用的相关内容。总体来说，我国支持产学研协同创新计划形式还比较单一，协同层次还不深入，政府通过计划引导产学研协同创新方向的能力还没有充分发挥。

2. 内部驱动不足

对于高校和科研机构等知识产权资源创造大户来说，教师和科研人员比较注重个人荣誉，他们从事科研的目的是发论文、出专著，追求学术成就和实现自我价值。职称评定的评价体系不重视科研成果的应用，主要以学术水平为衡量标准，导致教师和科研人员面向市场、面向实际应用缺乏科研动力。此外，由于高校和科研机构改革力度不够，分配机制不完善和利益分配不公现象的存在，也使高校、科研机构主动寻求与企业合作的动力不强。❶另外，企业自身的短视以及创新能力不足等因素，也使得其缺乏持续追求协同创新的内在动力。

---

❶ 周正，尹玲娜，蔡兵. 我国产学研协同创新动力机制研究［J］. 软科学，2013（7）：55.

(七) 创新成果的权利归属不明晰，产业转化率不高

1. 二次创新以及后续开发所形成的知识产权归属界定不明晰

这种界定不清晰的状态在区域协同创新过程中很大程度上影响创新主体潜力的发挥，使创新主体在协同创新活动中不愿意"完全"、真实、无保留地共享的专业知识、关键技术、实践经验和技能等，这样的有所保留必然限制"1+1>2"的协同效应产生，从而让协同创新陷入被动的恶性循环中，让协作名存实亡。❶ 例如，在知识产权项目协同创新过程中，在总项目、子项目或者衍生项目中，可能会产生原来在知识产权协同契约中未曾料及的知识成果，这时，其权利归属就会产生争议。

2. 高校、科研院所为合作方提供的知识产品的应用性不强、产业转化率不高

虽然可以说，大部分自创区知识产权协同创新活动，属于正常的商业合作，各方提供的知识资源或产品，应该注重其产业化与商业化应用，但是由于高校、科研院所与市场远离，商业嗅觉不敏感，产业化、商业化论证能力差等因素，知识产权协同创新的成果有时会存在与市场需求脱节和经济效益不高的情况。

3. 协同创新组织相关协议不完备易形成知识产权风险

由于协同创新的复杂性，各成员的合作协议有可能无法全面涵盖未来合作中可能发生的有关知识成果的矛盾和冲突，合同条款很难明确和监督。协同创新协议的不完备降低了对合作各方的约束，当出现新问题或面对利益争夺点时，将可能出现一些企业为了自身的利益不惜退出已加入的协同创新组织，进而造成知识产权权属混乱以及技术秘密等的泄露。为了使协同创新这一新型技术创新组织模式得以顺利发展、壮大，知识产权权利归属问题不容忽视。协同创新过程中，有必要系统梳理与知识产权相关的法律政策规定现状、权属模式以及理想的权属分配模式。❷

(八) 知识产权的共享与受益机制不完善

国内对知识产权的研究起步晚，知识产权保护意识薄弱，更没有从协同创新战略的高度和角度研究知识产权的共享和利益分配机制，当然还存在很多其他方面的不足，主要表现在：（1）知识产权共享及利益分配机制不完善，知识产权人的利益到不到很好的保障和实现，例如，企业知识产权协同创新

---

❶ 王玉环. 支撑湖南区域科技协同创新的知识产权制度研究［D］. 湘潭：湘潭大学，2015：18.
❷ 李伟，董玉鹏. 协同创新过程中知识产权归属原则——从契约走向章程［J］. 科学学研究，2014（7）：1091.

利益的分配机制比较简单，仅有产出利益分配模式、固定支付利益分配模式或者两者的结合，以及知识产权参股分配利益模式，但是对于知识产权的估值、产出利益的测算前置性问题等，却没有进一步谈及。(2) 有过多关注知识产权私人利益的偏好和忽略公共领域的公共利益的倾向，在协同创新的新环境下，调整权利人与社会公众间原有利益均衡机制已经出现某些不和谐之处，已经不能在新环境下继续维持相关主体之间利益平衡的局面。(3) 由于对现实和社会具体情况关注得比较少，而法律规则引进、移植多，现有的关于合作创新所制定的知识产权共享及利益分配的法律法规及政策规定不同程度上存在着相互矛盾甚至是法律空白，导致实践中存在法律适用困难、具体情况难以操作、不容易统一执行等问题。❶ (4) 成员相互利用联盟成立之前各方已经取得的既有技术和背景知识所可能产生的权利义务关系，没有得到应有的关注。❷ (5) 由政府引导的协同创新模式中知识产权归属法律规定过于原则。❸ 从理论上看，知识产权共享是指在合作开发的项目中，合作方对由共同完成的科技成果取得的知识产权的所有权、使用权或由此获得的荣誉称号和奖金等共同享有，是资源共享的表现形式之一。❹ 在知识产权协同创新尤其是战略性联盟合作中，无论是企业还是高校或科研院所，都要面临巨大的知识产权共享风险，一方面源于国内相对薄弱的知识产权保护环境，一方面由于知识的公共物品属性而极有可能导致参与成员的机会主义和"搭便车"行为。因此共享中时往往只肯交流非核心技术。加之固有的知识产权保护理念使得强势成员往往过分强调合作中知识产权的独占性、排他性，从而走上故步自封的误区。这种观念上的误区将直接影响到合作合同中对权利和义务的法律规定，以及忽视知识产权协同管理的重要性。合作中任何一方尤其是占据强势地位的一方（通常是作为出资方的企业）的态度将直接影响到合作完成的效果。当然，现有法律法规的不完善以及维权成本的过高，以及对协同创新管理模式的不熟悉也是导致合作中参与方畏缩不前，都是导致知识共享不足的重要原因。❺

---

❶ 宋春艳. 产学研协同创新中知识产权共享的风险与防控 [J]. 科学管理研究，2016 (1)：18-21.

❷ 谢惠加. 产学研协同创新联盟的知识产权利益分享机制研究 [J]. 学术研究，2014 (7)：60.

❸ 杨昇, 李嘉美. 产学研协同创新中高校知识产权归属问题研究 [J]. 高教学刊，2016 (9)：16.

❹ 李玉璧, 周永梅. 协同创新战略中的知识产权共享及利益分配问题研究 [J]. 开发研究，2013 (4)：146.

❺ 宋春艳. 产学研协同创新中知识产权共享的风险与防控 [J]. 科学管理研究，2016 (1)：19.

知识产权在对内、对外的使用和转移方面规定欠缺。"联合开发、优势互补"是协同创新中最为明显的特征,但人们往往更加关注协同创新的"利益共享、风险共担"。高校与企业之间如何在联盟内部实现互惠的技术转移,是目前很多协同创新联盟所关注的,而企业与企业之间或企业与高校之间通过互惠而获取的知识产权则在协同创新知识产权利益分配中涉及较少。在协同创新中,并非每一个参与主体都能对知识产权产生主要作用,有些甚至完全没有参与知识产权的取得过程,而其在协同创新中应获得怎样的利益分配,以及做出重要贡献的主体所应获得的利益分配,在当前知识产权利益分配机制中均缺乏具体规定。除了对内,知识产权的对外转移和使用应遵循的原则等在当前知识产权利益分配机制中也没有体现。

协同方之间的权利义务关系没有得到足够关注。促进知识在组织间的转移是协同创新中合作创新的重要功能之一,在合作创新中知识共享与知识转移属于必要过程。而成员在加入协同创新之前,已经取得的技术和背景是各个合作成员之间知识能够畅通、迅速流动的基础,较大程度地决定了协同创新的成败。高知识技术背景成员发挥的作用自然更大,低知识技术背景成员发挥的作用自然会小一些,他们彼此在知识产权的利益和义务关系及分配方面也是不同的。但目前我国协同创新中的知识产权利益分配对成员权利、义务关系没有得到足够关注,状态混乱。❶

(九)协同创新过程中知识产权的保护不力

1. 协同创新中知识产权保护的范围过窄

协同创新合作各方对于知识产权保护的范围和内容不是很清晰,有时,会片面地认为知识产权保护就是通过申请发明专利并获得授权的方式进行,得到发明专利证书就万事大吉的心态普遍存在,根本不在乎能保护多少关键知识技术点。

2. 知识产权保护内容科技含量较低

产学研协同创新合作中,知识产权保护的科技成果总体数量逐年增加,但核心技术、标志性成果较少。大多数企业对短期效益兴趣浓厚,希望能"短、平、快"或"少、快、灵"地为企业带来利润,合作模式建立在某一个项目上,随着项目的完成,合作就结束了。一些企业对于行业或者自身的共性关键技术置之不理,因为对合作高校科研院所技术攻关能力没有信心,

---

❶ 任端阳,宋伟,高筱培. 协同创新中知识产权利益分配机制[J]. 中国高校科技,2016(Z1):44-45.

更没有耐心。

3. 协同创新合作的经费不足，导致知识产权管理被忽视

协同创新的合作各方由于对知识产权保护的认知有差异，对知识产权管理重视不足，建立知识产权战略缺乏，知识产权保护的内容亦缺失。

4. 协同创新合作的知识产权保护主动性不足❶

由于知识产权投资与资源投入的长期性，以及知识产权运营中协同各方的惰性等因素，河南省自创区内的知识产权保护都是被动应对式的。

另外，从协同创新组织整体的利益看，大量加速的知识外溢推动了合作的发展，而从拥有此知识产权的协同创新参与者角度看，尤其对于那些通过大量投入才获得创新知识的权利享有者而言，在未得到相应回报之前，知识外溢带来的却是知识资产的流失、投入难以回收、竞争优势丧失等。❷

五、自创区知识产权协同创新的问题治理与风险防范

（一）强化自创区知识产权协同创新战略的顶层设计与布局

本书研究的知识产权协同创新，限定在河南省的自创区区域范围之内，这就要求我们从全省的战略视野，来构建知识产权协同创新体系。在河南省自创区发展水平不高、知识产权质量差、支撑功能不完善、产业集群辐射带动能力不强等的现实情况下开展知识产权协同创新，离不开政府统筹调控这只看得见的手的规范、引导和支持。这种支持既可以是全省视角下基于自创区知识产权协同创新的鼓励与支持政策，也可以是为推动知识产权协同创新高效运行的某项具体制度的推荐与实施，同时，还可以是知识产权协同创新过程中纠纷解决的组织机构与工作机制的设定。

政府应充分发挥在政产学研协同创新中统筹规划、配置资源和提供公共服务的调控作用，加强和支持协同创新中的知识产权保护，完善知识产权制度。加强政策法规体系的建设，从政策法规层面上对协同创新给予有力支持，对协同创新中不同主体间的权利和义务关系进行规范，对在知识产权和利益分配中出现的纠纷进行妥善处理，以引导和鼓励不同主体开展协同研究，为

---

❶ 裴晖. 产学研协同创新合作中知识产权保护存在的问题及解决对策 [J]. 广东轻工职业技术学院学报，2015（2）：74-75.

❷ 李伟，董玉鹏. 协同创新过程中知识产权归属原则——从契约走向章程 [J]. 科学学研究，2014（7）：1091.

协同创新提供法律保障。❶ 从战略性、前瞻性、可行性的高度，制定全省层面的知识产权协同创新战略发展规划，并完善推进产学研协同创新的其他指导性文件，创造良好的外部动力环境。

政府还应加强知识产权协同创新专项计划的组织引导，将各类科技计划、产业发展计划向产学研结合倾斜，对于重大专项和基本计划中有产业化前景的重大项目，优先支持企业与高校、科研院所联合承担，积极通过"政产学研用"协同创新方式参与各类科技和产业项目。政府还应抓好基于自创区的知识产权协同创新的重点项目，启动一批市场前景好、技术含量高、收益明显的"政产学研用"协同创新示范项目，带动更多的企业、高校和科研院所投入到政产学研协同创新中来，集中人力、物力、财力重点支持，使其尽快成为新的经济增长点。同时，政府还要加大政府财政投入力度，设立各类"政产学研用"合作基金，推动政府研发投入与开发性金融信贷资金有机结合，调动"政产学研用"各方协同合作的积极性与主动性，如对"政产学研用"结合项目有明确的税收优惠政策、贴息贷款政策，对科技人员向企业转让专利成果给予奖励，并以法律的形式固定下来。❷ 而且，政府作为公共教育的提供者与知识产权人才的培养者，也应在完善立法、健全制度、创新激励机制、设立知识产权协同创新智库等方面，有所作为。

(二) 建立符合河南省情的自创区知识产权协同创新体系

构建以高等院校、科研机构等为骨干的知识产权战略研究体系，以专利导航产业发展实验区为核心的产业知识产权开发体系，以国家专利审查协作河南中心为中心的知识产权高质量创造体系，以中部知识产权运营中心和技术交易市场为引领的知识产权运营体系，以代理机构等为代表的知识产权服务体系，以知识产权强市强县为基本节点的区域知识产权网络体系，形成全方位、多层次知识产权发展支撑体系。❸

探索建立以优势企业为龙头、知识产权布局与产业链相匹配的知识产权联盟，形成竞争优势突出的知识产权集群。培育以企业为主导的知识产权运用协同体，共同实施重点产业关键领域专利储备运营项目，初步形成"政产

---

❶ 张武军，翟艳红. 协同创新中的知识产权保护问题研究 [J]. 科技进步与对策，2012 (22)：133.

❷ 周正，尹玲娜，蔡兵. 我国产学研协同创新动力机制研究 [J]. 软科学，2013 (7)：56.

❸ 参见《河南省人民政府关于印发河南省建设支撑型知识产权强省试点省实施方案的通知（豫政〔2016〕66号）》。

学研金介用"深度融合的知识产权协同运用体系。❶ 同时，积极实施重大知识产权协同创新专项工程。加大产业技术研发的投入力度，以电子信息产业、装备制造业等高成长性产业集群和生物与制药产业、新材料产业等战略性新兴产业为重点，突出解决自创区主导产业发展的共性和关键技术，促进产业升级和产业链条延伸。鼓励引导自创区内企业与大公司、大集团建立技术战略联盟，重点支持产业集聚区实施一批产业技术引导消化再创新项目。❷

(三) 构筑科学的知识产权协同创新管理架构

自创区协同创新中知识产权协同管理架构，包括建立知识产权协同创新协调机构、知识产权战略的引导与推进、完善知识产权协同管理工作体系以及知识产权协同系统演化路径动态优化等几个方面。鉴于自创区知识产权协同创新的重要性，首先设立统筹河南省自创区知识产权协同创新的协调机构，是非常必要的，同时，其还需要开展以下工作。

1. 制定知识产权协同创新战略

要推动河南省自创区知识产权协同创新的跨越式发展，必须结合河南省自创区的发展水平、知识产权资源、科研实力、高层次人才状况等具体情况，制定具有前瞻性的涵盖全省的知识产权协同创新战略，对处于不同层次、不同类型、不同区位、不同发展水平的自创区确立不同的发展定位，并因地制宜地制定与之相关的产业支持政策，同时，统一规划自创区与高校、科研机构、知识产权服务机构之间的制度化、长效化合作模式，真正发挥、提升自创区的制度创新功能和经济辐射能力。

2. 完善知识产权协同管理工作体系

知识产权协同管理工作体系是开展相关管理工作、实现组织间知识产权协同的基础。通过加强知识产权协同决策与领导、完善协同组织机构、完善知识产权协同制度、充实相关人力资源、构建信息与档案系统等工作，可有利于协同要素完整，促进协同工作体系健全。健全知识产权协同管理工作体系对促进知识产权权利发生、知识产权保护及应用，提升知识产权协同管理总体水平有重要意义。该工作背后的系统调控机理是促进协同系统形成，为使得各种激励机制和约束机制发挥作用奠定基础，对协同系统进行涵养、维护工作，相应地需要创造条件等管理措施的配套。

---

❶ 参见《河南省人民政府关于加快实施知识产权战略的意见（豫政〔2013〕60号）》。
❷ 参见《中共河南省委、河南省人民政府关于推进自创区科学规划科学发展的指导意见（豫发〔2009〕14号）》。

3. 优化知识产权协同创新的演化路径

演化路径反映整个协同管理的定位及其变化以及创新成员企业根据具体情况对知识产权总体方向的调整。通过路径优化，企业能找到适合合作双方更好的合作模式与协同管理机制，使得创新企业能更好地利用知识产权协同管理产生企业所期望的知识产权，为企业竞争优势和可持续发展奠定坚实基础。一般来说，企业知识产权协同管理系统演化发展有如下几条路径：（1）从自然合作模式向特定项目涌现模式；（2）从特定项目合作到长期合作演化；（3）从单一模式到复杂模式演化；（4）综合演化模式。❶ 从本质上看，演化路径的引导与优化，就是知识产权协同创新组织因应创新环境、要素的变化进行的协同步调的动态化调整机制。

(四) 保障知识产权协同创新的有效制度供给

知识产权协同创新的有效制度供给主要包括知识产权协同创新机制、知识产权投融资制度、知识产权协同创新绩效评价制度、知识产权分析评议机制等。

1. 健全知识产权中介服务制度

协同创新产权中介服务组织是区域协同创新体系的重要参与主体，其是围绕系统创新的各项需求而提供技术基础、成果转移、业务咨询、产权转让等知识产权和投融资服务的社会中介组织。其活动的内容包括创新项目涉及的技术性、商业性、法律性、服务型等与科技创新相关的各个方面，其类型主要包括知识产权代理机构、知识产权质押融资机构、知识产权运营机构、知识产权法律维权（援助）机构等。强化知识产权中介组织服务与促进协同创新的机能，可以提高知识产权协同创新的效率，而且，其还可以作为政府与微观创新主体——企业、科研机构联系的纽带，向企业提供政府不能或者不便于提供的支持或服务，进而形成完整的知识产权协同创新体系。

2. 强化知识产权协同创新基础之一的知识产权评估机制及知识产权分析与评议机制建设

这里的评估，一是指知识产权资源的本身的价值评估；二是指知识产权协同创新绩效的评估；三是指各方主体协同能力、协同度的评估；四是指知识产权协同创新政策之实施效果的评估。其具体做法为：一是要加强财政政策、税收政策等政策支持，鼓励评估机构的自身建设和合并重组，完善评估

---

❶ 黄国群. 系统调控视角的知识产权协同管理研究 [J]. 现代管理科学，2014（10）：77.

考核指标体系，共同打造有规模有技能的资信机构。二是要适时适度引导省内机构参与涉外服务，提升市场竞争意识和实力，适量引进知名度高层次高的代理评估机构到河南省开设分子机构，并创造国内外机构相互学习和交流的平台。引入国内外知名专利代理机构到湖南开办分支机构。三是要通过普及教育、办班委托和人才引进等方式加强代理和评估人才的培养，解决机构内知识结构、年龄结构分布不合理的现状，做好深厚的人才储备保障工作。❶

3. 引入专利池（联盟）机制，提高抗风险能力

"政产学研用"协同创新联盟是产学研协同创新发展的必然趋势。根据资源基础理论，建立创新联盟的主要动机是获取不同组织的资源，尤其是知识资源。创新联盟的发展鼓励交叉许可或交互知识产权，这就催生了专利池的诞生。当前我国创新联盟合作效果差的一大重要原因归结于专利池机制建设的落后。建立专利池是联盟发展的有力措施，不仅可以通过专利成果共享，走出"专利丛林"和"反公地悲剧"困境，降低创新成本，而且还有利于建立统一的行业标准，提高联盟内部成员的抗风险能力和市场竞争力。❷ 未来，河南省可以把自创区内的知识产权资源集中起来，建设符合河南省实际的专利池运营方式，并将其置入知识产权协同创新服务平台之内，提高自创区知识产权协同创新的建设水平。

4. 建立横跨"政产学研用"的复合型的知识产权人才体系

在省级层面，应该出台相应的知识产权学历教育和技能培训相结合的人才队伍建设政策，建立以知识产权协同创新为专题的人才培养和培训体系，而且，自创区内企业也要摒弃仅是单纯利用高校、科研机构智力资源的陈旧观念，而是要结合企业自身的发展实际和需求，加大企业在培养知识产权协同创新人才中的"买方"地位，通过人才联合培训制度、人才引进绿色通道、项目合作机制、专家联系制度等多种方式，积极"引智引资"，以产业的发展需要为基础，拟定自己的"人才订单"。同时，知识产权管理部门、高校、科研机构，应加强、改进科技创新硬实力和知识产权软实力之"协同度"的人才培养模式，以真正做到知识产权人才培养、培训的协同创新，为自创区知识产权协同创新的高效运行提供人才储备。

5. 完善知识产权维权援助制度和知识产权专家智库制度

目前，虽然河南省部分自创区已经初步建立了知识产权维权援助制度，

---

❶ 王玉环. 支撑湖南区域科技协同创新的知识产权制度研究 [D]. 湘潭：湘潭大学，2015：31.
❷ 宋春艳. 产学研协同创新中知识产权共享的风险与防控 [J]. 科学管理研究，2016（1）：21.

并且取得了一定成效，但是在实际运行过程中，也出现了一些问题，主要表现在不能提供持久的跟踪式维权、维权组织的临时性导致的不及时现象、维权过分侧重于事后维权等。而知识产权专家智库制度同样也面临着形式化严重、运行缺乏长效化机制、专家建议可操作性不强等问题。因此，笔者建议，完善省级统筹性质的知识产权维权援助制度和专家智库制度，并辅之以必要的长效工作机制和工作激励制度，例如建立省级自创区知识产权维权援助中心、专家联席会议制度等。

（五）探索知识产权协同创新的新模式

知识产权合作模式的差异对企业未来的创新发展有重要影响，企业需慎重地加以选择。若企业的规模、研发水平等自身条件不足，则可选择知识产权分离模式，以便尽快掌握使用高校（院所）的创新成果，通过模仿创新来提高其创新水平。但该模式的合作关系较为松散，合作周期较短，对企业未来可持续创新发展的影响度将明显低于其他两种模式。若企业有一定规模实力，则可选择知识产权独占或共有模式。对于独占模式，企业可与高校（院所）在利益分配上进行磋商，以契约明确新知识产权归其所有，以获取可持续创新发展优势。但由于双方对各自的资源付出有不同评价标准，企业只有通过利益博弈才能做出其知识产权决策。此外，当企业选择建立产业技术联盟、成立研发实体和共建科研基地等合作模式时，知识产权的长期共有对企业创新发展的影响最大，但它对企业的规模和研发实力也提出了较高要求，选择时还需关注由联合研发所带来的风险。企业一般不会轻易将其自有知识产权完全提供给合作方分享，但随着合作的深入，其自有知识产权分享越多，则其他合作者就越易获取隐含其中的技术秘密等核心知识，从而导致企业知识产权泄露和竞争力的丧失。因此建立完善的知识产权保护协同机制尤为重要。同时，企业还应对自有知识产权采取必要的保护措施，如对核心知识设置门槛等，并应在合作伙伴范围外建立核心能力壁垒，通过执行无伙伴参与的活动来隔离其重要信息，从而使其核心竞争力能够得到有效保护，并使其协同创新活动和知识产权合作实践能够相互促进和健康发展。❶

建立产学研网络型协同创新模式。在产学研知识流动过程中，当创新成果的价值不确定性较高的情况下，通过市场交易进行产学研协作变得非常困难，寻找基于新的知识流动模式的替代性扩散路径，成为实现产学研协作的

---

❶ 李朝明，邱君. 基于产学研协同创新的企业知识产权合作模式［J］. 科技和产业，2015（11）：115.

必然选择。将大学、科研院所、企业等创新主体及科技服务机构、政府、金融投资机构等外生影响因素视为一个整体，构建一种在学术界、科技服务界、产业界和金融界之间集成隐性知识和编码知识转移功能的协同创新网络型协作模式，可通过创新及跨组织角色的集成，在创新主体间建立起共同交流的平台和纽带，促进跨边界知识交流与知识转移。

产学研网络型合作模式，可使得产学研间众多主体复杂的知识流动关系在某种意义上获得整体性的存在方式，当然，这种整体性同时伴随着流动性、开放性、动态性，是一种较弱意义上的整体，它超越了从学术界到工业界的传统的、单向的"知识转移"，知识不再固定地由"上游"流向"下游"，而是既可以横向、交叉流动，也可以"逆流而上"。网络型知识流动的范围广、针对性强、速度快，能够有效拉动创新知识的产出，促进创新知识的应用，既有助于指导与扩展大学的研究，也便于大学与企业之间的知识特别是隐性知识的双向交流，为处理复杂的技术、经济与社会问题提供了一种综合有效的知识共享方法及多方面的解决方案，能够有效地解决因创新价值不确定及隐性知识导致的知识流动障碍。产学研这种网络型知识流动关系对于促进复杂产品的高级别创新及知识溢出至关重要。与渐进式创新相比，对于市场来说新的高级别的创新，有助于长期持续地改善企业的竞争优势，增强复杂产品和流程的持续创新能力。[1]

（六）通过知识产权章程明确不完全契约中的权利义务

目前较为主流的契约式规制知识产权权利义务关系的方式，已无法应对协同创新组织日益复杂化的创新活动，将来河南省知识产权协同创新各方权利义务的约定，可采取"章程化"的做法。相对而言，各方权利义务的"章程化"设定比"契约化"约束，更加全面且多元，而不仅仅是个别协同体之间为某个特定事项的临时约定，同时，其"章程化"也不排斥部分协同主体基于章程的规定制定更为详尽的次级合同，这样，就形成了一个层次分明、结构合理的知识产权协同创新内部规制体系。具体做法就是仿效公司法中类似于公司章程的规定，在形成协同创新联盟平台的基础上，将知识产权权利义务的各方共识，固化为加入协同创新组织所必须认同的章程条款，也可以就知识产权内部风险（如"搭便车""敲竹杠""逆向选择"和履约责任等）的防范、知识产权成果归属及权益分配问题、协调机构与管理平台的建

---

[1] 菅利荣. 国际典型的产学研协同创新机制研究［J］. 高校教育管理，2012（5）：10-11.

设等制定一整套规定，形成协同创新组织各成员单位共同遵守的"内部宪章"，弥补法律政策规定的空白，改变多主体多协议的低效与权益失衡问题。知识产权"章程化"是为了在协同创新组织内部建设稳定的知识产权"生态系统"，通过相对不变的"章程"实现创新成果利益分配的可预期性与稳定性，进而达到提升知识成果共享程度和知识转移效率、降低创新风险的目的。同时，知识产权各方权利义务由"契约化"转向"章程化"，也可以为下一步协同创新组织内部"专利池（联盟）"的建立和运营铺垫好标准化的路径，形成"协同创新联合体—市场化协同创新联盟—知识产权联盟"的多层次创新驱动布局。❶ 知识产权协同创新权利义务的"章程化"的主要制度内容包括以下五个方面。

1. 提高协同创新合同的完备性

完备的协同创新合同能大大提高对协同各方的约束，减少协同创新与知识产权的冲突。由于协同各方在协同创新中承担不同的任务，运用各自核心的知识资源，因此，需要在合同中明确盗用或模仿的惩戒措施，明确协同各方对协同创新中涉及的技术、信息和知识等知识产权的保密责任。在此基础上，根据协同创新的特点，细化、增加协同创新中知识产权归属和处置等条款，同时关注细化条款的实用性与可操作性。另外，也应当在合同中约定不可抗力的处理方式。政府相关部门应结合协同创新实际，通过立法，调整、规范协同创新合同和保证协同创新合同的实施，通过政策引导来降低协同创新与知识产权的冲突。

2. 提升协同创新主体的信用水平

信用水平高低直接决定着协同创新主体间相互信任的程度。提升协同创新主体的信用水平是一种很有效的知识产权保护方式。通过提升协同创新主体的信用水平，可以增强彼此间的信任，一方面，协同创新主体可以减轻或消除对其他协同创新主体的顾虑，主动将核心技术等知识产权运用到协同创新过程中；另一方面，也可以提高协同创新主体对知识产权的尊重和保护，减少模仿和盗用行为的发生。❷

3. 制定知识产权转让及各领域使用的指令性规定

在转让的过程中，协同创新各方都不得单独转让知识产权，必须提前告知其他成员并经过所有成员的同意。转让所取得的收益，必须根据成员做出

---

❶ 程国辉. 知识产权归属章程化助力协同创新［N］. 科学导报，2014-12-02（B01）.
❷ 张丽娜，谭章禄. 协同创新与知识产权的冲突分析［J］. 科技管理研究，2013（6）：166.

的不同贡献给予合理的经济收益补偿。在科研成果的保密上，各方可提前制定好共同遵守的条例，对是否保密、如何保密、保密时间等，各方都必须严格遵守约定。当准备发表科研成果时，必须遵循不会对其他成员合法权益产生损害的原则。在科研成果的使用方面，使用性质不同其要求也应不同；若应用于研究性领域中，应保证不能明显影响到协同创新成员的利益；若应用于商业领域，当一个成员将其应用于某个领域中，其他成员申请时就必须应用在其他领域，以避免损害到成员彼此的利益。❶

4. 明确不同协同创新主体应享有的权利和承担的义务

协同创新主体在知识产权取得的过程中或者没有取得知识产权的过程中，需履行一定的义务或者可享有一定的权利，这些都应在协同创新中知识产权利益分配机制上明确体现。当高校与科研机构作为知识产权的所有者时，协同创新中的主体需对以下义务进行承担：必须恰当管理知识产权，避免其因管理问题而发生损失；在研发科研成果时，协同创新其他成员的商业秘密也需要列入高校与科研机构的严密保护范畴中。如果协同创新成员的研究成果还未公开，协同创新中知识产权所有者在使用过程中应保证处于联盟章程目的的范围内。如果知识产权的所有者为企业时，企业则需要对联盟研究项目所取得的知识产权严格管理并实施，对做出主要贡献的联盟成员给予一定的经济补偿。对于没有取得知识产权的协同创新成员，可享有一定的权利。如当该成员在知识产权研发中投入较大时，对于非排他使用权该成员可通过签订合同来对知识产权优惠或免费使用。❷

5. 完善知识产权合作的违约惩罚机制

通过违约惩罚机制追究协同成员违约方的责任，可以起到弥补企业利益损失的重要作用，且通过这一机制的制约，也将使参与合作的各方轻易不敢违约，从而保障知识产权合作能够顺利进行。但目前企业间的违约惩罚机制尚不完善，存在很多不合理的地方，因此应积极探索和完善企业知识产权合作的违约惩罚机制，以促进和保障基于协同创新的企业知识产权合作模式的进一步完善。❸ 同时，还应注意违约惩罚机制的实行，必须以相对精确的知识

---

❶ 任端阳，宋伟，高筱培. 协同创新中知识产权利益分配机制 [J]. 中国高校科技，2016 (Z1)：45.

❷ 任端阳，宋伟，高筱培. 协同创新中知识产权利益分配机制 [J]. 中国高校科技，2016 (Z1)：45.

❸ 李朝明，黄蕊. 基于协同创新的企业知识产权合作影响因素研究 [J]. 哈尔滨商业大学学报：社会科学版. 2016 (01)：36-37.

产权损失为基准，符合损益相抵的比例原则。

（七）完善协同创新权利归属和受益机制

在对协同创新成果进行"章程化"管理的过程中，不同产业领域对于知识产权的需求程度有一定差异，所以现阶段关于协同创新组织有关知识产权章程规定的内容，其权利归属可以视实际情况加以灵活调整。例如，对于市场接受度较好的协同创新专利成果，即短期内可显著增强企业竞争力、具有较大市场潜力的知识产权成果，协同创新组织可在章程中赋予企业主体对其较大自由度的支配权限，充分发挥企业在技术创新链的主导作用；对于市场风险较大（或过于超前）的知识产权成果，可在组织章程中规定将其归属于高校科研单位等协同创新组织中的研发主体，作为技术储备，在市场需求成熟时再以无偿开放供协同创新组织内主体应用或者有偿转让给组织内部分企业的形式加以利用。这样既照顾了高等学校和科研院所的科研评价标准，又符合以创新成果提升企业竞争力的协同创新目的；对于协同创新主体独立完成的发明创造，本不应存在权利归属问题，但是如果该知识产权对于达成协同创新组织任务目标不可或缺，可在对原权利人采取一定补偿措施的情况下，实现知识产权在组织内部的"共有"；协同创新组织章程还可规定，新加入的成员可以在一定限度内利用既存知识产权成果，成员在组织存续期间及解散后的一定期间对知识产权成果享有优先使用权等。❶ 加强对协同创新成果知识产权归属风险的有效防范与控制，可以采取以下措施：增强合作协议的完备性，规范协同创新各方行为；完善、落实"一奖两酬"制度，降低研发成果私有化风险；完善协同创新中心内部管理机构，加大知识产权保护力度；强化知识产权保护意识，营造良好的协同创新气氛与环境。❷

完善知识产权保障机制，推进利益分配的合理改革。首先，建立健全知识产权咨询、评估和法律服务以及专利和品牌的保护开发，专有技术保密和转化等服务体系，引导产学研各方运用专利、版权、商标、商业秘密等各种知识产权保护手段，切实保护创新各方的利益。对于重要的知识产权，尤其是涉及核心技术和技术标准的知识产权，应进行跟踪管理，控制扩散范围，防止知识产权流失，为产学研协同创新提供有效的安全保障。其次，创新利益分配机制，推进利益分配的合理改革。制定相关法规条例，规定企业、高

---

❶ 程国辉. 知识产权归属章程化助力协同创新 [N]. 科学导报，2014-12-02（B01）.
❷ 王晓军，孔令卫，王新华. 协同创新成果知识产权归属风险及其控制 [J]. 科技管理研究，2015（10）：163.

校、科研机构采取科技成果折股、科技成果收益分成、股权出售、股权激励、股票期权等方式对科技人员和经营管理人员进行股权和分红激励；采用"抓大放小"策略，对于技术转让所得收入不高的部分应注重保护创新过程中智力要素拥有者的权益，充分调动其创新积极性，激活创新的内在动力。❶

对于知识产权协同创新中收益的分配产生的问题，也可以借助政府的力量加以校正，政府可以投入资金对在协同创新中利益受损的企业加以补助（偿），或直接投入资金到协同创新系统中，并将由此产生的新知识产权授予利益受损的企业。例如，我国政府以高科技园区税收减免等形式，投入资金支持产业集群的协同研发；同时，政府以企业为主体，组建政产学研联盟等形式也是对创新企业的一种补偿。❷ 在现行制度条件下，政府应该适当介入到各创新主体内部的专利利益分配中，地方政府也有责任出台具有可操作性的实施办法，使各创新主体按照法律规定的职务发明奖酬制度，以及协同创新章程规定的收益分配细则，对发明人进行奖励并给予合理报酬。

(八) 加大协同创新过程中的知识产权保护力度

协同创新过程中，通过完善知识产权保护制度，解决知识产权保护中三个重要问题，即申请流程管理、技术保密和权利归属。规范发明人申请知识产权保护的流程，从源头上避免知识产权的纠纷，为授权后成果转化的利益分配提供依据；技术保密是保证专利技术新颖性和创造性的关键，包括实验室或工作室的保密、文章或会议论文发表保密、档案或备案管理保密。❸ 归属问题主要是明确知识产权创新成果是协同创新一方还是多方共有，可以说，知识产权协同创新道德出发点之一就是对于知识产权成果的追求，协作各方对成果归属与收益分配机制的科学、合理的构建，可以有效避免二次创新和消化吸收在创新中出现的争议，提高创新成果的产业化、商业化转化率，最大限度调动合作各方的积极性。

对不同知识产权类型，划分保护层次和等级，采取形式多样的知识产权保护措施在协同创新过程中，企业要确认知识产权的共享范围、层次和等级。例如，对于低层次的知识产权，可以授权免费使用；而当涉及核心技术或知识时，就要求合作企业购买既要避免知识产权在过大范围内共享，又要避免

---

❶ 周正，尹玲娜，蔡兵. 我国产学研协同创新动力机制研究 [J]. 软科学，2013 (7)：56.
❷ 郭永辉，郭会梅. 设计链协同创新与知识产权的矛盾探析 [J]. 科技进步与对策，2011 (5)：28.
❸ 裴晖. 产学研协同创新合作中知识产权保护存在的问题及解决对策 [J]. 广东轻工职业技术学院学报，2015 (2)：76.

与协同创新无关的知识产权的溢出和共享。❶

(九) 建设自创区知识产权协同创新平台

基于河南省自创区知识产权协同创新的分割状态,以及园区内各企业与园区外高校、科研机构、知识产权服务机构之间的相对隔离和法治化、长效性协同创新制度、机制的缺失,以政府为主体,统筹、规划、健全、完善基于产业集群的知识产权协同创新平台,是推进自创区融合式创新,提升产业集聚水平与辐射带动能力,促进产业集聚内知识产权创造、转移的关键性措施和重要保证。

自创区还应加快创新平台建设,鼓励自创区依托现有基础和优势产业,建设重大科技基础设施,发展创业中心、研发中心、重点实验室、孵化中心等各种创新载体。支持国内外科研机构、高等院校和大公司、大集团,与知识产权融资担保机构、知识产权评估运营机构、知识产权代理机构等进行联合,在集聚区内建立知识产权协同创新中心,以打造"一站式"的知识产权创造、运营、管理和保护协同创新链条。

自创区的知识产权协同创新平台,是指自创区内的各个创新主体综合利用各种创新资源、接口和联系所构成的一组共有结构和共享性的制度性安排,它具有共有性、相对稳定性、能动性、结网性、根植性、开放性等特点。❷ 它包括技术创新系统、知识产权系统、物质(支持)系统、人力资源系统与联结机制(如协同创新机制)。自创区知识产权协同创新平台的内容主要包括:知识产权信息服务平台(包括有关政策文件、知识产权资源情况、科研信息、知识产权人才状况等),知识产权管理平台(包括自创区的产业发展与知识产权协同创新开展情况、园区内各企业的知识产权资源状况及其运营情况、知识产权服务业的服务范围与能力指标等),以及实体上的平台,例如工程研究中心、创新孵化中心、重点实验室等。自创区知识产权协同创新管理平台的建设,应该以信息的网络化管理、知识产权公共服务的提升为基础,建立由资源管理子系统、文件管理子系统、知识产权申请子系统、知识产权统计分析子系统、知识产权检索子系统、用户管理子系统、系统管理子系统,❸ 以及产业集群的知识产权管理平台运行和保障机制构成的综合性的公共服务平台。通过知识产权协同创新平台,自创区将形成"核(核心,即技术创新)—键

---

❶ 郭永辉,郭会梅. 设计链协同创新与知识产权的矛盾探析 [J]. 科技进步与对策,2011 (5): 28.
❷ 龚毅,杨利锋. 技术差异条件下自创区创新平台的构建研究 [J]. 人力资源管理,2014 (3): 33.
❸ 王琳娜. 产业集群的知识产权管理平台构建 [D]. 长春:吉林大学,2010.

（关键，即知识产权协同创新）—链（产业链、设计链、创新链）—网（管理、信息、协同网络）"一体化的知识产权协同创新体系。

本章小结

自创区知识产权协同创新，是我国自创区协同创新建设和建设的新课题，在河南省部分自创区内已经开展了局部的尝试，取得了一定的实践运作经验，同时，也为自创区知识产权协同创新的理论研究贡献了研究的样本和宝贵的实证资料，然而，从省级层面上来说，其还欠缺对于自创区知识产权协同创新工作的顶层政策设计和具体制度框架的构建，而且，部分自创区的知识产权协同创新尝试中也暴露出若干问题，例如，政府的政策支持力度不够，战略性的知识产权协同创新的长效机制缺乏，协同创新成果的知识产权化和产业化推行不力，自创区企业在协同创新组织中的地位不高（如企业核心知识产权资源的缺乏），自创区内企业与其他协同方合作的动力机制不明确，知识产权创新过程中中介服务组织的缺位等，这对河南省先进制造业、现代服务业的强省建设、知识产权作为创新驱动发展新动能作用的发挥，以及自创区作为全省区域经济的增长极、转型升级的突破口、招商引资的主平台、实现转移就业的主渠道、改革创新的示范区的发展定位，造成了一定的干扰和影响。然而，从逆向思维来看，这也是我们选定"自创区知识产权协同创新"作为研究课题的理论价值和实践意义之所在。

准确界定自创区知识产权协同创新，是我们进行研究的前提和基础，对此，笔者从"协同创新""知识产权协同创新""自创区知识产权协同创新"三个层次，进行了内涵的界定。"协同创新"，是指各参与主体以知识的创造、转移、知识的管理与增值为核心，汇聚各类知识创新系统内要素与外部资源，通过知识共享、风险共担、分工协作、功能互补及创新资源的集合运用，打破现实的制度桎梏、技术壁垒、僵化的工作机制，创造适应、符合市场需求与科技规律的创新产品、制度供给，探索崭新组织模式的大跨度动态整合活动或过程。知识产权协同创新活动以一定的创新组织模式为依托，以知识产权（产品与服务）的创造、转移、应用与保护为核心，在一定的知识产权协同环境（包括企业战略环境、技术环境等）中，充分利用各种资源（资金、人力资源等），依据企业市场定位，选择合适的知识产权形式，达到激发知识产权产品与服务的创生、知识产权价值的最大化、知识产权资源的充分挖掘与运用、协调保护知识产权创新成果的目的。而自创区，主要是一个"产业的聚合"与"地理区域的集中"相结合的范畴,现代知识产权制度作为自创区发展的粘结剂和推进器,以知识产权为引领开展自创区范围内的协同创新,是提高产业集聚效率、发挥产业集群优势的必然要求和现实需要。通过对"协同创新与产学研协同创新""知识产权与协同创新""自创区与知识产权协同创新"之关系的考察,我们认为,产学研合作与"政产学研用"协同创新,是不同时期产生于不同背景之下的两种创新范式,它们在理论基础、参与主体、核心特征、目标追求、实施范围以及关键环节等方面均存在着比较大的差别;知识产权本身具有的地域性、专属性与经济属性,使得其与知识的协同存在天然的"反叛基因",两者之间既有共同的目标远景,又存在现实的内在冲突;知识产权与协同创新的一致性表现为两者之间的需求互动关系、目标一致关系和相互促进关系;产业集聚为协同创新提供物质载体与发展平台,协同创新是产业集聚的内核,知识产权是产业集群协同发展的粘合剂与倍增器。

自创区知识产权协同创新的理论构造,主要从自创区知识产权协同创新的内容、系统及构成要素、模式与协同机制展开。知识产权协同创新是多个要素的协作与整合,包括科技创新的协同、创新主体的协同、创新目标的协同、制度机制的协同、创新环境的协同与创新成果保护的协同、知识产权政策(战略、管理)的协同。自创区知识产权协同创新的系统及构成要素为:知识产权协同创新的顶层政策与制度、协同项目的领导(机构)、有关研发人员、管理人员参与及相应的组织机构、各协同主体知识产权基础管理体系、合意创新合作伙伴的配合、协商基础上创制的组织间知识产权合作规则、目标体系及其实施方案、知识产权协同创新支持系统。自创区内知识产权的协同创新包括内部创新模式和外部创新模式,自创区知识产权协同创新必须依托一定的协同机制,一般而言,这些协同创新机制,主要包括知识产权协同创新的行政机制、组织机制、合作机制,以及协同创新知识产权管理机制、知识产权评估机制、协同创新的激励机制、协同创新的共享和信任机制、知识产权协同创新成果归属与利益分配机制、项目协同机制、协同创新动力机制、知识产权转移与交易机制、知识产权分析与评议机制等。

针对自创区知识产权协同创新的理论研究、实践运行、实证调研中反映的问题,本书通过对自创区知识产权协同创新的概念论、关系论的本体界定,以及自创区协同创新问题与风险的多层次、多面向梳理,提出了应对上述问题与风险的对策。即强化自创区知识产权协同创新战略的顶层设计与布局,建立符合河南省情的自创区知识产权协同创新体系，构筑科学的知识产权协同创新管理架构，保障知识产权协同创新的有效制度供给，探索知识产权协同创新的新模式，通过知识产权章程明确不完全契约中的权利义务，完善协同创新权利归属和受益机制，加大协同创新过程中的知识产权保护力度，建设自创区知识产权协同创新平台。

  本书的内容是从对于自创区内企业协同创新的调研开始的，同时，依据现有的理论储备和实践中河南省开展知识产权协同创新的具体情况，笔者对自创区的知识产权协同创新情况进行了考察和论证，由此得出的自创区知识产权协同创新含义的界定、其与相关范畴的关系、自创区知识产权协同创新体系的构造，以及河南省自创区知识产权协同创新中存在的问题风险及其相应的对策，既是我们研究的基本框架，同时，也是我们基于河南省自创区知识产权协同创新实践得出的结论。

第八章 国家自主创新示范区知识产权的文化培育

一、问题的提出

（一）研究背景与意义

文化是人类对自身生存或生活经验的反思、总结的产物，是人与人之间、人与社会之间、人与自然之间关系的体现，也是不同国家和地区之间、不同信仰不同价值观的族群之间信息沟通和交流的纽带。不同国家、不同族群之间的文化背景各异，对经济发展的影响作用不一，其中优秀的文化在经济发展和社会进步的过程中作用巨大。知识产权文化亦是如此。其不仅是国家知识产权战略贯彻实施的基础工程，更是国家知识产权竞争力的核心所在。国家间的竞争核心归结于文化的竞争。知识产权文化是旨在为全社会营造良好的创新氛围和文化环境，并为协调知识产权制度的运行提供思想基础和理念支撑。良性的知识产权文化氛围能为知识产权的发展提供健康有序的文化氛围，不但可以激励知识产权的创造，而且也可以为知识产权的运用、管理、保护提供良好的社会文化环境。同时，知识产权文化具备优秀文化的基本素质，具有创新性、商业性、法治性、竞争性、私权性等特征，知识产权文化建设同样有益于丰富中华文化。

自创区是河南省经济发展和经济转型的重要抓手，也是知识产权分布比较集中的区域，是河南省知识产权发展的龙头，承载着引领河南省科技创新和经济发展的重大使命。如何构建与中国国情、河南省情契合的知识产权文化，培育和养成全社会相同或相近的知识产权价值观念，协调和规范人们在知识产权活动中的认知准则与行为模式，促进河南省自创区知识产权事业的和谐发展，这是一个值得研究的重要课题。建设知识产权文化软环境与提升知识产权硬实力是相辅相成、不可分割的一个整体，通过加强知识产权文化建设，有利于通过无形的感染和熏陶，增强自创区企业对知识产权的认同感，强化遵守知识产权法律法规的自觉性。因而，探讨自创区内的知识产权文化建设，对于充分发挥自创区知识产品的溢出效应，激励创新，优化知识产权管理，提高知识产权保护效能，具有非常重要的意义。

（二）文献综述

理论研究层面，关于知识产权文化的成果，为数不多。在研究的内容上，这些探讨主要围绕知识产权文化的内涵、特征、存在问题、构建路径、本土化的方式等方面展开，如吴汉东教授的《知识产权法律构造与移植的文化解释》《当代中国知识产权文化的构建》，匡慧的《知识产权文化本土化》，孙运德的《知识产权文化的概念及其政治功能》，刘华、张祥志的《政府主导知识产权文化建设的中国现实与路径》等。在研究的对象上多为广域性、全局性的考察，也有专门针对企业知识产权文化方面的论证，如王海波的《知识产权文化与企业知识产权战略》，邓慧的《知识产权文化与企业文化建设的思考》，许仕娟、吕婧的《温州中小型民营企业知识产权文化的建设路径——基于协同视角的分析》等。探讨区域知识产权文化的文章则寥寥无几，以知识产权文化为主题进行搜索，仅有两篇与区域知识产权文化相关的报道性文章，如《中关村：知识产权文化培育从高校启动》等。开展自创区知识产权文化建设的研究，进行探索性的尝试，提出、解决一些问题，为知识产权文化建设提供鉴戒，具有重大的理论意义和实践意义。

（三）研究的主要思路与创新

本章以知识产权文化建设为主导，共分为五部分。第一，知识产权文化的内涵、特征与基本要求。通过梳理知识产权文化的研究成果，解析文化的内涵、特征、和功能，提出本书所立足的知识产权文化的三个层面：器物标识、制度政策、观念意识，分析知识产权文化的基本内核，阐述知识产权文化的形成与发展与知识产权创造、运用、保护、管理之间的关系。第二，自创区知识产权文化建设的内在要求。从经济学和管理学的角度论证自创区发展的脉络，指出知识产权是引领与支撑自创区经济发展核心要素，知识产权文化是自创区知识产权发展的社会文化基础。进而从自创区的生产要素聚合、相互关联的特点，知识产权的权利垄断、信息共享的特性，知识产权文化的外部扩散、深层根植的特征等三个方面论述自创区知识产权文化建设的必要性、可能性与内在要求。第三,自创区知识产权文化建设的现状。通过调研自创区以及其他产业集聚区文化建设情况,分析自创区知识产权文化薄弱的原因,从中国传统文化、经济发展阶段、科学技术水平、法治化程度四个维度分析影响自创区知识产权文化建设的因素。第四,自创区知识产权文化建设的经验借鉴。阐述日本、韩国、印度等国家在知识产权文化建设方面的制度设计与实践做法,以为自创区知识产权文化建设借鉴之用。第五,自创区知识产权文化建设的政策建议。从法律政策、观念意识、器物标识三个层面提出建议,认为河南省自创区知识产权文化建设应贯彻顶层设计原则、坚持市场导向、发挥政府主导作用向、加强知识产权保护、优化制度供给、建立区域知识产权社会信用体系、加大知识产权文化宣传和教育投入等,为政府与企业提供决策参考。

本章研究采用的主要方法,一是文献分析法,梳理国内外知识产权文化建设研究成果,在文献分析的基础上进行论证。二是比较的方法。对其他国家和地区知识产权法律制度、政策、司法体系、意识,进行制度性、功能性比较,分析其优劣。三是法律社会学的方法。采取社会调查、统计等社会学的研究方法,赴郑洛新国家自主创新示范区调查研究,运用具体的案例和数据,说明知识产权文化建设中存在的问题并提出解决的办法。

本章研究的可能的创新点在于:一是指出知识产权文化是自创区协同创新及知识溢出的核心环节,有利于企业相互间的合作和创新,有效协调特定区域内各市场主体的行动,提高市场竞争能力和创新能力。二是运用现代化理论,结合自创区的发展特点,提出强制性变迁和诱致性变迁相结合,遵循坚持顶层设计原则,坚持市场主导,发挥政府主导作用,加强知识产权保护,优化制度供给,建立区域知识产权社会信用体系等自创区知识产权文化建设的路径。

二、知识产权文化的内涵、特征与功能

(一) 知识产权文化的内涵

"文化"一词,使用范围广、频率高,但其本质或定义若何,则见仁见智,众说纷纭。本章探讨自创区知识产权文化建设问题,须先对文化的含义作以说明。何谓文化,西汉刘向《说苑·指武》称:"圣人之治天下也,先文

德而后武力。凡武之兴，为不服也。文化不改，然后加诛。"❶《文选·补之诗》又称："文化内辑，武功外悠"❷。这里的"文化"，是为以文教化之意，通过文化教育陶冶人的性情，提升人的品德修养。学界关于文化的概念各有侧重。张岱年先生强调，所谓文化，包含哲学、宗教、科学、技术、文学、艺术以及社会心理、民间风俗等。在这中间，又可析为三个层次：社会心理、民间风俗属于最低层次；哲学宗教属于最高层次；科学技术、文学艺术属于中间层次。❸ 覃德清教授指出，文化是人的聪明才智与民族智慧潜能外化的方式及其成果，是人类向往光明、追求自由、超越自我、实现自我价值的途径及其结晶，强调文化具有象征性、民族性、时代性、综合整体性、多元性等特征。❹ 国外学者分别从不同的角度、不同的学术习惯、不同的历史文化背景来界定文化，大致有描述性的定义、历史性的定义、规范性的定义、心理性的定义、结构性的定义和遗传性的定义六种。❺ 综上，可以看出，文化有行为模式、价值、历史等多个角度的解释，指出文化的目的和价值是使人幸福和自我完善，是人的生存和生活方式和价值体系，具有历史性、民族性、区域性、可传递性和继承性。可见，作为人类社会的重要构成要素，文化一词外延极为宽泛，器物、精神、理念、价值、规范、行为方式、组织结构、解决方案等皆可涵盖其中。故有物质文化、精神文化、制度文化、政治文化、经济文化、道德文化、管理文化、法律文化、科技文化、社区文化、企业文化、精英文化等称谓，其内涵和外延随其对象的不同而有别。

所谓知识产权，依吴汉东教授的观点，指人们依法对自己的智力创新成果和经营标记、商誉所享有的权利。❻ 知识产权包括人们的智力成果权和经营标志专用权，是权利人基于法律规定对智力成果和特有的经营性的标识所享有的专有权。知识产权的对象和客体是不断发展的，传统意义上的知识产权包括专利权、商标专用权、著作权三类，前二者合称为工业产权，知识产权保护的范围也相对狭窄。随着经济发展和科技进步，集成电路布图设计、植物新品种、厂商名称、原产地名称、货源标记成为新的知识产权的客体。从知识产权的概念可以看出，不同种类的客体之间区别很大，但也有共同的特

---

❶ 刘向：《说苑·指武》。
❷ 萧统：《文选·补之诗》。
❸ 张岱年. 文化与哲学［M］. 北京：教育科学出版社，1988：81-82.
❹ 覃德清. 中国文化学［M］. 桂林：广西师范大学出版社，2015：6-8.
❺ 陈华文. 文化学概论新编［M］. 北京：首都经济贸易大学出版社，2016：7-8.
❻ 吴汉东. 知识产权法学［M］. 北京：北京大学出版社，2011：2.

征，具体说来，表现为无形性、专有性、时间性、法定性等特征。知识产权的无形性是知识产权最本质的属性，是指知识产权对象的无形性，而非知识产权权利的无形性，有别于传统的有形财产权利。所谓专有性，也称排他性，指非经权利人许可或者法律特别规定之外，权利人以外的任何人不得处置或使用该项权利。这表明权利人依法对专利、商标、著作权等知识产权拥有独占或垄断的权利，主要体现为专有使用权，受法律的严格保护。所谓知识产权的时间性是指权利人只能在法律规定的期限内，对著作权、商标权、专利权、集成电路布图设计专有权、植物新品种专有权等享有专有权，超过法定期限则自动进入公共领域，法律不再保护。所谓法定性，指知识产权并非人的自然权利，并非自古有之，而是法律创制的权利。

类同于文化的概念，根据内涵和外延的不同，知识产权文化的含义可以分为狭义、中义、广义三种。狭义说者强调理念和行为方式层面的文化，指心理、态度、观念、价值判断、习惯、行为方式意义上的知识产权文化。❶ 持中义论者认为，知识产权文化不但包括意识、精神、行为习惯维度意义上的文化，还包括制度规范、法律条文、政策方面的文化。❷ 从广义而言者则囊括了狭义和中义的知识产权文化概念，以为知识产权文化包括知识产权行为习惯、价值理念、政策制度、相关机构等，核心为知识产权价值理念。❸ 从上述概念的梳理可知，狭义的知识产权文化指知识产权价值意识、心理态度和行为习惯。中义的知识产权文化包括制度和意识两个层面。广义的知识产权文化包含器物、制度、观念三个层面。无论对知识产权文化如何解读，其核心内容是关于知识产权的认识、观念、观点、思想、价值观、理论体系等，是人类社会在长期的知识产权发展实践中不断积淀而形成的文明成果，是作为哲学范畴的意识形态。基于文化结构之间的关联关系，本研究采知识产权文化广义的概念。知识产权文化是商品经济发展和技术进步的产物，源于社会实践，但同时又受到一国传统历史观念、政治法律制度、经济科技水平等因素的影响；同时，知识产权文化对知识产权实践具有反作用，为实践的发展提供软环境，影响和推动知识产权实践。

我国近代知识产权制度始于清末的司法改制，是中国法律近代化的产物，其发展演进受国内外诸多因素的影响，既有国内需求的推动，也有外力压迫

---

❶ 马维野. 知识产权文化建设的思考 [J]. 知识产权，2005 (5)：9-13.
❷ 刘华，李文渊. 论知识产权文化在中国的构建 [J]. 知识产权，2004 (6)：16-20.
❸ 历宁，周笑足. 论我国知识产权文化构建 [N]. 中国知识产权报，2006-02-17 (11).

的因素。而当代知识产权制度则始于 20 世纪 80 年代，是改革开放的产物，既有外国法律制度和价值理念的影响，同时也是对外交往和技术创新的内部需求的结果，带有鲜明的时代烙印，在改革开放的前二十年里得到长足的发展。但我国普遍认识、了解知识产权则是在 21 世纪初我国加入世界贸易组织之后。面对日益激烈的国际竞争，人们逐渐认识到确立知识产权文化所倡导的价值取向与行为规则，关系到国家经济结构转型，关系到国家创新能力建设，关系到民族未来兴衰。就当下来看，我国社会公众知识产权意识虽然有较大的提升，但相较于西方发达国家，社会公众的知识产权综合素养指数并不高，知识产权文化的重要性并没有引起普通民众足够认识，知识产权文化仍然缺乏"草根性"[1]。

然而，在国家层面，知识产权文化在制度发展的顶层设计中受到高度重视。如 2008 年国务院颁布《国家知识产权战略纲要》决定，建立知识产权宣传体系，将知识产权纳入大中小学素质教育，作为国家知识产权战略重点之一；2013 年国家知识产权局、文化部等五部委出台《关于加强知识产权文化建设的若干意见》，强调知识产权文化为创新型国家建设提供强大精神动力和重要思想保障，是我国特色社会主义文化的重要组成部分。总而言之，知识产权文化应改革开放而起，应入世而受到重视，随着经济发展和对外交往的深化影响深远。我国知识产权文化以改革开放为分水岭，得益于贸易自由主义和经济全球化浪潮，知识产权文化在社会经济发展中逐步得到认识、认可、普及，日益渗透并作用于社会经济发展而体现出自身价值与生命力。

（二）知识产权文化的特征

1. 创新性

人类文明的发展需要社会劳动者创新积极性的发挥，推动文艺创作和科技的进步；同时，科技创新也需要制度性的保障，"给创造的智慧之火加油"，为知识产品的生产营造一个健康的社会环境。"知识产权法律的宗旨，在于保护创造者的合法权益，促进知识产权的广泛传播。"[2] 因而，知识产权作为公共政策的产物，其根本目的是促进社会文艺创作和科技进步，并且"促进知识的政策和公共领域保留的政策优于保护作者的政策"[3]。

---

[1] 王康.《2015 年中国知识产权文化素养调查报告发布》——我国社会公众知识产权文化素养逐步提升 [N]. 中国知识产权报，2016-04-26.

[2] 吴汉东. 知识产权总论 [M]. 3 版. 北京：中国人民大学出版社，2013：70.

[3] 吴汉东. 著作权合理使用制度研究 [M]. 3 版. 北京：中国人民大学出版社，2013：14.

第八章　国家自主创新示范区知识产权的文化培育

具体来说，所有权的客体是可以为人主观感知的有形的动产和不动产，是有体物，即有形的财产，人们可以通过对所有物的占有、使用、收益、处分来宣示其所有权。而知识产权的客体是无形财产，即非物质性的作品、发明、实用新型、外观设计、集成电路布图设计、商标，必须通过物质载体方能展示。从本质上说，知识产权的客体是一种信息，知识产权因之被称为信息产权。信息通过一定的载体能够自由流动，并可以被无限复制和传播。在专利、著作权等一些智力成果中，由于较强的专业性、技术性的特征，更加容易被复制和传播，流动的成本更低，速度更快。权利人通过公开信息获得法律保护，从而促进创新。因此，从本质上来说，创新是知识产权的灵魂，知识产权文化就是创新文化。

2. 商业性

知识产权是公共政策的产物，其目的是通过授予知识产品的申请人专有权，刺激和促进作品和发明创造的生产和应用，推动社会发展和人类文明的进步。保护权利人的专有权是手段，推动社会科技文化的进步是最终目的。从一般意义上说，创新的动力为创新所带来的利益驱动。若发明或文艺创作不能带来利益，创新就不会发生。从这个角度来讲，创新的目的是为了牟利，带有很强的商业性特征。为保证创新者的经济利益，法律就要赋予他们在一定期限内的垄断权或者专有权。如专利权人对依法授予专利权的发明、实用新型、外观设计享有独占的、排他的权利，非经合法授权或基于公共利益考量而实施的强制许可等法定程序，任何机关、社会组织和个人不得改变权利人的专有权。❶

为激励知识产权创造，法律一方面通过创设知识产权类型来激发人们的创新热情，同时通过权利的有限保护，以使这些知识产权客体成为可供公众利用的公共资源。❷ 由于知识产权系个人创新和公共利益均衡的产物，较之于有形财产权，各国对知识产权权利行使的限制较多，主要表现为对专有使用权的限制。而对有体物所有权的限制，自近代以来，多为满足公共利益和国家利益的需要，才会限制所有权的行使。法律对知识产权的限制远远多于物权，法律对知识产权的授予、运用规定了严格的条件和程序，知识产权使用、收益和处分限制的程度和范围比所有权要严格和广泛。如为了对专利权的行

---

❶ 参见《专利法》第11条、第12条、第14条之规定。
❷ 王迁. 知识产权法教程［M］. 3版. 北京：中国人民大学出版社，2011：9.

使进行限制，法律对专利权的法定许可和合理使用各规定了五种情形。❶ 著作权虽然自作品完成之日起即受法律保护，没有申请、审查、注册这些限制，但也有《著作权法》第22条、第23条合理使用和法定许可使用的限制。此外，知识产权作为法定权利，还有时间性、地域性等限制。

3. 制度性

和传统的财产权不同，知识产权是一种无形财产权，不能依传统的方式占有、处分，其产生基于法律的规定，来自政府的行政授权法律行为。首先，法律规定了知识产权的权利范围、权利限制以及救济的途径和方式。具有创新性质的智力成果没有得到法律的确认，不是知识产权的客体，不能成为法律保护的对象。其次，在知识产权文化结构中，制度的地位非常重要。制度引导、规范人们的知识产权行为，推动知识产权意识的养成。最后，从程序来说，一项知识产权的取得除了要具备法定的条件，一般还需经过申请、审查、核准、异议等法定程序，只有经过审查或登记程序的智力成果或者商业标识，才有可能由国家知识产权行政主管机关授予相应权利，并由行政主管机关予以确认公布。同时，知识产权的客体和权项种类也不断增加。随着科技的发展和社会的进步，不断有新的客体被纳入知识产权法的保护范围，即新型的知识产权，如集成电路布图设计权、植物新品种权、地理标志权等；另外，传统知识产权权项的种类也在不断增加，比如随着网络技术的发展，出租权、信息网络传播权成为著作权新的内容。

4. 竞争性

知识产权文化的竞争性是指在制度的激励下，同一或相关技术领域的创新者之间是竞争的关系。同时，通过竞争带动科技创新，科技创新又能为市场主体带来竞争优势。知识产权和竞争是共生关系。知识产权是法定的产物，是一国国家意志和主权的体现，按照一国法律获得承认和保护的相关权利，在该国范围内产生法律效力。同时，每个国家政治、经济、历史文化等国情不同，国际条约无法做出整齐划一的规定，各国知识产权法律各有其特殊之处，知识产权的范围和内容也不同。在知识产权法律制度框架下，权利人通过发明更先进的技术来保证更大的收益，竞争为创新能力的竞争。

5. 私权性

何谓私权，史尚宽先生认为，以社会生活之利益为内容者，为私权，可

---

❶ 参见《专利法》第48条至第53条、第63条之规定。

分为身份权和专属权,民法上的权利属于私权。❶知识产权的申请人在向知识产权行政部门提出申请、审查、核准,即获得了该智力成果的专有权,在法定期限内,通过这种法律赋予的排他性的权利,转让、授权他人使用或者自己使用,从而获取经济利益。因此,知识产权是一项私权,可以从以下几个方面理解:其一,知识产权的主体是受民法调整的地位平等的公民、法人和其他社会组织,是民事法律关系的主体,知识产权的产生、运用和保护,适用于民法的基本原则和基本制度。其二,知识产权是为特定民事主体所享有的民事权利,是市场个体所有的权利,而非任何人都可以共享的公共权利,权利人或利害关系人有直接支配该知识产权的权利。其三,知识产权的内容是与知识产权的生产、运用、保护相关的法律关系,其目的是通过知识产权行为获取经济利益。根据私法自治原则,在法律许可的范围内,民事主体有权根据自己的意愿形成相互之间的经济关系和其他关系,追求个体利益的最大化。知识产权作为私权,作为市场主体的一项民事权利,需要公平公正的市场环境。知识产权法作为民法的一个分支,也应遵循诚实信用、等价有偿、意思自治的原则。知识产权的权利人和义务人作为市场的主体,彼此之间按需置于平等的地位,需要从知识产权的生产、转让、利用中获取利益。知识产权作为一项法律拟制的权利,不同于传统的财产权,具有法定性、无形性、易复制、技术性、专业性等特征,容易被人忽视。作为知识产权客体的作品、专利、商标、植物新品种等易于被复制,很难被权利人专有和掌控,易于被侵权,权利人自力救济的手段极其有限,更需要法律的保护。

当然,文艺创作和科技创新必须在法律的范围内进行,受到法律的必要限制,但这种限制没有也不可能改变知识产权的私权属性。因而,知识产权法主要调整平等主体之间的智力成果、商业标识和其他非物质成果的财产关系,主要适用民法的基本原则和制度,适用私法自治原则。《与贸易有关的知识产权协定》强调知识产权的保护和实施有利于技术革新、转让和传播,有利于平衡创新者和使用者之间的利益,有利于社会利益和个人权利之间的均衡。

(三) 知识产权文化的功能

所谓功能,是指一系统影响和作用于他系统的能力。知识产权文化包含器物、制度、观念、行为方式这四个层次的的内容,其功能也是从这四个层

---

❶ 史尚宽. 民法总论 [M]. 北京:中国政法大学出版社,2000:19-21.

面发挥作用。具体说来，知识产权的功能主要有以下几个方面。

1. 凝聚功能

凝聚功能是指在文化的潜移默化浸润之下，通过价值理念、行为方式、风俗习惯等的指引、规范而形成共同的知识产权意识和精神状态、理想追求。这种精神层面的文化，通过长期的培养，达到习俗化的程度，形成共同的习惯性思维、行为模式和道德观念，从而对人的行为产生强制性的规范作用。如一个人闯红灯必然会收到罚单，或者在一定区域内必须遵守共同的行为准则。这种直接或者间接性的强制性规范作用，是增进社会凝聚力的具体体现。

与法律的强制由国家强制力保障不同，文化的强制依靠道德、舆论的力量来实现，这两种强制有天渊之别。对于在同一类文化圈子里的人来说，按某种价值观念行事，是自觉自发的，行为人不会感到文化的强制力量，人们总是极为自然地与社会的行为习惯保持一致。除直接文化强制外，间接文化强制并无具体的强制执行者，而是社会群体感觉到"另类""与众不同"，从而约束自己的行为，会感到有一双看不见的手在牵引着公众在一个既定的圈子里行动。因而，文化的强制表现为一种规范作用，是间接的强制，从而体现出其凝聚社会的功能。

2. 导向功能

凡是文化皆有价值取向，有自己追求的目标，具有引导社会行为的功能。不同的文化背景下，类同的技术创新或者科学发现，会有不同的应用。如火药在中国唐代晚期便出现了，但中国古人们多用它制作鞭炮，用于节庆吉日驱鬼敬神，而传播到西方之后用于炸山开矿。罗盘的遭遇也是同样的，在中国古代多作堪舆之用，而西方用之于海上航行。不可否认，现代科学技术是第一生产力，但要真正发挥第一生产力的作用，取决于文化导向。

因此，作为基本价值取向的知识产权文化，规范着人们行为的方式，体现社会所追求的目标。知识产权作为法律创制的产物，体现为一种法定的权利，强调权利的保护和运用是应有之义。就法治社会而言，公平正义是终极的价值追求，信用是最大的交易成本。权利需要法定的行为预期，需要公平公正的法治环境，需要诚实守信的法治文化氛围。从这个意义上来说，权利文化、私权文化、资产文化是知识产权文化的核心，是法治文化的合理内核，公平正义、诚实信用是其基本的精神。

3. 协调功能

在市场经济环境下，市场主体之间存在既竞争又依赖的关系，一方面彼此间为了生存、发展而展开激烈的竞争，另一方面相互间又存在直接或间接的依赖关系。随着市场条件的变化，或是竞争为彼此间主要矛盾，或是依赖成为相互关系的主要方面。文化能够协调人与人之间、人与社会之间、人与自然之间的关系，给恶性无序的竞争套上文明的"笼头"，引导彼此间的竞争在法治条件下展开，协调彼此间的协作关系，源于共同的价值观、社会习惯。这种协调功能源于其为社会服务的精神品质，使其在法律制度、国家政策所无法企及的领域发挥作用。因此，知识产权文化不仅是社会文化的承载者，也是社会文化发展的推进器。

4. 激励功能

从创新的角度来讲，人与人之间的观念、生活方式各有不同，是创新的前提，创新需要宽容、宽松的社会环境，需要包容不同类型的人、思想、生活方式，从而激发创新的灵感。从私权的角度来说，法无禁止皆可为，权利具有多样性，需要平等对待和保护，知识产权亦是如此。随着科技的发展，知识产权的种类不断增加，需要法律给予确认和保障。从经济学的角度而言，知识产权是推动经济转型的核心动力，对经济有促进作用，同时不良的知识产权制度也会制约经济的发展。

三、自创区知识产权文化建设的内在要求

自创区其实就是产业集聚区，且是科技创新企业的产业集聚区。所谓产业集聚，"是指同一种类的产业或者相关联的产业及机构在地域上的集中，并提升区域内企业竞争力的现象。"❶ 产业集聚在西方经济发展过程中是自发的现象，产业间有联系或者同种类的企业为了实现市场资源配置的优化，合理调整经济布局，降低交易成本，增加创新能力，在一定空间或地域内的集中。如美国的硅谷、伦敦创意产业集群。我国的产业集聚是政府主导下的产物，大多是在一片空地上通过招商引资或者迁移企业建立起来的，目的是形成区域经济竞争优势，带动经济增长。在河南，共有180多个自创区，分布于各地市，成为县域经济的主要增长极，也提供了数以万计的就业岗位，保证了居民就业和增收问题。

西方国家经济发展中的产业集聚现象多是自发形成的，是市场规律的产物，而我国的产业集聚多是在政府主导之下进行的。因此产业集聚方面的研究始于西方，相关的研究成果有产业区理论、外部经济理论、工业区位理论、

---

❶ 李晗斌. FDI对中国工业集聚的影响研究 [M]. 北京：社会科学文献出版社，2015：27-28.

新经济地理理论、技术创新理论，代表性的学者有阿弗里德·马歇尔、马克斯·韦伯、J. A. 熊彼特等。马歇尔提出产业区位的概念，认为一定区域内企业的集中可以促进企业间的技术交流，降低劳动成本，带动关联行业的发展，获取规模效益。德国经济学家韦伯提出了工业区位理论，指出企业为降低相邻区域内的劳动力成本和运输成本，加强相互之间的技术合作，实现相互之间生产要素的有效配置，是产业集聚的主要原因。奥地利经济学家熊彼特则认为产业集聚有利于创新机制的形成，而创新更能促进产业的集聚。[1]

所谓自创区知识产权文化建设是指在自创区发展和建设中，知识产权文化建设的样式和形态，包括知识产权观念、行为方式、价值体系、制度规范、器物标识等方面内容。根据社会学的结构功能理论，一个国家或地区科技创新水平的高低与知识产权文化建设互相影响和促进，有着非常密切的关系。2003年9月，世界知识产权组织第三十九届系列会议首次提出推动各国发展富有本国特色的知识产权文化，增强国民的知识产权意识，并把在世界范围内建设知识产权文化作为自己的重点工作之一。[2]我国《国家知识产权战略纲要》《关于加强知识产权文化建设的若干意见》以及《河南省知识产权战略纲要》《河南省新形势下加快知识产权强省建设的若干意见》等政策性文件中也强调了知识产权文化建设的意义，明确知识产权文化建设的方式、路径和目标，并提出了具体的执行措施。

自创区知识产权文化建设的核心是集聚区内企业与高校、科研院所、中介服务机构之间的相互关联，通过专业化的分工和跨产业的发展，获得规模经济和范围经济，降低成本，以及通过区域内不同行业、不同学科的互动，形成有利于创新的机制和环境，提升区域内企业的整体竞争力。参与自创区创新的主体有企业、高校、科研机构、中介服务机构。作为市场主体，有不同的利益和诉求，在产业集聚中，其行为具有一定的盲目性，同样会出现"市场失灵"现象，导致产业集聚的负效应。因此，培育自创区知识产权文化，优化集聚区知识产权发展的文化环境，对于有效引导知识产权的发展，具有重要意义。

（一）自创区知识产权文化建设的必要性

"激励科技创新是知识产权制度的一个重要的价值目标。"[3]知识产权制

---

[1] 曹休宁. 产业集群发展的制度环境与公共政策研究 [M]. 北京：中国经济出版社，2015：5-10.

[2] 参见2003年9月世界知识产权组织《经修订的2004—2005年计划和预算草案》。

[3] 郑成思. 知识产权论 [M]. 北京：法律出版社，2001：22.

第八章 国家自主创新示范区知识产权的文化培育

度通过赋予文艺创作和技术创新的主体一定期限、一定范围内智力成果的专有使用权，以法律的手段保护创新者的合法权益，换取信息的公开，从而激励知识产权创造的热情，推动社会科技和文艺的进步。在知识产权保护中，知识产权文化氛围是实现保护效果的基础，是实现知识产权有效保护的核心所在，具体体现在以下几个方面。

1. 有利于促进自创区知识产权协同创新

创新从来都不是闭门造车的产物，是不同主体之间的协同和合作的结果。作为人们行为方式和价值理念的知识产权文化，能够促进技术创新系统内部各层次和各要素间的和谐，促进知识产权的生产、运营、保护、利用各市场主体之间的和谐互动。另外，知识产权文化的建设，有助于培育和营造自创区创新中的文化氛围，培养自创区企业及成员知识产权的认知和态度，加强自创区各参与主体之间的交流与合作，促进各方技术互用、优势互补、资源共享，增强自创区在行业竞争中的优势与实力，保持自创区经济效益的持续增长，为形成自创区企业间合作共赢、协调共生的市场环境和良性的知识产权运行秩序提供观念支撑和思想保证。同时，也是自创区核心竞争力提升的关键要素，也是不可或缺的自创区知识产权协同创新的基础。

2. 有利于保障健康有序的知识产权法治环境的形成

"徒法不足以自行"，法律制度需要具体的人来执行和实施。随着社会主义法治国家建设的推进，我国知识产权法律制度不断完善，执法水平不断提高。推进自创区知识产权文化建设，通过文化的传播和熏陶，增强自创区知识产权主体的权利意识，养成人们自觉遵守知识产权法律的行为习惯，在自创区内部和自创区之间形成普遍认同的知识产权观念与创新文化氛围，有利于纠正我国传统文化中有关知识产权理念是共有信息、创新应当无偿使用等错误认识，实现自创区固有的文化与知识产权文化的有机融合，为知识产权制度在自创区中有效运行提供文化支撑。

3. 有利于充分发挥自创区知识产权文化的示范作用

文化具有示范和引领作用。知识产权文化的建设有利于提升社会创新活力和激情，促进自创区企业科技创新的积极性、主动性，增强创新凝聚力，增加自创区企业核心技术的拥有量，提高知识产权优势企业效益的普遍增长，从而激发园区内企业的创新的热情和动力。其次，自创区知识产权文化的培养，可以带动园区之外企业的知识产权文化建设，形成自觉尊重知识、保护知识产权的良好的社会氛围，降低大范围盗版、假冒等侵权行为治理成本。

4. 有利于树立我国良好的国际形象

从对外交往的角度，知识产权政策既是国内政策，也是对外交往的政策。当下，以美国为首的西方政府叫板、攻击中国的知识产权保护政策，作为攻击、制裁中国企业的口实。同时，中国经济和科技的进步离不开世界经济环境，离不开各国之间的合作，需要树立自身的良好形象。在国际竞争中，诚实守信、公平竞争、平等保护是国际通行的规则，知识产权是企业和国家参与国际竞争的重要手段，是大国争夺世界技术制高点的利器。知识产权发展和保护水平代表一国的综合实力。作为世界上最大的发展中国家，对他国的知识产权采取国民待遇原则，给予国内企业同等的保护，既是改善营商环境吸引外资和技术的需要，也是践行对外承诺，树立诚信国际形象的需要。在河南省的对外贸易中，自创区企业占了较大比例，加强自创区知识产权文化建设，形成诚实守信、创新协作的文化氛围，促进企业养成良善的涉外交易观念，树立集聚区企业对外交往中的形象，对于我国国际形象的树立，具有积极意义。

（二）自创区知识产权文化建设的可行性

1. 自创区较高的经济发展水平是知识产权文化形成的经济基础

当一个国家或地区处于较低经济发展阶段时，由于教育和研发资金投入不足，研发人员缺乏，技术创新能力不强，技术领域中的模仿行为大于创新行为，人们知识产权保护意识不强，知识产权文化培育缺乏相应的经济基础。在市场经济比较成熟、科技有较高程度的发展时，知识产权成为企业间经济竞争的主要手段，成为经济增长的支点，对创新才会有切实的、内在的需求，科技研发需要大量的高级技术人员，技术研发和教育投入才能不断增加，推动建立起比较完善的知识产权法律制度，创新行为有法定的预期时，才会真正促进知识产权文化的形成。我国的市场经济经过近三十年的建设和发展，已经建立起了比较完善的社会主义市场经济体制，具备知识产权文化建设的经济环境。自创区作为产业引领的科技创新高地，高科技企业相对集中，高科技人才密集，知识产权成为集聚区企业竞争和营利的重要手段，知识产权经济水平较高。知识产权保护水平相对较高，对知识产权文化建设也提出了较高的要求。

2. 自创区较高的科技发展水平是知识产权文化形成和发展的关键因素

创新既需要法律的保护，也需要较好的文化环境，因此，较强的创新能力和技术发展水平是知识产权文化建设的技术前提。近年来，我国知识产权发展与经济发展的融合度越来越高，知识产权的生产、利用、管理、保护等综合水平不断提升，在国际上的知识产权综合实力方面的排名也有了提升。对比经济合作组织 34 个国家、金砖 5 国和新加坡在内的 40 个国家的知识产权综合发展水平，2017 年我国从第 14 位上升至第 10 位。知识产权发展状况总指数得分从 2015 年的 57.73 分提升至 2016 年的 61.91 分。我国知识产权综合发展指数从 2010 年的 100 至 2017 年的 218.3，呈快速增长态势。至 2016 年，我国专利申请量达 347 万件，同比增长 24%，过去五年平均年增长率约 14%。2016 年我国受理商标注册申请 369.1 万件，同比增长 28.35%，连续 15 年居世界第一。❶ 而自创区更是知识产权创新密集的区域，对知识产权保护提出更高的要求，同时也具备知识产权文化建设的技术基础。

3. 健全的知识产权法律制度及执法机构是知识产权文化建设的物质前提

加强自创区知识产权文化建设有助于推动知识产权保护水平的提高。当前，我国已经建立起了较为完备的知识产权法律制度体系，可以与国际对话和交流。知识产权的公力救济这个层面，在我国知识产权保护双轨制的背景下，存在知识产权行政管理机关的行政执法和公安司法机关的司法保护两种模式。知识产权的行政管理虽分属诸多的部门，但行政执法实现了统一，而且行政执法具有效率高、成本低的特点，对于知识产权保护具有积极的意义。公安司法机关拥有较高素质的专业法律人才，建立起了比较完善的程序体系，法院司法活动具有终局性、中立性、客观性等特征，并承担着监督行政机关具体行政行为的职能，有利于司法正义的实现。因而，统一知识产权法律意识，对于统一执法尺度具有重要意义，也有利于国家整体文化建设水平的提高。

4. 较强知识产权司法保护为自创区文化建设提供优良的外部环境

知识产权保护包括司法保护、行政保护、社会保护、自我保护几种方式，其中司法保护居于主导地位。司法保护既是知识产权保护的最后一防线，同时又为行政保护、社会保护、自我保护提供法律支持。随着知识产权制度的日益完善，我国的知识产权保护也不断地得到强化，成立了专门的知识产权法院或者法庭，实现了专利、计算机软件、集成电路布图设计等案件的几种审理，建立了技术检察官制度，知识产权保护的强度在不断增强。公安司法机关通过知识产权案件的侦查、提起公诉、侦查监督以及民事、行政、刑事诉讼文化建设等活动，可以为知识产权创造和文化建设提供法律保障。

---

❶ 《2017 年中国知识产权行业现状及发展趋势分析》［EB/OL］.［2017-08-14］. http://www.chyxx.com/industry/201708/550547.html.

(三) 自创区知识产权文化的特殊性

自创区的产业集聚在一定的区域之中，体现为产业的纵向和横向之间的联系和协作，具有降低生产和交易成本，促进知识溢出的功能，自创区知识产权文化除具有知识产权文化的一般性特征外，还具有社区性、演进性、差异性、稳定性、行业性的特征。

1. 社区性

自创区作为一个科技创新的工业园区，多有相对独立的行政主管部门，有具体的产业方向，区内企业多集中于某一产业或者企业间具有横向的合作关系，集中于某一地域，具有区域性特征。自创区知识产权文化建设具有区域文化的特征，更像是一个传统的熟人社会，企业之间长期、经常性的交往有助于增进彼此的了解，增进相互间的信任，形成社会资本，降低交易成本。因此，自创区知识产权文化是一个区域文化或社区文化，具有熟人社会的文化特征，具有一定程度的闭合性。在空间上，知识产权文化形成于特定的区域内，带有地域或行业特征。在文化互动的对象上，交往带有反复性，交往对象具有特定性，彼此间是熟人之间的交易往来。

2. 演进性

制度、观念、理念、行为方式的形成非一日之功，区域文化的形成有一个长期的过程。特定集聚区内，基于相同的行业特点或经济方式，在长期交往协作的过程中，市场主体之间易于形成相同或相似的价值观和行为模式，从而构建具有区域特色的知识产权文化。在文化演进的过程中，既有同质文化因素量的日积月累，也有阶段性质的飞跃，以不同于区域外的文化的表征。这种演进的基础是自发的市场行为，同一区域的市场之间有彼此相同的文化因素，以降低彼此交流的信息成本，同时，在区域文化的发展过程中，政府引导的作用也不可小觑，政府结合区域性经济特征主导文化建设，对知识产权文化的形成具有重要意义。

3. 差异性

自创区内各企业具有相同或相关产业联系，具有相同或接近的价值观，它具有一定的同质性，其价值观可能异于区域外的市场主体。比如，园区内企业之间经过长期的交往，建立起信任关系，相互间的协作交往自觉和融洽。这种彼此间的诚信观念和行为模式不能适用于同市场上其他主体的经济往来。再如，自创区企业多为创新性企业，具有较强知识产权权利意识，具有较强的自主创新的积极性，异于园区外的其他企业。

4. 稳定性

稳定性是指自创区内知识产权文化要素与园区之间具有较为稳固的联系。园区内市场主体基于共同的或有联系的产业基础，有共同的价值导向，经过长期的交往形成的具有园区和产业特色的知识产权制度、价值、理念、心理、行为方式，同园区内主导行业、经济特征、产业特色相关联，园区内主体有长期处于具有稳定人际关系和文化习俗的大环境下，拥有彼此认可的价值观，对园区有归属感和归属欲望。

5. 行业性

自创区多集中某一产业或有关联的产业，产业的特征在文化中会有鲜明的体现，文化具有鲜明的行业特征。如文化创意自创区，以美术、影视等文艺创作作为主要产业，创作的主体多为美术师、作家、摄影工作者等群体，服饰、行为方式追求奇异，审美不同于普通人，这类集聚区的文化具有鲜明的文艺特征。

四、自创区知识产权文化建设的现状

2013年3月，国家知识产权局等六部委（局）联合发布《关于加强知识产权文化建设的若干意见》，意见指出，随着经济发展和知识产权的进步，我国知识产权文化已经初步形成，但仍不能满足知识产权迅速发展的社会需求，应加大宣传力度，培育、优化知识产权文化环境。在国家知识产权政策的引领之下，河南省也出台相应的政策引导知识产权文化建设。2016年10月、2017年5月，河南省人民政府先后发布《关于印发河南省建设支撑型知识产权强省试点省实施方案的通知》《关于新形势下加快知识产权强省建设的若干意见》，明确指出要加强知识产权文化建设，构建政府主导、新闻媒体支撑、社会公众参与的知识产权文化建设体系。广泛开展知识产权宣传普及活动，弘扬尊重知识、崇尚创新、诚信守法理念。推动知识产权素质教育，强化知识产权公益宣传和咨询服务，持续举办"4·26"知识产权宣传周活动，形成全方位、多层次、宽领域、广覆盖的知识产权宣传大格局。努力提升全社会知识产权意识，积极营造知识产权强省建设良好氛围。2017年9月，河南省政府发布《河南省专利奖励办法》，明确坚持激励引导、保护创新、优质高效的原则，鼓励发明创造，推动知识产权运用和保护的政策导向。

多年来，河南省开展多种多样的知识产权文化建设活动，连年举办"4·26"知识产权宣传周活动，召开新闻发布会，组建商标联盟，开展知识产权下乡宣传，组织知识产权运营、贯标、中小学知识产权业务培训等形式各样的培训，举办知识产权中原论坛、中部知识产权金融论坛、知识产权学术讲座、研讨会、辩论赛等活动。全方位、多角度地向社会公众介绍世界知识产权日相关知识、宣传知识产权政策和知识产权强省建设成就等，营造有利于知识产权文化建设的良好氛围。如河南省2018年度知识产权稿件在期刊、网络、微信公众号等媒体上发稿量居于全国前列。在知识产权远程培训方面，河南省自2007年开展知识产权远程教育工作11年来，共建立班级663个，注册学员41430人，选课累积突破12万人次，完成课程学习并参加考试51328人次，为河南省培养了大批知识产权实用人才。❶

在自创区知识产权文化建设方面，河南省知识产权局也做了一些卓有成效的工作。2016年，河南省知识产权局启动了专利导航产业发展工作，出台了《河南省专利导航产业发展实验区管理办法》以及指引，以专利导航引领河南省自创区转型升级、创新发展，培育专利密集型产业，支撑知识产权强省试点省建设。实现制造业转型升级、提质增效，迈向中高端发展，发挥专利导航产业发展的支撑和引领作用。2016年3月25日，为加快推进郑州国家服务业集聚发展试验区建设，河南省知识产权局组织郑州市知识产权局、国家知识产权创意产业试点园区管理委员会、郑州高新区和郑东新区有关负责人及省内有关知识产权方面的专家召开了试验区建设推进会。指出各园区要错位发展，开展特色服务。各园区结合自身的产业特点，找准服务定位，出台政策措施，搭建服务平台，面向园区内入驻企业开展知识产权全链条服务。面向省内180个产业集聚区及全省的企业分类开展服务，发挥辐射作用。其他园区也开展了系列活动，推动知识产权文化建设。2016年11月，国家知识产权创意产业试点园区举办"外观设计专利保护与运用"专题培训班。洛阳、新乡等地产业集聚区开展入企帮扶活动，了解企业在生产经营、专利申请与保护、技术创新中遇到的难题，针对企业提出专利保护等问题现场进行解答，指导企业进行专利申请及保护工作，帮助企业排忧解难。

在河南省政府与地方政府的积极推动下，包括自创区在内的河南省知识产权建设已经取得了较大发展，但知识产权文化建设水平仍然不令人满意，在某种程度上，现代知识产权文化与传统文化之间没有深度融合已经成为制约河南省自创区知识产权制度建设的瓶颈。具体表现在：第一，自创区企业

---

❶ 参见河南省知识产权局2018年度宣传工作情况［EB/OL］. ［2019-01-07］. http://zjxx.hnpatent.gov.cn/work/detail/1/3/1869.shtml.

及相关人员知识产权意识淡薄,缺乏对知识产权制度、知识产权运行机制、知识产权的作用及效果、知识产权法律法规的认知,直接影响知识产权战略的实施。第二,自创区企业知识产权文化建设的基础薄弱。自创区区内多数企业不太熟悉市场游戏规则,不能把人才、技术、管理和文化等方面的优势转化为市场竞争优势。从整体来看,自创区内企业对技术创新和知识产权认识不到位,缺乏对企业知识产权文化建设重要性的认识,导致企业自主知识产权数量不多、知识产权优势不明显,甚至有的企业根本就不存在这种知识产权优势。第三,知识产权文化建设大多流于形式。知识产权文化宣传是自上而下的文化建设模式,与民间自发形成的文化有路径上的区别。宣传效果的考察多侧重于量的多少,素质教育关注的是开了多少场的培训会,做多少次宣讲,较少注意受众的需求和感受,宣讲流于形式。第四,其他知识产权主体在文化建设中的缺位。在知识产权文化建设中,除了政府外,还有科研院所、高等院校、企业、中介机构、金融机构等主体,但在自创区内,这些主体之间自主自发的互动并不多见,存在对知识产权文化建设持消极态度的现象。

五、外国知识产权文化建设的经验借鉴

(一) 日本知识产权文化建设实践

日本政府高度重视知识产权文化建设。为推动这一社会文化工程,2004年5月,在东京召开的国际研讨会通过的《东京宣言》指出,必须大力建设知识产权文化,鼓励知识产权的创造、利用和保护是其应有之义,以有效应对全球化带来的挑战。随着日本知识产权立国战略的开展,知识产文化建设也逐步推开,包括制度和观念两个层面。在制度层面,为建立具有本国特色的知识产权制度体系,日本政府努力改革与完善知识产权法律制度、政策、行政管理、行政执法、司法体制,以及建设配套的基础设施及服务体系,建立起了公共政策保障体系和法律制度体系。在观念层面,日本政府加大宣传和教育投入力度,培养高端知识产权人才,推动知识产权文化理念的传播,采取多种手段培育全社会崇尚创新、尊重知识产权的观念和意识,使之成为全社会认同的精神资源。[1]

(二) 韩国知识产权文化建设实践

韩国是亚洲"四小龙"之一,经济发展得益于韩国政府对知识产权文化

---

[1] 姚远. 日本知识产权文化:制度与观念 [M]. 学术界, 2015 (1).

建设的高度重视,韩国科技及文化产业方面的迅速发展,涌现了一批知名的品牌、世界级的企业,韩剧盛行一时。韩国知识产权文化建设的特点是根据不同地区、不同对象的要求,有针对性开展文化建设。如针对贫困地区的青年,开展共享创新教育计划,培养其创新能力,帮助贫困地区的青年从创新教育中获益;针对中小企业,推动中小企业支持计划,鼓励其获得知识产权,系统化地为其培养知识产权人才;进行现场知识产权培训,帮助中小企业提高知识产权意识;为中小企业提供专门的咨询服务,提供专利、商标以及工业品外观设计管理上的咨询,为中小企业提供专利管理课程;因人而异开展专门人才培养计划,为政府官员,与知识产权有关的雇员、青少年、教师以及大学提供有针对性网络知识产权教育;同时,推动"创意韩国"的建设,成立韩国文化振兴院,设立多个专项基金,促进文化创意产业的发展。这种全民性的培育方式,以及开放性的培育视野,使得知识产权文化建设成效显著,深得人们的认可,为知识产权事业的发展开拓了光明的前景。[1]

(三) 印度知识产权文化建设实践

印度IT产业发展很快,为世界上第二软件出口大国,其知识产权文化建设富有成效。建设包容性创新体系,创新知识产权教育模式,是印度知识产权文化建设的特色。为培育基层民众的知识产权意识,打造自下而上的民间创新价值链条,印度国家创新基金组织联合优秀民间组织,进行了源自基层的知识产权挖掘行动。印度创新知识产权教育方式,开展多种多样的创新活动,如创新思想年度国家竞赛、大学创新活动,以解决学生和穷人面临的技术创新问题和知识产权意识问题,强化年轻人的知识产权观念。设立知识产权培训学院,定期组织不同层次、不同类型的知识产权研讨会、论坛以及其他培训活动,提高政府执法机构、科研和学术机构以及其他知识产权主体人员的知识产权意识。为提升中小企业知识产权文化观念和创新能力,在国家的主导下,建立中小企业创新基金,开展知识产权培训,提高民间创新组织及个人的创新能力。[2]

六、加强自创区知识产权文化建设的政策建议

(一) 自创区知识产权文化建设应贯彻顶层设计原则

自创区从建设之日起,即将知识产权文化建设理念纳入园区建设中,围

---

[1] 陈瑜. 韩国知识产权文化建设概况 [J]. 中国发明与专利, 2013 (12): 6-9.
[2] 周玲, 刘华. 印度知识产权文化建设概况 [J]. 中国发明与专利, 2013 (12): 10-13.

绕知识产权的生产、利用、管理、保护,在规划制定、机制建设、产业谋划等方面,注重知识产权文化发展的顶层设计。在规划制定方面,经过自创区主导产业知识产权的大数据分析,编制知识产权文化建设规划,以此为指引,与园区建设规划进行融合,明确园区的发展方向,有计划有步骤地构建园区产业链。在机制建设方面,建立自创区知识产权文化评议工作机制,为产业谋划及招商选商工作提供科学依据。在产业谋划方面,就自创区知识产权优势企业发展趋势进行论证,确定其在国内外的地位。在知识产权培训教育方面,结合自创区内企业的需求,充分利用高校、科研院所、中介机构等社会资源,制定切实可行的培训计划,利用定期培训、专项培训、校企交流、专项辅助、知识产权沙龙等形式推广知识产权文化,提高自创区内企业及人员的知识产权意识。在机构建设方面,应建立知识产权文化建设的专职部门,配备专职人员,进行功能、加强文化建设中的指导,实现知识产权文化建设的优化。

(二) 自创区知识产权文化建设应发挥政府主导作用

作为一个后发型国家,在赶超发达国家经济的过程中,实现跨越式发展,必须采用世界上先进的生产组织方式及先进的科学技术,发挥政府在经济发展中的主导作用。我国自创区的建设,多在政府规划和主导下进行,从自创区的基础设施、产业布局到政策制定等方面,处处可见政府的身影。自创区内的知识产权文化建设同样要在政府的总体产业规划内运作,实现协同的高效和有序。

自创区内知识产权文化建设涉及产学研多个市场主体,这些主体有不同的价值观念和研发目标,其冲突也在所难免。政府通过建立协同创新的机构和体制,减少协同主体之间冲突的几率,引导企业、大学、科研机构的有机融合。政府通过构建知识产权的检索、交易、维权等公共服务平台,提供资金投入,培养各类专业人才,规范各方的行为,为创新主体提供服务,完善社会服务体系,促进文化建设的有序进行。政府为协同创新提供平台、资金及项目支持,并监督平台的运行、资金的使用及项目的绩效,引导产业方向和企业间的文化交流。

政府作为知识产权文化建设中的一个环节,作为公共产品的提供者,承担着规划、服务、保障、协调、监督等角色,具有制度配置、平台提供、文化培育、产权保护等方面的功能。首先,在制度配置方面,政府是知识产权法律制度、政策的制定者,为文化建设提供制度支持。其次,在平台建设方面，作为信息的载体，知识产权文化的协同创新需要一定物质基础，而这些公共产品，市场没有能力或没有动力提供。在国家层面，通过宣传、教育、培训、保护等多种方式推介知识产权文化，提升企业的知识产权法律意识。在自创区，政府通过召开会议、举办沙龙开展形式多样的知识产权活动，宣扬创新、协助、竞争的文化精神，培育集聚区内企业、科研机构相关人员的知识产权意识，促进相互的知识交流和学习借鉴，树立其共同的文化目标，消除文化隔阂，养成相同或近似的价值和理念，增强文化凝聚力。通过文化培育，形成自创区特有的协同创新文化，形成社会资本，降低社会交易成本，为自创区的长远发展奠定文化基础。

(三) 自创区知识产权文化建设应坚持市场导向

自创区知识产权文化建设的根本目的是提高园区内市场主体的知识产权意识、权利意识、协同创新意识，促进园区不同企业之间、不同产业之间生产要素的有机结合，促进园区各主体之间的协作，提高知识产权意识和协助意识，发挥产业集聚的溢出效应，提高企业创新能力和市场竞争能力。说到底，知识产权文化建设是为了提升自创区整体创新能力，促进企业健康迅速发展。因此，在制定贯彻文化建设目标、机制、规划的过程中，必须坚持市场导向原则。在知识产权文化建设中，政府只是服务者、引导者，企业才是真正的市场主体，在自创区知识产权文化建设中，应提升企业知识产权素养，引导企业增强创新能力，谋划企业发展，实现知识产权经济效益、效率的最大化，通过知识产权数据分析，利用技术和文化双线并进的方式，打造科技创新与知识产权文化相结合的集聚区发展模式。

(四) 自创区知识产权文化建设应加强知识产权保护

知识产权兼具私权和激励创新的功能，同时也是财富分配的一种手段。因此，知识产权保护是知识产权创造的基础。从法的社会控制的角度来看，法律对社会的控制主要通过法律的实施实现的。目前，我国知识产权法律体系完善，并不逊于西方国家，但知识产权法律实施的效果并不理想，侵权成本较低，创新成本高，维权成本高，模仿和侵权在某些地方甚至成为时尚，严重阻碍创新的发展。为加大知识产权保护力度，行政执法机构、司法机关虽然也进行了一些改革，如进行知识产权审判模式的探索、设立知识产权法院等，但总体上来说，尚不能适应我国知识产权发展的现状。因此，应加强知识产权行政执法和司法力度，促进二者的有效衔接，创新知识产权司法保护模式，增强知识产权保护力度，为自创区知识产权文化建设提供保障。

(五) 自创区知识产权文化建设应优化制度供给

文化建设需要优良的制度环境，需要法律和政策的支持。在国家层面，及时出台知识产权文化建设的法律法规及政策，明确文化建设的方向，是知识产权文化建设的制度前提。在知识产权问题涉及不同的主管部门时，相关主管部门应联合制定具有可操作性的协同创新的相关法规及政策，司法机关结合经济发展的实际和出现的新问题、新情况，及时出台相关的司法解释和司法政策，为自创区知识产权文化建设提供法律保障和政策引领，消除文化培育的各种障碍，促进部门之间的高效合作。在地方层面，政府主管部门和自创区管理机构，因地制宜，根据自创区实际情况，协调知识产权企业、科研院所、高等院校、中介机构等知识产权发展的市场主体，开展调查研究，及时发现集聚区知识产权发展中的问题，制定相应的制度和政策，通过调整产业发展政策、税收政策、金融政策、风险投资政策，为集聚区内各高校、科研机构提供资金和政策支持，推动产学研的结合，引导协同创新的文化建设方向，营造自由、灵活、宽松的创新氛围，打造清新的园区知识产权环境，形成全体成员认同信守的理想目标、价值追求等团队精神和社区意识，影响和规范组织成员行为，彰显知识产权文化在知识产权治理中的协同魅力。

(六) 自创区知识产权文化建设应建立区域社会信用体系

经济交往中，信任是最大的交易成本。在国家社会信用体系建设过程中，将知识产权诚信建设纳入其中，发挥社会信用的作用，会在知识产权文化建设中起到显著效果。目前我国的知识产权文化建设仍旧停留在制度器物层面，虽然已经有了比较完善的知识产权法律体系和健全的执法、司法机关，知识产权法律保护的水平不断提高，但仍然存在社会公众知识产权意识淡薄、文化氛围不强、利益分配机制滞后、知识产权侵权现象突出等问题。解决这些问题，除完善保护制度、强化制度力度之外，还需仰赖知识产权信用体系建设，使之成为国家社会信用体系的一部分。通过知识产权社会信用体系的运作，褒奖守法者，贬斥侵权者，营造诚实信用、相互尊重的知识产权文化氛围。从而，通过公开的信用评价，使失信者面临诚信负面评价的风险，从而推动社会主体养成诚实守信的习惯，并成为知识产权文化的一部分。就知识产权权利人而言，要做到诚信的权利人，首先要承诺保证发明是自己的创新结果，是真实的，发明技术的新颖性和创造性领先于当下；其次，通过法定的渠道获得授权，不通过不当的、非法知识产权诉讼行为获利，不做知识产权流氓；最后，不滥用自己的权利，积极让自己的知识产权应用于人类生产生活实践，惠及社会。

（七）自创区知识产权文化建设应加大宣传教育投入

价值理念的养成需要长期、全方位、多层次的宣传和教育。我们应借鉴国外的知识产权文化建设经验，加大知识产权宣传和教育投入，针对不同人群、不同地区、不同行业开展知识产权宣传，培养知识产权专业人才，推动和激励创新。在自创区层面，第一，认真开展企业知识产权专题培训。制定扎实可行的培训方案，通过专题培训、专题讲座等方式，开展形式多样的知识产权培训活动，切实提高科技人员、企业管理人员、企业全体员工的知识产权意识，使知识产权文化成为企业文化的核心内容。第二，加大知识产权宣传力度。在园区内开展知识产权知识的普及工作，进行知识产权文化宣传教育活动，结合"4·26"世界知识产权日、国家知识产权战略出台等有利时机，结合河南知识产权工作实际情况，开展"知识产权宣传周"等大型宣传活动，以"知识产权保护状况新闻发布会"为窗口，以国家专利审查协作河南中心快速集聚年轻审查人才为契机，使知识产权文化理念深入人心。第三，推进知识产权素质教育。知识产权教育要从"娃娃"抓起，重视中小学生知识产权素质教育，把知识产权纳入学校的日常课程之中，纳入理工科专业大学生的必修课之中，培养青少年"尊重他人知识产权、保护自己知识产权"的意识，培养一批专业化、长期化的知识产权青年志愿者队伍。通过以上途径，在园区内形成社会公众认知、认同、尊重知识产权的良好社会氛围；在园区外形成社会上客观、公正、赞赏地看待中国知识产权发展的舆论环境。

第九章 国家自主创新示范区知识产权军民融合发展

一、知识产权军民融合基本理论

(一) 知识产权军民融合概念的界定

知识产权军民融合是指将知识产权的创造、运用和保护适用于国防建设和经济发展的协同推进中。它是实施国家军民融合战略中的一个领域、一个方面。军民融合发展是多领域、多方面的融合，具体包括武器装备科研生产、人才培养、后勤保障、动员、经济布局、基础设施，以及海洋、空天、电子网络等范围的融合，而知识产权军民融合则是科技领域内的融合。

知识产权军民融合的外延包括两个方面：一是"军转民"中的知识产权军民融合。具体是指，国防领域的知识产权运用于民用领域以促进经济社会发展，国防部门应该根据一定的原则，通过审查，公开国防专利，使之能为其他主体所知悉，进而实现先进科技成果的转化，带动经济社会发展。二是"民参军"中的知识产权融合。具体是指，在国防专利方面，实行军民科技协同创新，即让军工体系之外的组织和个人能参与到国防知识产权的创造中。以加强科技创新资源优化配置，挖掘全社会科技创新潜力，形成国防科技创新百舸争流、千帆竞发的生动局面。[1]

---

[1] 习近平. 扎扎实实推进军民融合深度发展　为实现中国梦强军梦提供强大动力和战略支撑 [EB/OL]. [2018-03-12]. http://www.xinhuanet.com/politics/2018lh/2018-03/12/c_1122526642.htm.

(二) 知识产权军民融合的战略地位

知识产权军民融合是推进军民融合深度发展过程中的必然选择，是实现军民融合深度发展的关键，处于军民融合这一国家战略中的战略地位。对知识产权军民融合战略地位的认识有一个历史过程。它的逻辑起点是军民融合。我国军民融合历史沿革已久，经历了"以军为主，以军带民""军品优先，以民养军""军民融合，寓军于民""军民结合，统筹发展"等各具特色的几个阶段。党的十八大以来，习近平总书记多次提出军民融合深度发展的命题，将军民融合上升为关乎国家安全和全局发展的国家战略。经济建设和国防建设协调发展的规律及其实现，决定了知识产权军民融合的提出是顺势而为、应时而谋。我国军队建设的一条重要经验，就是把军队建设融入国家经济社会发展体系，充分利用社会资源和科技等创新成果，不断促进我军快速发展、高效发展、可持续发展。

从世界范围来讲，当今世界，各主要国家都在探索适合本国国情的军民融合发展道路。在一些发达国家，军队信息化建设80%以上的技术来自于民用信息系统；在军队保障模式上，主要采取市场化外包；在战略投送中，相当一部分依靠的是民用运力；80%左右的初级军官和军事技术人才，来自国民教育系统。市场经济的"天性"、信息技术的"天性"和信息化战争的"天性"，都要求军民融合。❶ 而不管是信息技术、信息化战争还是市场经济，在经济发展和军队建设方面，科学技术始终居于核心地位，知识产权的激励效应则是促进科学技术发展的重要制度。

由上述可知，要实现经济建设和国防建设协调发展，发挥知识产权军民融合对军民融合深度发展的带动作用，是必然选择。因为知识产权军民融合是推进更广范围、更高层次、更深程度的军民融合发展，是实现中国梦、强军梦的重要途径。

(三) 知识产权军民融合的逻辑起点

知识产权军民融合在实现军民融合深度发展中的地位，是由知识产权的天然特质决定的。知识产权作为一项私权，与其他民事权利相比，具有特殊性。这源于知识产权客体智力成果的特殊性。也就是说，知识产权与科技创新、经济发展以及提高国防力量有紧密关系。因此，知识产权军民融合的实

---

❶ 张红卫. 军民融合，有一个发展的风口 [EB/OL]. [2017-03-09]. http://www.xinhuanet.com/mil/2017-03/09/c_129505184.htm.

现，必须着眼于国防和民用领域中的知识产权。

知识产权能持续保障和激励创新。因为知识产权制度本身蕴含着三个重要机制，即新型的产权安排机制、创新激励机制和有效的市场机制。首先，知识产权是一种新型的产权安排机制，它通过赋予创新成果财产权，明确了创新主体对创新成果拥有合法的支配权和使用权。其次，知识产权是一种创新激励机制，它通过依法保护创新者的合法权益，激发人们的创新热情，实现了创新投入与创新回报的良性循环。第三，知识产权是一种有效的市场机制，它是人们针对知识产权无形性特点制定的许可转让规则，使知识产权在市场环境下可以顺利实现转移转化，产生效益、推动发展。❶

知识产权的作用契合了军民融合深度发展的内在需求和外在安排。致力于军民融合中知识产权的发展，能有效促进军民融合，实现国防和经济社会发展双赢。

(四) 知识产权军民融合的策略

知识产权军民融合的核心与关键是国防领域的知识产权，它涉及国防利益以及对国防建设具有潜在重要作用国防领域的知识产权需要保密的特殊性，决定了其与民用领域知识产权在各项制度安排上，具有很大差异。这表明，推进知识产权军民融合发展策略制定的侧重点是考虑如何将国防领域的保密知识产权让公众知悉，这属于"军转民"，是为了发挥国防知识产权对经济社会发展的带动作用；更重要的是考虑如何让民用领域知识产权的创造和运用，参与到国防领域中，这属于"民参军"，用以增强国防领域知识产权的力量。

首先，破除思想观念的禁锢。长期以来，我国国防领域的各项事业，尤其是军工体系和机制处于相对封闭和垄断状态，并与民用领域知识产权处于长期分立状态。这就导致国防领域主体的思想观念有一定的局限性：有的存在部门本位主义而"不愿融"，不愿意分享本部门的资源；有的缺乏全局观念，不真正融合；有的则思想陈旧，不愿走出固有的体系；有的则"不敢融"。❷ 这就亟需扭转国防领域各主体的思想观念，根据党和国家的顶层设计和工作部署，积极主动配合并推动知识产权军民融合发展。国防部门和各级人民政府要有大局意识，转变利益观念，着眼于国家整体利益。对于国防和军队部门而言，要用国家利益观念取代对军工行业垄断地位的固守；对于地

---

❶ 申长雨. 知识产权对于经济社会发展的重要作用 [N]. 中国知识产权报，2016-07-25.
❷ 张红卫. 军民融合，有一个发展的风口 [EB/OL]. [2017-03-09]. http://www.xinhuanet.com/mil/2017-03/09/c_129505184.htm.

方各级人民政府而言，要以实现国家整体利益为目标，积极主动投入人力和财力。

其次，国家建立健全国防知识产权和民用知识产权相互转化的体制机制。这是实现知识产权军民融合的前提。通过制定和修改法律，清除或改变目前阻碍国防领域知识产权和民用领域知识产权相互转化、相互促进的障碍，为知识产权军民融合提供法治保障。

最后，加强国防知识产权理论研究，为知识产权军民融合发展实践提供理论指导。目前，我国尚缺乏关于国防知识产权的产权、利益分配等基本理论。明确这些理论基础，并顺应理论，能有效消除推进知识产权军民融合发展的各项顾虑。

二、我国知识产权军民融合制度梳理

（一）国家知识产权军民融合的顶层设计

1. 总体保障

党中央和国务院通过有序部署，为军民融合作出顶层设计，使之上升为国家战略，为知识产权军民融合发展提供了总体保障。党的十八届三中全会通过的《中共中央关于全面深化改革若干重大问题的决定》明确提出"推动军民融合深度发展"的要求；十八届四中全会通过《中共中央关于全面推进依法治国若干重大问题的决定》，提出"加强军民融合深度发展法治保障"。这就从具体实践和法治两个层面对其提出了要求，不仅要在实际中推动军民融合深度发展，而且要求为军民融合的发展提供法治保障，实现用法治思维和法治方式推进、实现军民融合。中共中央、国务院、中央军委印发的《关于经济建设和国防建设融合发展的意见》则具体指出，要"深化国防科技工业体制改革，进一步打破行业封闭，立足国民经济基础，突出核心能力，放开一般能力，推进社会化大协作，推进军工企业专业化重组……推动军工技术向国民经济领域的转移转化，实现产业化发展……完善军民协同创新机制，加大国防科研平台向民口单位开放力度，推动建立一批军民结合、产学研一体的科技协同创新平台。"这就更加明确、具体地阐述了军民融合与经济建设的关系，将军民融合发展上升为我国的国家战略。2017年3月，习近平总书记在出席十二届全国人大五次会议解放军代表团全体会议时强调，开展军民协同创新，推动军民科技基础要素融合，加快建立军民融合创新体系。

上述党和国务院层面的文件对军民融合的表述和要求，是对知识产权军民融合发展的国家顶层设计，是相关国家机关开展具体工作的依据和原则，也是具体开展工作的总体保障。

2. 具体支撑

为更好落实党和国家的工作部署，相关国家机关出台了一系列具体文件，为知识产权军民融合发展提供了具体的支撑，为地方各级人民政府部署相关工作提供了具体指引。一是国务院于2017年出台了《国务院办公厅关于推动国防科技工业军民融合深度发展的意见》。《意见》围绕国防科技工业军民融合的指导思想、基本原则及具体推进方向，对各省、自治区、直辖市人民政府，以及国务院各部委、各直属机构提出了意见，并且提出要促进军民技术相互支撑、有效转化。二是科技部、中央军委科学技术委员会于2017年印发了《"十三五"科技军民融合发展专项规划》。《规划》明确指出，推进知识产权战略实施，强化分配制度的知识价值导向，促进创新成果转化收益合理分享。完善全国知识产权运营公共服务平台，鼓励建设区域性军民融合特色知识产权服务平台，形成军民科技创新资源共享的知识产权运营服务能力……引导民用领域知识产权在国防和军队建设领域运用，鼓励国防知识产权向民用领域转化。这就为促进知识产权军民融合发展工作的开展指明了工作方向。三是国务院于2016年发布了《国务院办公厅关于印发知识产权综合管理改革试点总体方案的通知》。《通知》围绕"知识产权领域军民融合发展"的要求，共提出了八项相关方面的工作，加以具体引导。四是国家知识产权局办公室、中央军委装备发展部办公厅于2018年出台《国家知识产权局办公室、中央军委装备发展部办公厅关于开展知识产权军民融合试点工作的通知》，随后又发布《国家知识产权局办公室、中央军委装备发展部办公厅关于确定首批知识产权军民融合试点地方的通知》，旨在具体开展知识产权军民融合发展工作方面展开积极探索，切实落实知识产权军民融合发展所需要建立健全的制度，为制定全国普遍性的知识产权军民融合制度提供经验。

3. 立法保障

十八届三中全会以来，党和国家强调重大改革于法有据，要求在整个改革过程中，都要运用法治思维和法治方式，发挥立法的引领和推动作用。为此，十三届全国人大常委会立法规划将制定军民融合发展法列为十三届全国人大常委会立法规划中，并且列在了第一类项目，即条件比较成熟、任期内拟提请审议的法律草案（69件）中。此外，2018年10月15日，习近平主持召开中央军民融合发展委员会第二次会议并发表重要讲话。会议审议通过

《关于加强军民融合发展法治建设的意见》,强调完善法律制度,推进军民融合领域立法,尽快实现重点领域立法全覆盖。要提高立法质量,立改废释并重,及时修改、废止不适应实践需要的法规文件,增强法律制度时效性、协调性、可操作性。❶ 这就为知识产权军民融合方面的相关改革提供了法治保障,实现重大改革于法有据。

4. 组织保障

一是党和国家组建中央军民融合发展委员会。中央军民融合发展委员会是中央层面军民融合发展重大问题的决策和议事协调机构,统一领导军民融合深度发展,向中央政治局、中央政治局常务委员会负责。2017年6月20日,习近平主持召开中央军民融合发展委员会第一次全体会议并发表重要讲话。此次会议审议通过了《中央军民融合发展委员会工作规则》《中央军民融合发展委员会办公室工作规则》《中央军民融合发展委员会近期工作要点》和《省(区、市)军民融合发展领导机构和工作机构设置的意见》,为军民融合建立了组织上的保障。二是设置科学技术部门并明确相关要求。根据党的十九届三中全会审议通过的《深化党和国家机构改革方案》、第十三届全国人民代表大会第一次会议审议批准的国务院机构改革方案,设置科学技术部。随后,中共中央办公厅、国务院办公厅于2018年9月印发了《科学技术部职能配置、内设机构和人员编制规定》,为科学技术部的组织提供规范依据。

5. 司法保障

最高人民法院于2018年8月发布《关于为海南全面深化改革开放提供司法服务和保障的意见》。《意见》提出,依法审理涉军案件,促进军民融合发展。这就为涉及军民科技融合的知识产权案件提供司法支持和保障。

6. 财政保障

国家对推进知识产权军民融合发展的建设提供财政资金上的支持。具体信息可以从《国家知识产权局关于政协十三届全国委员会第一次会议第0018号(科学技术类003号)提案答复的函》(国知发管函字〔2018〕168号)中知悉。其中指出,打造知识产权运营的互联网平台。在中央财政支持下,积极推进知识产权运营平台体系建设……中央层面的这项支持,不但释放出国家积极提供支持的信号,而且对带动地方各级人民政府加大资金投入,起到了极大的引领和示范作用。

---

❶ 习近平. 强化责任担当狠抓贯彻落实加快推动军民融合深度发展[N]. 人民日报,2018-10-16(01).

7. 科学研究保障

在关于军民融合的理论研究方面，国务院出台相关意见，加以强调和指引，旨在为具体实践提供理论指导。具体文件是《国务院关于全面加强基础科学研究的若干意见》（国发〔2018〕4号）。《意见》指出，要强化科教融合、军民融合和产学研深度融合，坚持需求牵引，促进基础研究、应用研究与产业化对接融通，推动不同行业和领域创新要素有效对接。理论研究的发展和突破，能有效打消实践中遇到的困惑和疑虑，指导知识产权军民融合更好的发展。

综上，通过梳理党和国家关于知识产权军民融合的政策文件可以发现，党和国家为知识产权军民融合发展做出了顶层设计，为具体的实践指明了方向，提供了依据。同时，为军民融合的发展提供了组织、司法、立法以及财政保障。这就使知识产权军民融合发展在思想上和实践中都上升为一项国家战略，自创区应给以高度重视和支持。

(二) 国家知识产权军民融合的法律规范

我国相关法律、法规、规章对知识产权、国防知识产权及与其相关的制度做出了规定，对国家军事技术的发展发挥重大作用。在军民融合背景下，系统梳理相关法律、法规、规章，厘清国防知识产权相关规定与普通知识产权相关规定的区别和联系，对于明确推进知识产权军民融合发展下一步的工作重点和改进之处，具有重大意义。

第一，我国《专利法》是专利领域的基本法律。虽然这部法律排除了对涉及国家安全和国家重大利益的国防专利的规范，而是规定按国家有关规定办理，但是，在知识产权军民融合背景下，国防专利和普通专利的相关规范势必要相互接轨，从而适用相同的规则。一般而言，涉及国家安全的发明创造主要是指国防专用或者对国防有重大价值的发明创造。关于军事技术的专利当然属于涉及国家安全和国家重大利益的专利，不由专利法调整。也就是《专利法》第四条的规定，申请专利的发明创造涉及国家安全或者重大利益需要保密的，按照国家有关规定办理。

第二，《国防专利条例》是一部专门规范国防专利的规范。它与《专利法》第四条的规定相衔接、协调。《国防专利条例》第一条明确规定：为了保护有关国防的发明专利权，确保国家秘密，便利发明创造的推广应用，促进国防科学技术的发展，适应国防现代化建设的需要，根据《专利法》，制定该条例。

第三，由于国防专利的特殊性，还有一些其他法律、法规、规章对其进行规范，并与《国防专利条例》共同形成对国防专利相关事项的规范，为国防安全提供保障。例如，我国《国防法》（2009年修正）第三十七条规定，国家为武装力量建设、国防科研生产和其他国防建设直接投入的资金、划拨使用的土地等资源，以及由此形成的用于国防目的的武器装备和设备设施、物资器材、技术成果等属于国防资产。国防资产归国家所有。《科学技术进步法》第二十条第1款规定，利用财政性资金设立的科学技术基金项目或者科学技术计划项目所形成的发明专利权、计算机软件著作权、集成电路布图设计专有权和植物新品种权，除涉及国家安全、国家利益和重大社会公共利益的外，授权项目承担者依法取得。《科学技术保密规定》（2015年修订）第九条规定："关系国家安全和利益，泄露后可能造成下列后果之一的科学技术事项，应当确定为国家科学技术秘密：（一）削弱国家防御和治安能力；（二）降低国家科学技术国际竞争力；（三）制约国民经济和社会长远发展；（四）损害国家声誉、权益和对外关系。"国家科学技术秘密及其密级的具体范围（以下简称国家科学技术保密事项范围），由国家保密行政管理部门会同国家科学技术行政管理部门另行制定。

第四，随着军民融合战略的提出及其深入发展的要求，需要立法发挥引领作用。为适应这种情形，立法机关于2016年制定通过了《国防交通法》。其第一条规定，为了加强国防交通建设，促进交通领域军民融合发展，保障国防活动顺利进行，制定该法。第三条第一款规定，国家坚持军民融合发展战略，推动军地资源优化配置、合理共享，提高国防交通平时服务、急时应急、战时应战的能力，促进经济建设和国防建设协调发展。第四条第四款规定，省级以上人民政府有关部门和军队有关部门建立国防交通军民融合发展会商机制，相互通报交通建设和国防需求等情况，研究解决国防交通重大问题。这是为促进军民融合发展而制定的一部法律。❶

第五，为了推进知识产权领域军民融合的发展，非常有必要通过立法缩小国防知识产权和普通知识产权之间的制度差异，为它们的融合发展建立平台。例如，《标准化法》（2017年修订）第二十三条规定，国家推进标准化军民融合和资源共享，提升军民标准通用化水平，积极推动在国防和军队建设中采用先进适用的民用标准，并将先进适用的军用标准转化为民用标准。《中

---

❶ 全国人大常委会2016年工作要点［EB/OL］.［2016-05-17］. http://npc.people.com.cn/n1/2016/0517/c14576-28356805.html.

小企业促进法》（2017 年修订）第三十四条第二款规定，国家推动军民融合深度发展，支持中小企业参与国防科研和生产活动。

除此之外，党和国家还积极制定完善关于国家秘密的法律、法规、规章，为国防知识产权定密解密的原则和制度提供指引。特别是党的十八大以来，制定出台《保密法实施条例》和《保密事项范围制定、修订和使用办法》等保密法规和部门规章；围绕国家创新驱动发展战略要求和保密科技工作现实需求，制定印发一系列规范性文件和保密标准。研究制定《国家秘密定密管理暂行规定》，推动党中央、国务院文件实现国家秘密标志规范标注，会同有关中央和国家机关及时开展保密事项范围制定修订和集中清理工作，定密解密工作的规范性、科学性和权威性明显增强。明确要依法处理保密与信息公开的关系；既确保国家秘密安全，又便利信息资源合理利用是保密法确立的重要原则。❶

综上所述，我国立法不但根据普通知识产权和国防知识产权的不同性质，分别为它们设置了相应的规则；而且在军民融合背景下，又适应需求，制定、修改相关的规范，为知识产权军民融合提供立法上的依据。虽然一些法律经过修订已经为知识产权军民融合发展提供了法律依据，但是，仍有相关规定尚未修改，以至于不适应军民融合发展的需求，从而成为知识产权军民融合发展的一大障碍。

除此之外，为更好地、全方位地配合、落实国家军民融合战略，按照中央分类推进事业单位改革总体部署，国防科工局等八部委就军工科研院所转制出台了《关于军工科研院所转制为企业的实施意见》，旨在通过优化军工企业组织结构，强化企业技术创新能力，促进科研与生产相结合，建立深度的军民融合机制。目前，已经启动实施首批 41 家军工科研院所改革。军工科研院所改制的启动，为军工行业进入市场竞争，打通民用知识产权在军工行业的应用渠道，将起到很好的促进作用。

(三) 民营经济参与军民融合的政策

2018 年 11 月 1 日习近平主持召开民营企业座谈会，指出非公有制经济在我国经济社会发展中的地位和作用没有变，我们毫不动摇鼓励、支持、引导非公有制经济发展的方针政策没有变，我们致力于为非公有制经济发展营造良好环境和提供更多机会的方针政策没有变，同时指出我国民营经济只能壮

---

❶ 田静. 坚持依法治密推进新时代保密工作转型升级 [N]. 人民日报，2018-09-26（11）.

大、不能弱化，而且要走向更加广阔的舞台。其中措施之一是，营造公平竞争环境。打破各种各样的"卷帘门""玻璃门""旋转门"，在市场准入、审批许可、经营运行、招投标、军民融合等方面，为民营企业打造公平竞争环境。鼓励民营企业参与国有企业改革。❶ 国务院工业和信息化部为贯彻落实习近平重要讲话，保障政策落地，将采取一系列相关措施。其中之一是，进一步放宽市场准入，鼓励民间资本进入电信、军工领域。进一步引导和支持民营企业参与军民融合发展。搭建民营企业优势军民两用技术创新成果展示、对接、交流平台，推广可转民用的军用先进技术，促进供需交流；继续编制发布年度《民参军技术与产品推荐目录》《军用技术转民用推广目录》，引导民营企业参与国防建设，鼓励其利用先进军用技术发展壮大。❷

上述讲话和即将采取的措施为知识产权军民融合中民营经济一方，提供了保障，使之更好、更顺利地参与到促进军民融合深度发展之中。

三、自创区知识产权军民融合现状分析

（一）河南省军民融合资源的分布情况

军工科研机构和军工企业数量较多，技术优势明显。一是驻豫军工科研机构实力雄厚。河南省内驻有8个军级单位，其中团以上单位300多个、军事院校4个。解放军信息工程大学是全国重点理工科高等院校，主要为国防现代化建设培养计算机、通信、测绘和信息研究等专业方面的高层次人才，在最新的军校实力排行榜上，解放军信息工程大学名列第二，因此，可以发挥其军队人员、装备、技术优势，实现生产力与战斗力同步提升。二是军工企业数量多、质量优。河南省目前承担军工任务企业已达200余家，居全国第四位，大多数集聚在郑洛新国家自主创新示范区，其中部分军工企业不论在企业规模还是技术优势都具有广阔的前景。

"民参军"企业数量不断攀升，效益显著。河南省民企"参军"热情高涨，获取"军工四证"的企业数量不断攀升，并且部分先行先试者收获颇丰。截止到2017年年底，河南省取得武器装备科研生产保密资格的单位达203

---

❶ 习近平. 毫不动摇鼓励支持引导非公有制经济发展 支持民营企业发展并走向更加广阔舞台 [N]. 人民日报, 2018-11-02（01）.

❷ 苗圩. 进一步打破电信、军工领域民营企业准入障碍 [N]. 人民日报, 2018-11-05.

家，居全国第 6 位❶，它们正凭借行业领先的技术优势进入军工领域，有效推动了军工产业的升级。

(二) 河南省军民融合工作的推进情况

2016 年以来，河南省依托解放军信息工程大学、解放军陆军炮兵防空兵学院等军事院校，在可见光通信、超级电容、工业 CT、北斗导航、网络空间安全、人工智能等前沿技术领域开展战略合作，发布项目 17 个，签约企业 22 家，取得了显著成效。

在企业技术优势方面，军工企业积极参与国家战略及军品研发，新航集团、158 厂、695 厂、613 所成功配套国产 C919 大型客机。在中国自主研制的首款大型运输机运—20 上，中航光电产品首次成功实现了电子设备集成互联，技术水平国内领先。新航集团、158 厂助力我国自主研发的世界最大水陆两栖飞机 AG600 成功下线试飞。军工企业积极拓展装备和技术优势在民用领域的推广应用，在高端装备制造领域，如新能源汽车、海洋工程、特种车辆、通信设备、轨道交通、智能机器人等产业已形成先进能力和产业规模。

在民参军方面，洛阳市已经形成了以中国空军导弹研究院、航空工业电光设备研究所、中船重工 725 所、中航光电等军工企业和科研单位为核心，以民营中小企业为补充的专业化军民融合配套协作生产体系。在此基础上，河南省委省政府出台了一系列政策文件，制定一系列制度，大力推进知识产权军民融合发展。具体如下：

一是出台军民融合政策文件。河南省委省政府颁布《河南省人民政府关于加快军民结合产业发展的意见》《河南省国防科技工业军民融合发展"十三五"规划》《中共河南省委"十三五"经济建设和国防建设融合发展规划》《中共河南省委军民融合发展委员会工作规则》《中共河南省委军民融合发展委员会办公室工作规则》等政策文件，为河南省知识产权军民融合发展提供方向和依据。

二是开展规章规范性文件清理。按照《河南省人民政府办公厅关于开展规章规范性文件清理工作的通知》(豫政办明电〔2017〕86 号) 的有关要求，省国防科工局对 2017 年 6 月底前公布的现行有效的规范性文件进行了清理。关于知识产权军民融合规范性文件的清理结果是，《关于印发〈河南省国防科

---

❶ 大河网. 新时代　新气象　新作为，河南军民融合产业迈上新台阶 [EB/OL]. [2018-01-22]. https://news.dahe.cn/2018/01-22/259518.html.

学技术奖励办法〉的通知》（豫国科〔2011〕12号）等12件规范性文件继续有效。其中，该《办法》指出，奖励在推动国防科学技术进步中做出突出贡献的单位和个人，鼓励自主创新，促进国防现代化建设和国民经济的发展，项目评审和管理工作强调严格保守国家秘密，尊重和保护知识产权。获奖项目要求具有全部或部分自主知识产权。

其他继续有效的规范性文件从不同方面具体规定了知识产权军民融合的相关规则。例如，关于国防科技工业科研项目的验收标准等规定。这些规范性文件在贯彻实施国家和省级知识产权军民融合法律、法规、政策方面，发挥着无可替代的作用。

三是组建具体机构。早在2012年，河南省委研究出台《关于深入推进河南省军民融合式发展的意见》，并在全国率先建立省级军民融合式发展联席会议协调机制；2017年10月，中共河南省委常委会决定设立中共河南省委军民融合发展委员会，2018年8月又设立中共河南省委军民融合发展委员会办公室，列入省委工作机关序列，作为省委军民融合发展委员会的日常工作机构，负责全省军民融合发展工作的综合协调和督导落实。

对河南省知识产权军民融合发展带来更大实效的是，2018年3月22日河南省军区协调数十个驻豫师以上单位召开第一次全体会议，建立了驻豫部队军民融合协调机制，目的是让驻豫部队军事需求提报更加科学集中，同时也让地方相关部门对部队需求标准更加清晰明了，在兑现落实上更加务实高效。

四是设立军民融合发展与投资基金。2017年10月，河南省军民融合产业投资基金由洛阳市政府和河南投资集团、中原豫资投资控股集团共同发起设立，基金总规模500亿元，将通过"1+N"的母、子基金模式，实现母基金—子基金—项目三级放大，重点投向军民融合产业、优质企业以及洛阳全国军民融合示范区创建和河南省军民融合产业基地建设等。

五是大力推进军民融合产业园或产业基地建设。经省国防科学技术工业局批准，截止到2018年8月，河南省已在郑州、洛阳、新乡、信阳、三门峡、鹤壁、林州、巩义、许昌建立了9家军民融合产业基地，推动军民融合向深度发展。以河南省（巩义）军民融合产业基地为例，该基地以巩义市自创区、豫联自创区、耐火材料工业园区和民营科技园区为依托，发挥现有产业基础和中船重工713所、泛锐熠辉等军工单位优势，统筹推进军民融合产业基地与原有园区的融合布局建设，推动产业结构升级和装备能力提升，抢占材料行业发展制高点，形成经济建设和国防建设融合发展新局面。

六是搭建军民融合对接平台。2017年,河南省政府分别与核工业集团、航天科技集团、航天科工集团、船舶重工集团等8家军工集团签署了合作协议,涉及军民融合项目38个,为央属军工集团在豫单位提升产业水平、质量和竞争力奠定了基础,有效提升了河南省国防科技工业军民融合的层次和规模。

七是建立军民融合高端研究机构。2015年12月郑州市政府、解放军信息工程大学、郑州高新区管委会共同组建郑州信大先进技术研究院。

八是建立军民融合协同创新联盟教育基地。我国首个军民融合协同创新联盟教育基地在河南工业职业技术学院揭牌。这意味着河南省军民融合与创新人才培训平台的建设,将与协同创新联盟共同推进。

九是推动成立中原军民融合产业联盟。这是军工(含军队)企事业单位、相关科研院所、高等院校、优势民营企业及产业服务机构,按照共商、共建、共享、共赢的原则,组成的中原地区非营利的产业发展与服务联合体,致力于促进国防工业企业相关产业协同创新能力和核心竞争力的提升。该联盟目前已有100多家成员。

(三)自创区知识产权军民融合工作的进展情况

1. 开展军民融合产业专利导航工作

围绕河南省航空航天、电子信息、高端装备、安全防护、新能源、新材料等军民两用技术重点领域,以自创区为依托,开展专利导航产业发展实验区建设,探索建立产业专利导航工作机制,实施产业规划类和企业运营类专利导航项目,建设产业知识产权联盟和组建专利池等,促进形成专利导航产业规划、导航技术研发、导航市场开拓和运营保护的良性态势。河南省知识产权局先后出台了《河南省专利导航产业发展工作实施方案》和《河南省专利导航产业发展实验区管理办法》,指导专利导航实验区建设和专利导航工作开展。

目前河南省已申报并评审确定两批共18家省级专利导航实验区,5家专利导航实验区培育对象。其中在军民两用技术产业领域,以国家专利导航(超硬材料)产业发展实验区为引领,已建成郑州市高新区北斗导航与遥感产业专利导航实验区、洛阳市涧西区农业智能装备产业专利导航实验区、洛阳市高新区机器人和智能装备制造产业专利导航实验区、新乡市新能源电池产业专利导航实验区等,初步实现了专利导航军民融合重点产业发展的工作探索。

2. 建设知识产权运营服务体系，服务军民融合产业发展

一是以郑州知识产权运营服务体系重点城市建设为重点，加大知识产权运营政策支撑和资金保障。郑州市政府正式出台了《郑州市知识产权服务体系建设实施方案》，以高价值专利培育体系、创新主体知识产权能力提升、知识产权转移转化激励体系、知识产权运营平台支撑体系、知识产权金融支撑体系、知识产权大保护体系、人才培养体系等支撑，经过三年时间，在郑州市构建起要素完备、体系健全、运行顺畅的知识产权运营服务体系，带动重点产业知识产权发展质量和效益明显提升。

二是推进国家知识产权服务业发展集聚区建设，补齐知识产权服务链条。2017年，郑州国家知识产权服务业集聚发展试验区通过国家知识产权局验收，获批国家知识产权服务业集聚发展示范区。郑州市制定了示范区发展规划，研究出台促进知识产权服务业集聚发展的政策，实施知识产权服务业发展促进计划，设立奖补资金，吸引国内外高端知识产权服务机构进驻，加强商业模式和服务理念创新示范，优化区域知识产权服务业态结构，开展知识产权高端服务。2017年河南省新设立15家代理机构、9家分支机构、8个工作站，拥有5家国家知识产权服务品牌机构。

三是设立重点产业知识产权运营基金。经过前期筹备，以中央财政4000万元引导资金为基础的河南省重点产业知识产权运营基金，完成了基金实施方案制定、基金管理机构确定、托管银行确定、社会资本募集、基金公司注册等环节，2017年12月26日，首支河南省重点产业知识产权运营基金正式成立。根据省财政厅与省知识产权局联合印发的《河南省重点产业知识产权运营基金实施方案》，基金将以直接投资、设立子基金的方式，重点支持以超硬材料为主的新材料、电子信息、装备制造等重点产业领域内，拥有或控制核心专利的市场前景良好、高成长性的初创期或成长期企业，具有相应产业领域特色的知识产权运营机构。

四是探索开展知识产权商品化交易市场试点工作。以河南省技术产权交易所为依托，制定知识产权交易实施方案和配套制度及规则，省知识产权局于2017年年底正式向国家知识产权局申请开展知识产权交易市场试点工作，探索建立网上实时评估系统和竞价系统，构建以知识产权评估、转让许可、投融资、股权交易、质押物处置等为支持的网上网下相结合的交易服务体系，发展知识产权虚拟市场。

五是全面推广专利权质押融资工作。河南省知识产权局通过建设知识产权质押融资服务平台，搭建企业专利权质押融资需求，征集发布与银企对接机制，开展融资巡讲、银企对接活动，与商业银行签订知识产权战略合作协议，出台促进质押融资工作意见，设立融资补贴资金等方式，全面推广专利权质押融资工作。2017年，全省实现专利权质押融资15.5亿元，惠及企业88家。❶ 2017年10月，省知识产权局与省财政厅联合出台了《河南省专利权质押融资奖补项目管理办法》，对企业利用专利权质押融资产生的利息、评估、保险、担保等费用给予最高不超过实际发生额60%，年度最高不超过80万元的分级分梯次奖励，同时对提供融资服务成功实现贷款的知识产权中介服务机构给予奖补支持。该项政策大大激励了科技型中小企业利用专利权质押融资的积极性，拓宽了企业融资渠道。

3. 搭建知识产权军民融合交易平台

为促进知识产权军民融合发展，国家知识产权局以西安科技大市场为依托，搭建了国家知识产权运营军民融合特色平台，纳入国家知识产权局"1+2+20+N"知识产权运营服务体系。河南省济源市依托济源科技大市场，正致力于打造河南省知识产权军民融合交易平台，实现与国家知识产权军民融合服务平台的功能对接，实现在线需求发布、供需对接、价值评估、专业咨询、知识产权服务等多项功能，并力争提供场地、人员、机构、资金保障，为全省知识产权军民融合提供服务。2017年年底，首届济源市知识产权军民融合知识产权论坛在济源召开，论坛邀请了国家知识产权军民融合平台负责人、河南省知识产权局局长、广东知识产权服务机构、军民融合重点企业代表等参加，就知识产权军民融合问题进行了专题研讨和交流。

4. 打造军民融合知识产权协同创新机制

按照《河南省国防科技工业军民融合发展十三五规划》总体部署，以郑洛新国家自主创新示范区为核心，河南省开展了军民融合协同创新的模式探索和实践。以郑州高新区为例，由高新区提供场地和资金、解放军信息工程大学提供技术和人才，与解放军信息工程大学建立战略合作，成立解放军信息工程大学先进技术研究院。研究院是郑州市与信大开展全面深度科技合作、推进军民两用高端技术研发和国防科技成果转化的新型科研机构，按照"高水平、应用型、开放式"的标准，建设协同创新、成果转化、技术研发、人才培养、企业孵化、战略研究、国际交流和公共科技服务等八大平台，打造

---

❶ 2017年河南省通过专利质押融资金额达15.5亿元 [EB/OL]. [2018-04-25]. https://www.henan.gov.cn/2018/04-25/390266.html.

国防科技自主创新高地和军民融合创新发展典范。研究院实行理事会领导下的院长负责制，除日常运转内设部门外，还设立了专门的市场推广部，成立了由北斗导航、网络空间安全、测绘遥感、智慧城市、物联网与云计算和大数据7个创新中心，以及检测工程技术部、教育培训部、新产业战略研究所和成果评估鉴定中心等4个技术服务机构。研究院制定了科研成果转化流程，以解放军信息工程大学技术科研团队和专家教授为依托，以北斗导航创新中心等7个中心为研发平台，同时加强与地方科研院所、地方企业、高校等合作，促进军工技术和军民两用技术研究与创新，成立专家委员会，对待孵化的研究成果和专利技术进行评估，对评估通过的成熟成果与技术，通过吸纳研究院投资公司、风险投资公司、第三方企业实体投资资金，依托研究院独资公司、研究院合资公司、第三方独资公司等实现技术转化，通过军转民服务地方经济建设。同时对民参军技术，依托各创新中心等研究平台，进行适用化研发，以适应军队和国防建设需要，完成民参军转化，服务国防和军队建设。目前，围绕研究院工业CT项目，河南省科技厅、洛阳市知识产权局与研究院正在商讨签订战略合作协议，加强科技协同创新，促进项目转化实施，加强重大研发设备等资源共享和人才培养，促进军转民技术落地转化。

5. 严格知识产权保护，优化保护环境

严格的知识产权保护环境是营造良好营商环境，促进知识产权军民融合发展的基本保障。河南省知识产权局开展专利执法专项行动，严格知识产权保护，推动知识产权保护体系建设，推进知识产权行政执法与刑事司法有效衔接，畅通跨部门、跨区域协同保护机制。加快推进中国郑州知识产权快速维权中心建设，提升集知识产权快速审查、确权、维权于一体的一站式综合服务水平。健全知识产权维权援助体系，构建完善知识产权维权援助网络，营造严格知识产权保护的良好氛围。

2017年河南省专利行政执法成效明显。河南省知识产权局出台了工作方案，全面部署组织开展执法维权专项行动；加大电商领域执法维权工作力度，签署了电商领域专利执法维权协作调度机制运行协调会议备忘录，加强与电商领域专利执法维权协作调度（浙江）中心案件协作，濮阳、新乡、安阳等8个市局积极办理电商专利案件，全省接收办理移交的电商案件600余件；展会知识产权保护环境不断优化，郑州、南阳、漯河等市局积极进驻当地大型展会、交易会开展执法检查并处理多起案件；在全省组织开展了省市县联合执法活动，提升了基层执法人员的能力，规范了专利商品秩序；全省全年执法办案量 2056 件，首次突破 2000 件，增长幅度 42%，其中纠纷案件 704 件，假冒案件 1352 件，新乡、郑州、濮阳、南阳、焦作局办案量超 200 件，营造了保障创新发展的良好环境❶。

知识产权维权援助工作体系进一步健全。中国郑州（创意产业）快速维权中心获批成立，这是全国第 13 家快维中心，中心的运行将畅通获权、确权、维权渠道，提升创新成果获权维权效率。出台了《河南省自创区知识产权维权援助工作方案》和《河南省自创区知识产权维权援助工作站管理办法》，全省全年共设立工作站 28 个，信阳、三门峡两个省辖市国家级中心分中心成立，实现全省市级知识产权维权援助服务全覆盖。安阳中心设立发放了知识产权维权援助专项资金，洛阳中心制定了小微企业知识产权维权援助管理办法，濮阳中心建立了知识产权举报投诉志愿者服务队，平顶山、鹤壁、周口等中心也积极主动面向企业开展知识产权维权服务。

6. 举办首届军民融合知识产权高峰论坛

2018 年 1 月 9 日，济源市举办首届军民融合知识产权高峰论坛，为相互交流、借鉴，形成一批在知识产权助推军民融合发展方面的新理念、新观点、新思路，提供平台。

(四) 郑州、洛阳、新乡三地知识产权军民融合工作的进展情况

在国家和省级知识产权军民融合的工作部署和引导下，郑州、洛阳、新乡三地依托行政区域内丰富的军地资源，独自展开或者通过区域联合共同推进知识产权军民融合深度发展。

1. 组建领导机构

在中央和省级军民融合机构的领导下，郑州、洛阳、新乡三地也组建了相应的市级军民融合领导机构。例如，洛阳市组建市军民融合深度发展领导小组，具体负责洛阳市军民融合工作，多次召开会议，制定文件，部署工作；新乡市则成立河南省（新乡）军民融合产业基地建设推进工作领导小组，具体负责军民融合产业基地建设的指导、协调和督导检查等工作。

2. 制定专门针对知识产权军民融合的政策文件

将知识产权军民融合工作列入市工作的日程，并作出具体的部署。洛阳市于 2016 年 2 月发布《洛阳市创建国家军民融合创新示范区方案》，旨在将示范区建成军工企业融入地方经济先导区、军队保障依托社会服务先行区和

---

❶ 省知识产权局印发 2017 年知识产权执法维权专项行动实施方案 [EB/OL]. [2017-03-06]. http://www.yitong0371.com/content/?135.html.

基础设施建设融合发展示范区。2016年8月，洛阳市印发《构建现代产业体系促进科技服务业发展实施方案》，旨在建立健全军民融合公共服务体系；2017年3月，出台《洛阳市军民融合发展引导基金设立方案》，旨在促进洛阳市军民融合产业的发展与完善；2017年4月，发布《洛阳市支持小微企业工业园发展实施办法（试行）》，将军民融合小微企业园作为办法支持的10个对象之一；2017年7月，印发《洛阳市军民融合企业认定办法（试行）》；2017年8月，印发《洛阳市推进技术创新攻坚方案》；2018年8月出台《郑洛新国家自主创新示范区洛阳片区发展规划纲要（2018—2025年）》，将深化军民融合作为《规划纲要》的六大任务之一。

除此之外，洛阳市涧西区专门出台了《关于支持军民结合产业加快发展的意见》等相关配套文件，支持、促进产业融合发展；2013年1月，洛阳市涧西区成功创建国家新型工业化产业示范基地（军民结合）；2018年5月，出台《涧西区加快首创之区建设促进重点产业发展扶持办法》，其中指出，企业获得"民参军"军工四证的，每项给予10万元奖励，之前已获得四证的企业，一次性奖励5万元，用以激励知识产权军民融合发展。

新乡市人民政府在2016年12月12日出台《关于新乡市加快先进制造业专业园区建设的实施意见》，将军民融合示范基地列入项目建设范围；2017年10月16日，新乡市人民政府印发《新乡市航空航天军民融合科技专业园区发展规划（2017—2020年）》，以更好贯彻落实国家军民融合发展战略思路；2018年1月18日，新乡市人民政府发布新乡市装备制造业转型升级行动计划（2018—2020年）等10项行动计划；2018年1月19日，新乡市人民政府发布《河南省（新乡）军民融合产业基地建设实施方案》，《方案》对推进新乡军民融合深度发展做出了全面、具体的部署，从目标、推进措施和保障措施等方面予以了规划。

郑州市则依托郑洛新国家自主创新示范区建设，在2016年制定《中共郑州市委郑州市人民政府关于加快推进郑州国家自主创新示范区建设的若干政策意见》。《意见》指出，为了加强军民创新融合，要探索建立军民融合协同创新研究院，搭建国防科技工业成果信息与推广转化平台，研究设立军民融合协同创新投资基金，完善军民创新规划、项目、成果转化对接机制，打通军民科技成果双向转移转化渠道。

郑州、洛阳、新乡市级人民政府对知识产权军民融合发展政策文件的制定和颁布，充分结合特定市的不同情况，针对性更强地贯彻落实了国家和省级层面关于知识产权军民融合工作的部署。

3. 定期发布知识产权军民融合信息

《郑洛新国家自主创新示范区洛阳片区发展规划纲要（2018—2025年）》搭建的洛阳军民融合公共服务平台和军民资源共享平台，通过定期发布洛阳市军用技术转民用推广目录，每年择期发布洛阳民参军技术与产品推介目录，旨在实现知识产权军民融合深度发展。

4. 制定市知识产权军民融合年度计划

通过制定年度计划，推动市知识产权军民融合事业的发展。2018年3月30日，新乡市人民政府印发《新乡自创区2018年建设推进计划》，制定目标，列出行动规划，为知识产权军民融合发展提供明确目标；2018年5月19日，新乡市人民政府印发《河南省（新乡）军民融合产业基地2018年度行动计划》，针对产业基地的发展制定方案。

5. 军工科研院所、企业改革促进知识产权军民融合发展

位于洛阳的中国船舶重工集团公司第七二五研究所（简称"七二五所"）是专业从事舰船材料研制和工程应用研究的军工事业单位。其在"以先进材料研究和工程应用为本，为防务装备现代化和海洋装备技术提供坚实支撑；以精益管理、精益设计和精益制造为社会提供精良装备，并提供优质服务，为社会持续进步贡献力量"的理念引导下，所创建的"一所两制"管理模式，即把科研与经营、科研与产业分立的模式，在确保军工任务完成的同时，实现了高科技产业的快速发展。

而中航光电科技股份有限公司通过整体改制，成为军工系统内首家整体改制并谋求上市的股份制企业。公司通过股份制改造，形成了中航工业集团实际控股、地方各级政府参股的合理股权结构，实现整体上市，在保证国有控股的同时，积极融入地方区域经济圈，为军民融合发展奠定了体制基础。为充分激发发展活力，公司逐步建立起与市场接轨、以市场为导向的劳动分配、用人和激励机制。最终形成军民市场共同发展、军民技术互通共用，支撑公司整体规模快速发展的大好局面。

河南省洛阳市对军工系统科研院所和企业的改制，极大地促进了知识产权军民融合的发展，同时为目前正在推进的军工科研院所改制事项提供了丰富成功的经验和案例。

6. 与高校签订军民融合人才培养协议

2017年12月，新乡市工业和信息化工作委员会与北京理工大学签署军民

融合人才培养协议并开展企业家培训。

(五) 影响自创区知识产权军民融合发展的主要问题

军民融合的基本含义主要涉及两个方面：一是"军转民"，将军事技术转化应用于民用领域；二是"民参军"，即民营主体参与到军事工业。军民融合战略旨在实现军用领域与民用领域科技创新的相互交融和渗透。国防专利是军民融合战略推进的重要切入点，国防专利与普通专利之间关系的恰当处理则是知识产权军民融合发展的重要前提和渠道。但是，由于历史原因，关于国防知识产权的相应制度及其与普通知识产权的关系存在很多问题，已经不适应甚至限制了知识产权军民融合的发展。

1. 知识产权军民融合法规方面存在的问题

一是关于国防知识产权的法律法规比较零散、不成体系，并且相互之间不协调。国防知识产权是军民融合的关键和核心，国防知识产权制度是军民融合的重要保障。目前涉及国防知识产权的法律法规比较零散，主要散见于《国防法》，《武器装备研制合同暂行办法实施细则》(1991年发布、1995年修订)，《关于国家科研计划项目研究成果知识产权管理的若干规定》(2002年国家科技部和财政部颁布)，《国防专利条例》(1990年发布、2004年修订)，《国防专利收费项目和标准》(1993年)，《申请国防专利费用减缓办法》(1993年)，《国防专利补偿办法》(1996年)，国防保密审查第四号通告(1997)。此外，各军工集团公司也制定了相应的知识产权管理办法，如船舶工业总公司、机械电子工业部分别制定了《中国船舶工业总公司专利工作管理办法》(1992年)，《中国核工业总公司国防专利管理办法》(1993年)，《中国航空工业总公司知识产权保护规定》(1994年)等。

除此之外，关于权利归属的问题还存在相互矛盾的地方，诸如《国防法》规定专利权属于国家；《关于国家科研计划项目研究成果知识产权管理的若干规定》规定，专利权可归属于项目完成单位；《国防专利条例》指出，专利权人可以是个人，也可以是单位。如此权利归属的不统一，难以解决国防专利的市场主体问题。总体来看，我国国防专利制度的法律规定呈现出以一部专门法规为中心、多部法规细则点状散布的态势，并且这些法律法规规章之间存在相互矛盾、不一致的问题。

二是国防知识产权的密级制度难以适应知识产权军民融合发展的要求。1995年，国家科委（现为科技部）、国家保密局第20号令颁布《科学技术保密规定》，对科技保密与专利保护的关系做出了具体的界定："绝密级国家秘密技术在保密期内不得申请专利或者保密专利。机密级、秘密级国家秘密技术在保密期限内可申请保密专利"。在国防成果的解密方面,现行依据的仍是1991年由国防科工委、国家保密局颁布实施的《国防科学技术成果国家秘密的保密和解密办法》,该办法规定了国防科技成果的保密和解密应遵循"既确保国家秘密安全,又有利于国防科技成果推广应用"的原则。另外,包括《专利法》(2009年修订),《专利法实施细则》(2010年修订),《保守国家秘密法》(2010年修订),《保守国家秘密法实施条例》(2014年实施),《中国人民解放军保密条例》(2011年修订),《国防科学技术成果鉴定办法》(1991年实施)等法律、法规也对国防专利管理有所涉及。由于国防专利的特殊性,定密活动往往根据定密从严的原则进行,以保证军事机密不被泄露,国防领域能够在更长的期限保密。国防专利解密的申请程序复杂而烦琐,层层严格审批消耗了运营者实施专利转化的积极性,国防专利解密困难重重,产生大量"国防沉睡专利"。因此,这些密级制度已经不适应知识产权军民融合发展的需求,"重保密,轻解密"的专利制度现状,亟需予以改变。

国防科技成果存在定密标准不明确、解密程序烦琐等问题,一些可以军民两用的技术成果因定密范围过宽而难以向民用领域转化。例如,虽然2014年《关于加快吸纳优势民营企业进入武器装备科研生产和维修领域的措施意见》和2015年新版武器装备科研生产许可目录,均突出了充分利用优质社会资源、吸纳优势民营企业进入武器装备科研生产和维修领域的特点,但是,调研中很多民口单位反映,并没有正式渠道获得国防科研计划指南等信息,如果想参加国防基础科研项目,需由已纳入军品科研、生产的机构推荐,这大幅度降低了民口科研机构参与的机会。

虽然为响应军民融合的时代形势,国防知识产权部门自2015年开始对已授权的国防专利开展密级审核工作。截止到2017年3月已集中解密3000余件国防专利。[1] 国防知识产权局自2015年起对已授权的国防专利开展密级审核工作,并通过全军武器装备采购信息网首次发布了解密国防专利信息2765件(采集时间2017年5月26日),但是,仍然没有形成固有的法律规范和制度对国防知识产权的公开加以引导。

三是民用信息和国防信息的双向转化和共享不足,甚至缺乏。在军民融合创新主体中,军工单位投入的创新信息多为国防信息,受到国家保密法保护和限制。在整个创新过程中,军工单位需要对相关保密信息进行脱敏处理,

---

[1] 国务院、中央军委令第418号《国防专利条例》[EB/OL]. [2017-05-25. http://news.Xinhuanet.com/zhengfu/2004-10/10/content_2070373.htm.

或要求地方单位具备保密资格，或要求地方单位签订保密协议。

而军民融合创新成果多为知识产权。当融合创新面向民品时，其创新成果主要为普通知识产权，可以评估、转让、交易，创新主体可以因此获益。面向军品时，其创新成果主要为国防知识产权，产权归国家所有，成果创造者不能交易和转让知识产权，也无法从中获益，只能得到一些国家补偿。同时，创新过程使用的两类知识产权存在双向转化等难题。在军民融合创新中，可能会存在军用标准和国家民用标准两种情况。如果军民融合创新的产品或技术属于民用性质，其创新标准可以按国家标准来设计。如果属于军用性质，则需要按军用标准研发设计。目前，两类标准相互脱离，不具有兼容性，难以相互转化、共享。打破知识产权壁垒，使普通知识产权和国防知识产权能够方便地相互转化是军民融合创新信息共享的关键。

四是缺乏相关的国防知识产权评估机制。在军民融合创新中，民用单位投入的是普通知识产权，而军工单位投入的是国防知识产权。目前两种知识产权在管理体制、法律制度等方面还没有接轨，其双向转化也存在诸多问题。例如，一旦军民融合创新成果涉及国防利益和国家安全，该成果将被列入国防知识产权范畴，并归国家所有。因此，公平合理地对该国防知识产权进行评价至关重要，这是对创新主体进行补偿的关键依据。然而，目前尚缺乏国防知识产权评估相关机制。知识产权评估、转化等制度方面的不足也形成了军民融合创新主体间信息共享的重要障碍。长期隔离于国防工业领域之外的民用单位受到国防保密制度、科研生产准入等制度约束，与军工企业合作、交流技术信息的渠道不顺畅。国防军用信息的保密性需要，在一定程度上阻碍了军工单位、民用单位的信息沟通和相互信任，多数国防创新只能在国防领域的内部组织间开展。

五是国防知识产权管理机构设置不够健全。目前，我国国防知识产权的保护、管理工作分别由地方和军队两部分来负责。国防科工委负责地方系统的国防知识产权管理工作。总装备部下的国防知识产权局负责军队系统的国防知识产权管理工作，负责受理、审查和管理国防专利。海、空、火箭军等军队和十大军工集团公司也分别设有负责本单位知识产权业务的管理机构。然而，这些地方政府、军工企业、部队单位的国防知识产权管理机构在国防知识产权保护、转化、应用方面的职责划分不清晰，相互间缺乏协同，管理人员也不够专业，军民融合制度的贯彻执行难度较大。

六是"民参军"门槛过高。"民参军"的规模与程度被看作是衡量军民融合发展的重要指标。目前我国军民融合较多的仍是军转民、军进民，而民进军发展缓慢。民进军在法律上缺乏具体规定，行业准入制度不健全，导致民进军在实施方案上缺乏可操作的流程与标准。地方企业虽然在电气元件、IT通讯、高科技材料等领域拥有先进的信息、技术等要素，但由于准入制度障碍，与军工单位合作创新仍然困难重重。

长期以来，我国武器装备市场准入实行"四证"管理制度，即武器装备承制单位需具备装备承制单位资格审查、武器装备质量管理体系认证、武器装备科研生产单位保密资格认定、武器装备科研生产单位许可审查相关资质。随着我国武器装备的快速发展，"四证"管理与装备建设发展不相适应问题也逐渐显现。除此之外，我国长期保留的军民二元结构给"民参军"制造了一种观念上的偏见与戒心，民营企业在"民参军"的过程中难以取得完全信任。

七是促进国防知识产权军民融合运用的资金支持不足。军民融合实施过程中，国防知识产权往往不能直接运用于民用领域，需要进行工程化或二次开发。同时，军民融合过程也会产生一些新的国防知识产权。这些活动均需要相当数量的资金支持。目前，中国军民融合投融资渠道不畅通，风险信贷投资体系不成熟。

八是缺乏统一的专利价值评估体系。在军民融合视角下，无论是国防专利权还是普通民用专利权都离不开专利价值的确认。由于国防专利的保密性特点，价值评估在国防专利的解密、转化过程中意义更为重大。在国防专利运营中，运营主体需要针对国防专利数据库中的专利技术评估其国防价值，对那些不再需要保密的国防专利实施解密公开，转向民用市场；而另一部分仍有国防价值，需要继续保密的技术则不予公开，并进一步评估其转化运用的经济价值，对其创新点进行挖掘，实施二次开发，重新申请普通专利再投入民用市场。这一过程中的价值评估担负着确定密级、寻找二次开发可行性的双重作用，是国防专利民用转化中不可或缺的环节。然而在实践中，我国军民融合领域所进行的专利价值评估普遍较为分散，各单位按照各自的标准开展评估工作，缺乏一套统一的评估机制，引发军民双向专利转化过程中的定价难问题，这不利于公平交易市场的形成。

九是军民融合领域知识产权保护机制不健全。由于国防知识产权相较普通知识产权具有特殊性，在国防知识产权应用于民用领域，或者民用知识产权运用于国防领域之后，对融合的知识产权的保护机制尚未建立起来。

十是缺乏国防知识产权服务机构和人员。目前具有从事国防专利资质的中介机构全国仅有 34 所，且大多集中在北京（北京有 11 所），而河南省尚无具有代理国防专利申请资质的中介服务机构。

2. 自创区知识产权军民融合自身存在的问题

自创区自身也面临着亟需予以破解的不适应的问题。主要有以下几个方面：

一是自创区省级知识产权军民融合体制机制不顺畅。虽然 2017 年 10 月，河南省设立了中共河南省委军民融合发展委员会，负责全省军民融合发展工作的综合协调和督导落实。但是，至于其他与知识产权军民融合有关的政府部门和企事业单位，则鲜见其具体的分工和职责。

二是知识产权军民融合平台不足。自创区有 4 所军事院校，驻有 8 个军级单位，其中团以上单位 300 多个。但是，目前仅与解放军信息工程大学组建了郑州信大先进技术研究院一个知识产权军民融合发展科研平台。这表明，在河南省，在知识产权军民融合背景下，军地关系尚未深入融合，尚需进一步拓宽工作面。

三是自创区财政支持力度不足，甚至缺乏。一方面是省财政缺位。例如，河南省军民融合产业投资基金是由洛阳市政府和河南投资集团、中原豫资投资控股集团共同发起设立的；而重点产业知识产权运营基金则仅仅依靠的是中央财政 4000 万元引导资金。另一方面是缺少针对知识产权军民融合发展的资金投入。

四是自创区知识产权军民融合的内在发展机理尚不明确。虽然自创区开展了军民融合产业专利导航工作，建设了知识产权运营服务体系，搭建了知识产权军民融合交易平台，但是，所采取的这些措施或者对知识产权军民融合的针对性不强，或者仅仅是为落实中央的政策，鲜少针对自创区实际情况的一套行之有效的措施。究其根源，是对自创区知识产权军民融合发展的内在需求、内在规律及其突破点尚不明确。

四、其他省市知识产权军民融合经验借鉴

（一）知识产权军民融合的地方立法借鉴

有些地方专门制定或修订相关地方性法规，确立相应制度，促进、规范知识产权军民融合工作，例如，深圳、山东和山西等地。所确立的主要的、具体的制度及其依据如下：

（1）构建军民信息和设施共享机制。例如，《深圳经济特区国家自主创新

示范区条例》（深圳市第六届人民代表大会常务委员会公告第95号）第三十条规定，搭建军民融合项目投融资平台，促进军民创新融合，构建军民信息和设施共享机制，支持企业承担国家军民融合重大专项计划项目或者与军工单位开展研发合作，推进军民两用技术研发与科技成果转化。

（2）将军民融合政策作为影响科技成果转化的因素。例如，《山东省促进科技成果转化条例》（2017年修订）第四条规定，县级以上人民政府应当加强对科技成果转化工作的管理、指导、协调，将科技成果转化纳入国民经济和社会发展规划，统筹科技、财政、投资、税收、人才、产业、金融、知识产权、军民融合等政策，为科技成果转化创造良好环境。再如，《黑龙江省促进科技成果转化条例》（2016年）第四条规定，县级以上人民政府负责管理、指导和协调本行政区域内的科技成果转化工作，将科技成果的转化纳入国民经济和社会发展规划。县级以上人民政府应当加强科技、财政、教育、投资、人才、产业、金融、知识产权、政府采购、国有资产管理、军民融合、信息等政策协同，制定有利于促进科技成果转化的政策措施。

（3）对军民融合类项目，政府优先支持。例如，《山西省专利实施和保护条例》（2014年修订）（山西省人民代表大会常务委员会公告第15号）第七条规定，省、设区的市人民政府专利行政主管部门应当制定专利项目实施计划，重点支持符合国家产业政策、市场前景好或者具有本省优势的专利项目。对政府扶持的研发类项目，有关部门应当支持专利的申报；对政府扶持的科技产业化类、成果推广类及军民融合类项目，有关部门应当优先支持拥有发明专利权的项目立项。

（4）对知识产权军民融合发展提供资金支持。例如，《黑龙江省促进科技成果转化条例》（2016年）第八条规定，省和市级人民政府应当建立军民科技成果相互转化的工作机制，加强军民科技计划的衔接与协调。省和市级人民政府应当统筹军民共用重大科研基地和基础设施建设，推动军用与民用科学技术有效集成、资源共享。省和市级人民政府应当支持研究开发机构、高等院校和企业参与承担国防科技计划任务，支持军用研究开发机构承担民用科技项目。省和行政区域内军工企业较多的市级人民政府应当设立军民融合产业基金。

（5）直接将推进知识产权军民融合发展作为省地方性法规的规范。例如，《湖北省专利条例》第二十三条规定，县级以上人民政府应当建立军民融合的专利管理体制机制，国防专利与民用专利的发明人、设计人享受同等的奖励政策。省国防科技工业主管部门、专利管理部门在符合国家安全、保密等相关法律法规前提下，推动科技协同创新，实现国防专利、民用专利的信息共享和双向转化。

（二）知识产权军民融合的地方政府规章借鉴

有些地方政府通过制定规章，更加细致地规定知识产权军民融合的做法，促进其更稳更快发展。其中典型的是，探索国防专利解密及其保护和普通专利向国防产品转化运用的制度衔接问题。如，《中国（陕西）自由贸易试验区管理办法》（陕西省人民政府令第207号）第四十二条规定，创新军民融合发展机制，发挥国家知识产权运营公共服务平台军民融合（西安）试点平台作用，探索国防专利横向流通转化、国防专利解密与普通专利跟进保护有机衔接、普通专利参与军品研发生产等机制，促进军民科技成果共享共用。

（三）知识产权军民融合的地方政府政策借鉴

许多地方政府通过发布相关规范性文件，对知识产权军民融合的发展工作进行具体规划，提出具体目标，增强制度的可实施性和可操作性。这些规范性规范所确立的具体工作方案如下：

（1）建立军民融合示范园。山西省发布的《山西省人民政府关于印发山西省"十三五"战略性新兴产业发展规划的通知》和《山西省人民政府关于印发山西省大力推进大众创业万众创新实施方案的通知》，为建立军民融合示范园提供了政策指引。

（2）将知识产权军民融合成果在展会中呈现。石家庄市人民政府发布规范性文件，旨在通过举办展会，进行河北军民融合暨国防工业协同创新成果展。具体依据是，《石家庄市人民政府办公厅关于促进会展业快速发展的意见》（石政办函〔2018〕111号）第三条第（三）款加大对外合作力度中规定的"申办省级展会"指出，市政府各部门主动争取省直部门支持，近1—2年，重点承办好中国国际数字经济博览会；申办引进省国际经贸洽谈会、冀台经济合作洽谈会、省园林博览会、省旅游发展大会、世界冀商大会、河北品牌节、河北军民融合暨国防工业协同创新成果展、中国河北国际节能减排与资源利用博览会、省图书交易博览会、省农交会、省服装展等省级大型展会项目。

（3）与高等学校联合，实现双赢。黑龙江省将知识产权军民融合发展工作列入全省行动规划，与高等学校联合，实现双赢。其具体依据是，《黑龙江省人民政府办公厅关于印发全省重点产业项目建设三年行动计划（2018—

2020年）的通知》；《黑龙江省人民政府关于支持哈尔滨工业大学加快世界一流大学建设的意见》（黑政发〔2017〕13号）第四"加快高科技成果转化及产业化"中的第（三）款规定，依托哈工大特色和优势，推进军民融合深度发展，组建军民融合产业联盟、军民融合创新中心和国防技术转移中心，建设国家级军民融合示范基地，加快实施国家军民融合发展战略。

（4）将知识产权军民融合发展列为省专项行动。例如《天津市人民政府办公厅关于印发天津市加快推进智能科技产业发展总体行动计划和十大专项行动计划的通知》，将知识产权军民融合发展列入天津市智能科技领域军民融合专项行动计划。具体是：创建国家军民融合创新示范区，依托产业发展基础和政策叠加优势，搭建军民融合协同创新平台，创新国防科技成果转化机制；依托城市基础设施建设搭建国防功能示范区；着眼首都防卫国防动员准备，构建应急应战一体化建设先行区；依托国家重大航天工程和骨干企业，打造军民融合航空航天城。

（5）提供平台支撑。例如，《天津市人民政府关于实施项目带动战略促进投资增长的意见》提出，其重要任务是进行科技研发平台建设项目，重点建设国防科大军民融合创新研究院、清华大学天津高端装备研究院。

（6）以省属企业结构调整和重组带动知识产权军民融合发展。四川省人民政府发布《四川省人民政府办公厅关于进一步推动省属企业结构调整和重组的实施意见》。《意见》指出，其主要目标到2020年，省属企业国有资本逐渐集中到全省"5+1"产业体系中，形成一批跨省跨国、综合实力在行业产业居于前列的大企业大集团，力争培育世界500强企业1—2户、中国500强企业10户以上……在军民融合、通用航空、新能源新材料、医疗康养、节能环保等产业的带动力更加凸显。

除上述省市外，其他省市也出台了规范性文件以推进知识产权军民融合发展工作的开展。例如，青海省人民政府发布《青海省人民政府办公厅关于印发推动青海省国防科技工业军民融合深度发展实施方案的通知》；沈阳市人民政府发布《沈阳市人民政府办公厅关于印发沈阳市2018年军民融合"十个一"专项行动计划的通知》和《沈阳市人民政府关于印发沈阳市加快推进军民融合产业发展若干政策措施的通知》；天津市人民政府发布《天津市人民政府办公厅关于推动国防科技工业军民融合深度发展的实施意见》；湖南省人民政府发布《湖南省人民政府办公厅关于印发〈加快推进国防科技工业军民融合深度发展的若干政策措施〉的通知》。

值得注意的是，地方政府对于政策的清理。2018年，内蒙古自治区赤峰市人民政府对涉及知识产权保护的规范性文件进行清理，旨在对影响知识产权军民融合发展的规范性文件进行梳理整顿，从而为其发展提供更好的法治环境。具体依据及其内容是，《赤峰市人民政府办公厅关于开展军民融合发展和涉及产权保护的规范性文件清理工作的通知》（赤政办发〔2018〕36号）明确规定了市政府开展军民融合发展和涉及产权保护的规范性文件清理工作。第一条"清理范围"规定，涉及军民融合发展的规范性文件范围是重点清理基础设施建设、国防科技工业、武器装备采购、人才培养、军事后勤、国防动员等军民融合潜力巨大的领域，以及海洋、太空、网络空间、生物、新能源、人工智能等军民共用性强的领域。其中清理要求是，对清理不及时、影响军民融合发展及产权保护任务措施有效落实的，要依法依规予以问责。要加强宣传报道，广泛听取社会公众意见，并向社会公开清理结果。

五、自创区知识产权军民融合推进对策

1. 加强自创区知识产权军民融合的体制机制建设

一是加强与省工信委、省国防科工局、省科技厅等部门联系，在省军民融合促进委员会的领导下，落实国务院关于进一步深化军民融合的意见，制定出台省级层面自创区促进军民融合深度发展的实施方案，聚焦凝聚部门间政策合力。二是加强地方政府军地政策互认。在军工企业和民参军企业集聚度高的地区，建议地方政府出台科技创新、知识产权奖补等政策时，将军口系统给予的科技创新、知识产权等方面荣誉、认证等同等对待，纳入奖补支持范围。

2. 清理河南省的法规、规章、规范性文件

省级人大及其常委会和省级人民政府适宜做出决定，清理河南省的法规、规章和规范性文件，查找不适应、阻碍实施知识产权军民融合的法规、规章和规范性文件。同时，制定符合河南省实际的立法计划，充分发挥地方性法规实施性、补充性、探索性功能，[1] 为全国性知识产权军民融合立法提供经验。

3. 提高军地关系的融合程度

一是推动军民科技协同创新计划，围绕河南省军工主导产业发展方向，创新军民科技研究模式和管理模式，形成管产学研用金协同的科技创新链条。制定军转民重大技术创新指南，通过技术分解、委托研究、公开竞争等方式，

---

[1] 栗战书. 推动地方立法工作与时代同步伐与改革同频率与实践同发展 [EB/OL]. [2018-09-15]. http://www.xinhuanet.com/2018-09/15/c_1123435661.htm.

吸引更多的社会力量参与科技协同创新，着力突破制约产业发展的关键技术。发挥军民融合产业发展基金作用，鼓励社会资本投入军民融合产业。二是加强协同创新平台建设和资源融合。优化融合国家重点实验室、国家工程（技术）研究中心、工程实验室和国防重点（学科）实验室，发挥国防军工企事业单位骨干作用，与高等院校和民口科研机构合作，共建军民融合科技协同创新中心，开展军民两用技术研发和产业化应用，形成一批具有自主知识产权的军民两用技术。三是积极参与国家重大专项实施及成果转化。以郑洛新国家自主创新示范区重大军工集团招商项目为重点，加强军工集团重大技术在河南自创区转化落地。四是实施军民融合重大产业项目，以解放军信息工程大学工业 CT 项目为重点，通过省科技厅、洛阳市政府和解放军信息工程大学签订科技协同创新战略合作协议，探索政府、高校、企业、科研院所等与军民单位协同创新机制，加快项目实施落地。

4. 推进军民融合重点产业的专利导航工作

以专利导航产业发展实验区建设工作为抓手，结合国家军民融合创新示范区建设、省级军民融合产业园（基地）建设，深入推进军民融合产业专利导航工作，出台专利导航工作指引，通过完善产业专利导航领导机制、建立产业专利专题数据库、实施产业规划类、企业运营类导航项目，绘制产业专利技术路线图，建立产业知识产权联盟等，促进军民融合产业立足国内外技术前沿，结合河南省优势优化产业专利布局、促进产业链企业协同创新、防范产业发展知识产权风险。

5. 建设军民融合知识产权的服务平台

着力实现需求对接、价值评估、融资对接、信息检索等功能。一是建立军民融合知识产权供需对接功能，及时更新河南省军转民及民参军技术目录、发布解密国防知识产权目录，征集并发布民参军专利技术目录。二是加强与国家知识产权军民融合平台功能对接，实现专利价值在线评估、军民专利技术供需对接、军民融合知识产权大数据共享、专业咨询服务团队支持等增值功能。三是对接省知识产权融资服务平台，建立银企对接机制，畅通企业利用非涉密军民融合专利技术实现质押融资渠道。四是加强知识产权基础信息互联互通，实现专利、商标、地理标志等知识产权信息共享，为军民融合企业推送关键技术领域专利最新技术，提高知识产权基础信息检索利用便利性。

6. 加强军民融合知识产权的保护

严格知识产权保护，推动知识产权保护体系建设。推进知识产权行政执法与刑事司法有效衔接，畅通跨部门、跨区域协同保护机制。加快推进中国郑州知识产权快速维权中心建设，探索设立保密知识产权部，提升集军民融合入过程中知识产权快速审查、确权、军品侵权取证、维权于一体的一站式综合服务水平。健全军民融合知识产权维权援助体系，构建完善军民融合知识产权维权援助网络，营造严格的军民融合知识产权保护的良好氛围。

7. 构建军民共享的知识产权运营服务体系

一是推进郑州国家知识产权运营服务体系重点城市建设，加快运行省重点产业知识产权运营基金，全面推广专利权质押融资，加大对专利质押融资补贴力度，探索开展知识产权商品化交易市场试点工作，建设国家知识产权服务业集聚发展示范区，培育新型知识产权服务业态。二是探索培育军民融合知识产权中介服务机构，支持河南省国防专利代理、评估、孵化、投融资、管理咨询等中介机构发展。

8. 注重军民融合知识产权人才的培养和使用

依托国家"百千万知识产权人才工程"项目的建设，借助国家和省级知识产权培训基础、知识产权远程教育平台、各类知识产权专题培训等，着力加大军民融合企业知识产权管理、运营、保护和专利信息利用等实务人才培养。加大军民科技成果转化及专家队伍培养，将军民融合知识产权高层次人才纳入知识产权人才培养体系，整合现有人才资源，尽快形成人才共享机制。

9. 提升军民融合企业知识产权的综合管理能力

支持军民融合企业选择适当经营范围内开展知识产权规范化管理体系建设，建立贯穿企业研发、生产、销售、人事管理等全流程的知识产权标准化管理体系，加强企业对科技成果以技术秘密、国防专利、一般专利等形式进行多层次保护的意识和能力，强化企业在运营各环节对国内外相关技术领域专利信息的检索分析，防范知识产权风险，促进知识产权转化。对国防知识产权有效转移或转化的单位予以奖励，对通过《企业知识产权管理规范》贯标认证的企业给予补贴。

10. 增加省级政府的财政支持

将知识产权军民融合发展所需要的财政支持，作为省级政府部门编制预算的专项支出，提高财政支持的针对性。同时，针对已有措施和制度进行总结和评估，从中吸收经验，总结教训，从而有针对性地弥补不足，能做到有的放矢。例如在军工科研院所通过改制，提升知识产权军民融合效益方面，河南省七二五所的经验，非常值得借鉴和推广。

附 件

附件1 《关于加强郑洛新国家自主创新示范区知识产权保护的若干意见》

(政策建议示例)

一、总体要求

深入贯彻落实党的十九大会议精神，以习近平新时代中国特色社会主义思想为指导，围绕河南省"四大战略、五个河南"重大战略规划，着力构建郑洛新国家自主创新示范区知识产权保护格局，实行知识产权的"大保护、严保护、快保护"，营造创新驱动发展的法治环境、市场环境、营商环境，促进郑洛新国家自主创新示范区的制度创新、科技创新、文化创新，保障实现郑洛新国家自主创新示范区目标，引领支撑河南创新发展、促进经济转型升级、加快中原崛起河南振兴富民强省，特制定本意见。

二、主要任务

(一) 坚持知识产权司法保护的主导地位

1. 建立有机协调的知识产权司法保护政策体系

省法院、检察院、公安厅适时联合出台《关于加强郑洛新自创区知识产权司法保护的若干意见》，统领郑洛新自创区知识产权案件受理、审理、执行的法律适用标准、裁判思路以及裁判价值导向。积极推行省法院知识产权案例指导制度。郑州市、洛阳市根据自创区片区实际，制定相应的贯彻落实意见。

2. 建立全覆盖的知识产权司法保护组织体系

郑州市中级法院、洛阳市中级法院按照管辖范围，在自创区郑州、洛阳、新乡三个片区设立知识产权审判巡回法庭。探索授予郑州市高新技术开发区法院一般性知识产权案件的管辖权，强化洛阳市高新技术开发区法院对一般性知识产权案件的审理。遵循知识产权司法规律，构建符合自创区实际情况的"三级联动、三审合一、三位一体"的集中型立体审判模式，重点解决知识产权刑事案件侦查、批捕、公诉、审判等各个环节的协调配合问题。

3. 建立便民高效的知识产权司法保护案件分流体系

探索建立电话预约邮寄立案制度和案件集中排期制度。根据不同审级和案件类型性质，实现案件审理程序和裁判文书的繁简有度，做到简案快审、繁案精审。适当扩大简易程序的适用范围，对于事实清楚、权利义务明确、争议不大的简单的知识产权案件，可以简化审理程序。

4. 建立统一的知识产权司法保护规则体系

建立在权利范围认定、侵权行为认定、损害赔偿认定、证据效力采信等方面明确统一的规则体系。明确举证责任倒置等方式合理分配举证责任，完善诉前诉中证据保全制度。明确技术专家参与技术事实调查的方式，逐步规范化、制度化。建立权利人被侵权所遭受的损失、侵权人获得的利益、许可费用、法定赔偿以及维权成本与知识产权价值相适应的损害赔偿制度体系。

5. 建立网络化的知识产权司法保护交流合作机制

建立行政执法部门、司法部门、高校科研机构、社会服务机构广泛参与的郑洛新自创区知识产权司法保护协调委员会。与仲裁机构、行业协会、调解组织相互协同，推动建立知识产权多元化纠纷解决机制。整合河南省知识产权研究会、河南省法学会知识产权法学研究会、河南省知识产权保护协会等专家资源，建设自创区知识产权智库，办好年度"知识产权中原论坛"，积极开展知识产权培训研讨交流活动。有计划的派员参加国际会议、出国培训、举办国际论坛、邀请外国法官和学者来华交流等，及时了解掌握国际知识产权保护动态，促进相互沟通与合作。

6. 建设复合型高素质的知识产权司法队伍

通过"双千计划"等形式鼓励知识产权法官、检察官和知识产权理论专家相互挂职、任职。积极利用国家知识产权局审协河南中心的智力资源，适时进行具有郑洛新自创区产业特点的技术培训。推动知识产权检察工作专门化建设。建立与北上广知识产权法院，省法院和郑州、洛阳、新乡中级人民法院知识产权专门审判机构之间形式多样的人员交流制度。着力培养一批顾全大局、精通法律、了解技术并具有国际视野的知识产权法官。探索人员分类管理，明确法官与检察官、法官与检察官助理、技术调查官、书记员的职责及管理要求。

（二）强化知识产权行政保护的重要地位

1. 推动知识产权综合管理体制改革试点

以知识产权行政执法为突破口，推动形成权界清晰、分工合理、责权一致、运转高效、法治保障的知识产权管理体制，在郑洛新自创区成立专利、商标、版权统一管理的知识产权局，下设综合处、专利处、商标处、版权处四个业务处室，一个综合性的执法机构。按照《行政处罚法》和《行政许可法》的规定，适时进行自创区知识产权相对集中行政处罚权和相对集中行政许可权的试点。支持郑州、洛阳、新乡三市建设知识产权执法强局，提升执法能力、完善执法条件、加强执法办案。深化知识产权行政执法协作调度机制，加强郑洛新示范区知识产权行政执法人员协作办案。

2. 选准"先行先试"的知识产权行政保护政策突破口

在重大经济活动知识产权事前审查机制、知识产权侵权的快速识别与鉴定机制、企业知识产权专员制度与知识产权征信机制、知识产权保护预警防范机制等方面先行试点。探索采取合同委托、拍卖、招投标等政府购买服务的市场化方式，强化知识产权的行政服务功能。建立自主创新政策协调审查机制，及时废止有违自主创新规律、阻碍新兴产业和新兴业态发展的政策条款，对新制定政策是否制约创新发展进行审查。

3. 强化重点产业、新业态、新领域知识产权行政保护

以自创区重点产业、互联网、电子商务、大数据、云计算等创新成果的知识产权行政保护为重点，强化对知识产权新型侵权案件的调研、指导与执法创新，规范行政执法裁量，及时为市场主体提供行政规则指引。同时，充分运用知识产权行政指导、行政奖励、行政合同等非强制性权力运用方式，引导权利主体及时、依法取得行政确权，切实改变传统的以处罚为主的执法方式。

4. 推行知识产权权力清单、责任清单、负面清单制度

发挥国家知识产权局专利局专利审查协作河南中心对自创区知识产权人才、信息等方面的资源优势与支撑作用，简化和优化知识产权审查和注册流程，建立重点优势产业专利申请的集中审查制度，建立健全涉及产业安全的专利审查工作机制。实现知识产权在线登记、电子申请和无纸化审批。

5. 完善知识产权联合执法和跨区执法协作机制

积极开展执法专项行动，重点查办跨区域、大规模和社会反映强烈的侵权案件。完善自创区内货物及过境、转运、通运货物的知识产权海关保护执法程序。建立、完善专利、版权线上执法办案系统。加强执法维权绩效管理，持续开展知识产权保护社会满意度调查。

6. 加快知识产权快速维权中心建设

围绕郑洛新自创区产业发展功能定位，加快布局一批知识产权快速维权中心（工作站）。发挥中国郑州（创意产业）知识产权保护中心的作用，畅通从授权、确权到维权的全链条快速保护通道，推进快速维权领域由单一行业向多行业扩展、类别由外观设计向实用新型专利和发明专利扩展、区域由特定地区向省域辐射。完善知识产权维权援助体系，形成上下联动的知识产权维权援助、举报投诉工作格局。

（三）重视知识产权社会保护的补充地位

1. 成立郑州、洛阳、新乡知识产权仲裁院（中心）

在郑洛新自创区设立知识产权仲裁院办事中心。宣传知识产权仲裁优势，引导纠纷当事人自愿选择仲裁方式。完善知识产权仲裁专家库，提高知识产权仲裁专业性。在当事人同意情况下，通过在自创区开庭裁决，扩大知识产权仲裁的社会影响。

2. 推动行业协会、地方商会实行会内知识产权自治、自律、自决

把尊重知识产权列入行规行业内容，把保护知识产权列入行业自律管理的重点工作。建立行业知识产权数据库，以及重点产业知识产权联盟管理库。建立行业协会、地方商会会员知识产权信用网络，定期发布知识产权守信、失信信息。建立行业协会、地方商会知识产权纠纷调处机构，利用章程惩罚知识产权失信行为。

3. 引导与支持知识产权社会服务机构发展壮大

鼓励境内外优秀知识产权服务机构在自创区设立分支机构。促进优势知识产权服务机构在自创区集聚，形成与自创区相协调的知识产权服务业集群。通过招投标方式确定政府购买服务主体，促进政府知识产权管理的科学化。通过引导服务机构与企业资源对接，构建全链条的知识产权服务体系。

（四）巩固知识产权自我保护的基础地位

1. 积极引导鼓励企业进行知识产权贯标工作

制定企业贯标相关的奖励政策，提高自创区企业参与贯标的积极性。筛选合格的知识产权贯标服务机构和知识产权学院，通过"所企对接""院企对接"等方式，保证贯标措施切实有效进行。支持企业制定实施知识产权战略，并与经营战略、研发战略、市场竞争战略、人力资源战略紧密结合，提升企业核心竞争力。

2. 增强企业知识产权预警能力

建立自创区重点行业知识产权数据库，对国内外行业的知识产权动态变化的实时监测。制定发布自创区所涉行业的白皮书或者报告，为维护产业安全与避免知识产权风险提供参考。定期开展知识产权滚动调研，通过设立预警窗口，受理园区内企业的知识产权预警项目，并提供知识产权战略研究、侵权分析、专利动态等服务，提高知识产权保护的前瞻性和预防性。

3. 鼓励企业建立重大经济科技活动知识产权分析评议制度

制定《企业重大经济科技活动知识产权分析评议指南》，明确评议的范围、内容、程序、效果评估等基本问题。有效发挥自创区专利导航实验区的政策引导作用，在自创区范围内全面推动专利导航、分析评议工作。

4. 支持帮助企业提升知识产权纠纷的自我解决能力

引导自创区企业建立健全知识产权保护制度，利用保密协议、竞业禁止协议和计算机技术保护知识产权。支持企业培养和引进复合型高素质的知识产权人才，构建知识产权自我保护网络，与知识产权社会组织相互链接，实现知识产权保护的系统化和效益化。

（五）加强知识产权的协同保护

1. 完善知识产权协同保护体制

推动健全郑州、洛阳、新乡三地自创区知识产权协同保护政策，明确任务分工，

加强绩效考核约束。建立健全郑州、洛阳、新乡三市三区知识产权联席会议制度，规范"联络员"和"定期通报"制度。河南省郑洛新国家自主创新示范区领导小组办公室设立"知识产权工作委员会"，统筹自创区知识产权保护工作。

2. 健全知识产权保护联合行动机制

加强知识产权保护联合行动的执法力量，体现联合行动的自创区特色，提高联合行动的执法效果。建立通报批评制度，制定联合行动规则，明确各参与机关的职责。多维度开展联合执法行动，包括大规模执法行动、小规模执法普查、执法宣传进校园活动、联合宣传进社区活动等，积极开展执法专项活动，发挥正面打击和潜移默化双重功能。

3. 健全行政执法和刑事司法衔接机制

统一执法标准和证据认定，完善案件移送标准和程序，建立行政执法机关、公安机关、检察机关、审判机关信息共享、案情通报、案件移送、联合行动等制度。围绕行政执法知情点，完善检察机关与行政执法机关的联席会议和信息共享制度、案件查询制度。围绕案件移送点，完善移送涉嫌犯罪案件的检察抄备审查制度，防止以罚代刑和有案不立。围绕刑事立案点，完善对公安机关受理案件、立案侦查的监督制度。

4. 推动知识产权诉讼与非诉解决机制的衔接与协调

探索建立知识产权纠纷行政调解方面建立起行政调解协议司法确认机制，从根本上解决知识产权纠纷行政调解协议法律强制力不足的缺陷。引导当事人对民间调解协议申请司法确认或公证，赋予其强制执行效力。引导知识产权纠纷当事人选择诉讼或仲裁，分流知识产权纠纷案件，强化知识产权仲裁裁决的强制执行。

5. 探索建立知识产权综合保护平台

自创区郑州、洛阳、新乡片区分别建立知识产权综合服务中心，设立知识产权"一站式"服务窗口，统一受理专利申请、商标注册申请、作品登记，接受知识产权举报投诉及服务咨询，集中办理知识产权确权、维权、调解、案件初查、移交、跟踪服务等业务。建立企业知识产权征信数据库，重点打击侵犯知识产权和制售假冒伪劣商品行为，将知识产权侵权行为信息纳入失信记录，建立知识产权失信"黑名单"年度披露制度，完善知识产权守信激励和失信惩戒机制。运用大数据分析，为政府部门和企业提供决策参考，建立能动、有效的知识产权保护生态环境。

三、保障措施

（一）加强统筹协调

适时制定《郑洛新国家自主创新示范区促进条例（试行）》，将包括知识产权保护在内的知识产权工作作为一章予以重点规定，从根本上解决自创区知识产权保护权源不清、协同不足的问题。"省自创办"成立知识产权工作委员会，郑州、洛阳、新乡三市自创办相应设立，负责推动加快自创区知识产权保护方面的法律法规建设，建立跨部门知识产权执法协作机制，完善行政执法和司法保护衔接机制，联合督办重大侵犯知识产权案件，指导本地知识产权保护工作，推动自创区知识产权战略顺利实施。

（二）加大支持力度

省财政设立自创区知识产权工作专项经费，郑州、洛阳、新乡三市相应配套，全面提升自创区知识产权司法保护能力、知识产权行政保护能力，提升知识产权公共管理和服务能力。设立知识产权发展资金，扶持自创区企业、行业协会、地方商会、仲裁机构、中介机构增强知识产权创造、运用、保护、管理、服务整体实力和能力。全面落实现有相关优惠税收政策，综合运用无偿资助、后补助、政府采购、风险补偿、股权投资等多种投入方式，带动社会资源向自创区聚集。

（三）培养培训人才

设立自创区知识产权人才发展专项资金，实施高层次人才培养和引进计划，培养一批懂法律、懂技术、懂管理、懂外语的知识产权高层次、复合型人才。鼓励民间资本参与知识产权人才培养，创新知识产权人才培育和服务机制，建设全面完整的知识产权服务人才链。重点建设高校知识产权学院，充分利用国家知识产权局专利审查协作河南中心智力资源，探索建立知识产权人才联合教育和培养机制，"按需定制"培养知识产权人才。

（四）培育创新文化

充分利用传统媒体和新兴媒体，大力宣传知识产权保护知识和知识产权保护典型。广泛开展知识产权进部门、进企业、进社会、进校园为重点的"四进"活动。开展知识产权"进部门"，做到"领导熟悉"。开展知识产权"进企业"，做到"企业精通"。开展知识产权"进社会"，做到"公众知晓"。开展知识产权"进校园"，做到"学生掌握"。通过以点带面，有效培育自创区创新和知识产权文化。

（五）强化监督考评

建立省市区三级知识产权保护工作责任制，分解任务，明确相关部门职责。省市区各部门按照任务分工和要求，结合实际制定知识产权保护具体推进方案和措施。研究制定自创区知识产权工作综合评估考核办法，将知识产权保护相关指标纳入自创区"三市三区"年度目标考核体系。引入自创区知识产权保护工作第三方评价机制，发布《自创区知识产权保护工作蓝皮书》，不断总结经验，为知识产权保护提供"河南智慧"和"河南方案"。

附件2 《自创区城市间知识产权行政执法协作协议书》
（示例）

为贯彻落实中共河南省委、河南省人民政府《郑洛新国家自主创新示范区建设实施方案》《关于加快推进郑洛新国家自主创新示范区建设的若干意见》，提高郑洛新国家自主创新示范区知识产权行政执法效能，推进郑洛新国家自主创新示范区目标的实现，郑州市知识产权局、洛阳市知识产权局、新乡市知识产权局在现行法律、法规和规章规定的基础上，就全面加强自创区知识产权行政执法合作，达成本协议。

一、协作目的

建立知识产权行政执法协作机制，实现资源共享、相互支持、共同提高，降低知识产权权利人的维权成本，提高行政执法效率，营造良好的知识产权保护环境，共同推进自创区又好又快发展。

二、协作原则

（一）积极参与

各成员方本着服务大局、促进发展的共同愿望参与本协议。

（二）平等开放

各成员方在协作中享有平等地位和权利，坚持协作的公平开放，坚持非排他性和非歧视性。

（三）互动互补

各方应主动创造协作条件，改善协作环境，深化协作内容，落实协作措施，提高协作效益和水平，推动自创区知识产权事业的共同发展。

（四）依法行政

坚持依法行政原则，努力营造规范、有序的知识产权保护环境。

三、协作内容

（一）信息沟通

利用各签约方的政务网设立自创区知识产权行政协作执法信息专栏，通报大案要案，分析研究对策，介绍政策措施，交流办案经验，实现信息共享。创造条件，建立自创区知识产权执法协作网。

（二）资源共享

加强自创区区域内知识产权服务中心、司法鉴定中心、信息中心、维权服务中心等知识服务机构分工协作，建立专利侵权判定专家库，按业务、领域进行分工协作，各市根据专利案件需要，从专家库中寻找相对应的专家进行咨询，形成团结协作、优势互补、共同发展的格局。建立知识产权执法信息共享机制，建立自创区内的专利案件信息数据库，对专利侵权纠纷案件处理信息、假冒专利案件查处信息等进行共享，便于自创区内出现同样专利侵权纠纷案件在处理结果上尽可能保持一致，便于各城市有针对性查处本地假冒专利案件，打击专利侵权，规范区域市场秩序。

（三）案件移送

对于请求人与被请求人不在同一地区的专利侵权案件，请求人可以向其所在地管理专利的部门提出行政处理请求，由该部门将案件移送给有管辖权的管理专利工作的部门。对于冒充专利、假冒他人专利等专利违法行为发现地与发生地不同在一地区的案件，由发现地的管理知识产权工作的部门将案件移送给违法行为发生地的部门。

（四）调查取证

根据有管辖权的管理专利工作的部门提出的要求，其他管理专利工作的部门协助开展重大、复杂案件的调查取证工作。

（五）联合执法

对协作区域内普遍存在的典型知识产权违法行为，各协作方可在统一时间展开行动，组织人员在各自区域内实施集中市场整顿。对在几个地区同时发生的或者与本地区有关联的知识产权侵权案件，可以根据具体情况协商，也可以通过省知识产权局进行协商，开展协助执法行动。

（六）优先办理

对非本辖区内的企业或个人在本辖区专利管理工作请求立案处理专利案件或由其他地区专利管理工作部门移交而来的专利案件时，当地知识产权管理部门要提供一切能提供的便利条件，符合立案条件的，做到当日请求当日立案；因不符合立案条件的，一次告知不能受理的原因，让企业或个人尽快补充材料，或启动维权援助程序帮助办理，以便做到快速立案、快速处理。

（七）援助覆盖

克服地方保护主义，对非本辖区内的企业或个人在本辖区处理专利侵权纠纷时，根据企业或个人的申请，要及时启动知识产权维权援助工作，必要时，也可自行启动知识产权维护援助工作，帮助该企业或个人维护其权益。根据国家知识产权局印发的《关于开展知识产权维护援助工作的指导意见》，提供智力和经济上的维护援助。

（八）政策研讨

统筹协调各方资源和人才优势，加强调研及学术交流与合作，实时研究政府知识产权保护工作面临的共性问题、难点和热点问题及战略性问题，探索有效的解决渠道和措施，提高政府知识产权保护水平。

四、协作机制

（一）年会制度

执法协作年会由自创区各市知识产权局牵头组织轮流召开。会议内容主要为总结交流前次会议后各市知识产权保护工作情况和经验，分析解决协作中的具体问题，研究协商下一阶段协作的重点和方向。每次会议结束时决定下次会议主题。年会的场地租赁、参观、考察调研、省局及有关专家的费用支出由轮值成员市知识产权局负责承担；参会单位负责自己参加会议的差旅费、交通、食宿等费用。

（二）临时会议制度

各协作方均可根据工作需要提议召开临时会议或区域片会。一致同意后由提议方召集并主持，相关单位参加。发起单位比照轮值成员知识产权局参照上述条款执行。

（三）典型案例研讨制度

定期组织自创区市知识产权管理工作部门对发生在本区域的典型的专利侵权案、假冒专利案进行研讨与交流，在研讨与交流中提高专利行政执法能力。每年定期组织一到两次典型按理研讨会，具体日期根据实际情况确定，研讨会会期在3—5天。

五、本协议书签署及生效

本议定书由郑州市知识产权局、洛阳市知识产权局、新乡市知识产权局共同签署，河南省知识产权局备案。自　年　月　日起生效。

附件3　自创区知识产权（专利）协同创新工作指南
（政策建议示例）

为深入实施知识产权战略，促进自创区依靠创新驱动发展，全面提升自创区核心竞争力，特制定本指南，指导自创区企业开展专利协同创新试点工作。

一、自创区企业专利协同创新的目的

专利协同创新包括"专利创造协同创新、专利运用协同创新、专利保护协同创新、专利管理协同创新、专利人才培养协同创新"等五个方面。

自创区企业专利协同创新的目的在于：围绕自创区内的企业发展需求，通过社会各有关单位和机构的协商、协调、协作，共同促进产业聚集区内企业专利的"激励创造、有效运用、依法保护、科学管理"，创新自创区企业专利人才培养、文化培育方式，促进专利的商品化、市场化、价值最大化，推进自创区健康快速发展。

二、自创区专利协同创新的基本主体

（一）企业

自创区内企业是专利协同创新的出发点，也是落脚点。通过各方协同，深刻认知和把握自创区企业的知识产权需求，引导企业利用专利导航企业发展方向、发展目标、发展方式、发展路径，增强企业核心竞争力。

（二）高校

高校承载着专利人才培养、科学研究、社会服务、文化传承与创新的使命。与其他各方协同，开发与企业和社会相适应的专利技术，帮助企业进行专利管理与运营、维权与保护，共同培养与企业相匹配的专利人才。

（三）科研院所

科研院所是专门进行国家科学技术研发的事业性单位，利用自身硬件与软件，实现资源共享，联合企业与其他主体，开发专利技术并在企业予以转化实施。

（四）中介机构

中介机构包括为社会提供专利代理服务、专利维权保护、专利咨询服务、专利管理服务、专利信息服务、专利运营服务等社会服务机构。与其他主体协同服务于企业专利作用和价值的发挥。

（五）民间组织

民间组织包括各类行业协会、研究会、商会等，是按照行业、目的、区域组织起来的非政府组织、非营利组织。发挥团体功能，为企业和其他主体提供专利服务。

（六）政府

政府主要是指省市区县知识产权管理部门和自创区管委会，其主要职能在于为企业提供专利行政管理和公共服务，协同创造专利制度环境、市场环境、法治环境，并提供专利信息设施、交易平台、金融平台等公共产品。

（七）司法机关

司法机关具有能动司法之职能，为企业和其他主体提供专利侵权、犯罪预防，提高企业和社会专利法律意识与素质。

三、自创区企业专利协同创新的基本内容

（一）专利创造的协同创新

通过聚合和配置各类主体的研发资源，开发自创区企业现实性和潜在性需要的技术，有效促进自创区企业创新活跃，专利数量与质量提升，结构优化，布局合理。

（二）专利运用的协同创新

通过各方协同，有效促进自创区企业专利许可、转让、抵押、出资、托管等方式多元，专利价值显现，并出现增值最大化趋势。

（三）专利保护的协同创新

通过各方协同，有效促进自创区企业专利预警机制建立，专利风险防控能力增强，专利维权与企业战略结合紧密。

（四）专利管理的协同创新

通过各方协同，有效促进自创区企业专利管理机构健全，制定有专利战略，专利信息有效利用，具有专利导航企业发展意识。

（五）专利人才培养的协同创新

通过各方协同，有效促进自创区企业专利人才引进与培养机制建立，专利人才素质提高，专利人才价值发挥。

四、自创区企业专利协同创新的基本机制

（一）专利协同创新的链接：协议或合同

自创区企业专利协同创新主要是通过各方主体签订协议或合同的方式，无论是口

头还是书面，当然，主要是书面协议或合同。包括专利创造协同创新合同、专利运用协同创新合同、专利保护协同创新合同、专利管理协同创新合同、专利人才培养协同创新合同。

（二）专利协同创新的实质：利益分享

专利协同创新不仅使自创区企业直接受益，协议各方也从中受益，实现各自职能和目标。市场化运作也可分割专利价值，采用专利产出利益后分配模式、固定支付专利利益模式、专利技术参股分配利益模式，也可以是多种利益分配模式的组合。

（三）专利协同创新的主体：双边与多元

自创区企业专利协同创新的主体可以是双边的，也可以是多元的。可以是相同性质的主体，如企业之间，也可以是不同性质的主体，如企业与高校之间、与中介机构之间、与民间组织之间、与科研院所之间、与政府或司法机构之间，以及各类主体之间就企业专利问题共同互动合作。

（四）专利协同创新的形式：联盟或组建专利池

自创区企业之间基于共同的战略利益，以一组相关的专利技术为纽带达成的联盟，联盟内部的企业实现专利的交叉许可，或者相互优惠使用彼此的专利技术，对联盟外部共同发布联合许可声明。

（五）专利协同创新的阶段：简单到复杂

自创区企业就专利协同创新可以就一个方面的个案进行协作，逐渐过渡到全面合作，达成关系合同；可以先期是即时短期合作，逐渐形成长期稳定的合作；可以先期是单体合作，逐渐吸引多方主体参加合作。当然，最为成熟的专利协同创新机制是确定了目标、形成了组织、固定了人员、制订了制度、定期与不定期的协商与解决问题。

鼓励有别于上述机制的其他创新。

五、自创区企业专利协同创新的绩效评价

自创区企业专利协同创新的绩效评价主要包括动态和静态指标进行综合评定，主要包括四项内容：一是企业是否制定专利协同创新发展战略，确立专利导航理念，完善专利预警制度，建立专利协同创新管理机构；二是参与协作创新单位数量，高院或科研机构的参与数，开展专利协同创新次数，专利协同创新投资额度，从事专利协同创新各类专业人才数及比例、高层次管理人才及比例；三是通过协同创新研发专利数及占比例，专利增加比、协同创新专利增加比，专利运营价值增加量、协同创新专利运营价值增加量；四是专利保护情况，有专门的专利保护部门及人员，专利侵权次数及比例、经济损失额度及比例，协同创新专利侵权次数及比例、经济损失额度及比例，维权成功数及比例、挽回损失额度等。

六、专利协同创新工作的保障措施

（一）加强组织领导

各市区县知识产权局要对自创区企业专利协同创新工作加强指导，各自创区管委会成立企业专利协同创新工作办公室，具体负责区域内企业专利协同创新工作。企业要联合协同创新主体成立理事会与秘书处，处理专利协同创新具体事宜。

（二）加大扶持力度

省市区县知识产权管理部门进一步加大对专利协同创新工作的财政投入，建立逐年稳定增长机制，完善专利协同创新资助政策，加大对参与主体的支持力度；对在专利创新、运用、管理和保护方面做出重大贡献的单位和个人予以表彰奖励；将通过协同创新获得专利的数量和质量纳入专业技术人员聘任、职称评定、职级晋升等考核指标体系。

（三）营造良好氛围

省市区县知识产权管理部门强化专利协同创新宣传工作，广辟宣传途径，创新宣传模式，充分利用报纸杂志、广播电视、网络等媒体，多形式、多渠道宣传专利协同创新工作，不断扩大专利协同创新的影响力。

（四）强化监督检查

省知识产权局将定期对自创区企业专利协同创新工作实施情况进行专项督查，确保各项重点任务落到实处、取得实效。

附件4 河南省知识产权军民融合工作推进方案

（政策建议示例）

为贯彻落实军民融合发展战略，深入实施知识产权战略，推进知识产权助力河南省经济建设和国防建设融合发展，根据《国务院办公厅关于印发知识产权综合管理改革试点总体方案的通知》（国办发〔2016〕106号）和国家知识产权局办公室、中央军委装备发展部《关于开展知识产权军民融合试点工作的通知》（国知办发管字〔2018〕10号），结合我省实际，制订本方案。

一、总体要求

以创新驱动发展战略、军民融合发展战略和知识产权战略为统领，加强组织领导，不断深化改革，健全知识产权军民融合体制机制，完善知识产权政策制度，加强军民知识产权协同创新能力建设，推动知识产权创新资源统筹、创新融合发展模式，打通知识产权军民深度融合的通道，促进知识产权军民深度融合发展，为国家安全、经济建设、国防和军队建设协调、平衡、兼容发展提供战略支撑。

二、工作目标

到2021年，基本形成军民知识产权协同创新体系，推动形成全要素、多领域、高效益的军民知识产权深度融合发展格局。知识产权军民融合体制机制取得突破。知识产权军民融合的引领作用提升显著。军民知识产权基础资源实现双向开放共享。军民知识产权双向转化运用卓有成效。军民知识产权人才机制更加完善。

三、总体原则

（一）坚持统筹规划

聚焦创新驱动、军民融合、知识产权战略，建立完善领导体制和组织架构，加强统筹协调，打造知识产权军民深度融合的动力引擎，推动河南省经济建设和国防建设融合发展。

（二）坚持系统推进

面向河南省经济发展、国防和军队建设重大需求，明确知识产权军民融合发展的突破口，系统部署知识产权军民融合发展的重点任务，加强试点示范、辐射带动，系统推进知识产权领域军民融合各项工作。

（三）坚持双向转移

深化知识产权体制改革，创新管理模式，注重运用市场手段增强知识产权军民融合的活力，充分发挥各类创新主体作用，加强国防知识产权保护，促进军民知识产权双向转移转化和应用。

（四）坚守保密红线

坚持把保密工作作为知识产权军民融合的底线工程，纳入省保密主管部门监管范畴。根据实际情况和任务需求，建立健全保密制度，优化保密环境，按要求严管严控保密场所、设备、通信、人员和信息，确保不发生失泄密问题。

四、重点任务

（一）推动建立国防知识产权政策体系

系统梳理河南省知识产权相关政策，将国防专利、军用计算机软件著作权纳入省知识产权专项资金资助、省专利奖评奖等政策的范围，使国防专利申请与其他知识产权享受同等待遇。建立国防专利享受优惠政策的统一评定和信息核对工作机制，建立国防专利信息核对渠道。

（二）开展国防专利申请受理业务

国家知识产权局专利局河南代办处在满足处理"机密"级国家秘密保密条件下受理国防专利申请，并由省保密局予以确认。国防专利申请文件的管理和转交应当符合保密要求，具体的保密建设、涉密人员管理和日常保密管理等，纳入省保密局监管范畴。

（三）完善申报国防专利定密渠道，开展河南省普通专利申请的保密审查

省国防科工局试点开展民营主体或个人申报国防专利的定密工作，制定定密审查的标准和要求，对涉及国防利益以及对国防建设具有潜在作用需要保密的申请，开具保密证明。省国防科工局会同省保密局制定保密审查相关制度，开展河南省普通专利申请的保密审查工作，建立普通专利保密审查工作程序、标准，建设保密审查专家队伍。

（四）推动国防专利许可转让，促进国防专利交易转化

承接国防专利实施备案和转让审批业务，在原有对普通专利进行实施许可合同备案的业务基础上，进一步拓展对国防专利实施备案及转让审批业务。切实方便河南省不同主体间国防专利的就地许可和转让。充分发挥我省军工院校的特色优势，以解放军信息工程大学为重点，促进我省军工院校国防专利集中落地转移转化。

（五）加强国防知识产权保护

依托河南省知识产权维权援助机构和工作机制，建立国防专利纠纷举报投诉机制以及国防专利纠纷军地联合处理机制。组建由国防科技工业管理部门、军队和军工科

研究院所、武器装备承制单位的相关领域专家组成的国防专利纠纷处理专家队伍，制定国防专利纠纷初审工作制度、国防专利侵权纠纷调查取证工作制度，开展国防专利纠纷调查取证及初步审查工作，推动国防专利纠纷侵权判定和维权援助工作。

（六）逐步拓展国防专利代理服务

研究制定相关办法，明确遴选标准，从业务能力、职业道德、经营状况等方面，逐步遴选一批符合保密法律法规要求的优质专利代理机构及代理人服务国防建设，开展国防专利代理服务。鼓励国内优秀国防专利代理机构到我省开办分支机构，进一步提升国防专利代理质量。

（七）开展国防知识产权信息服务

依托河南省军民融合公共服务平台和知识产权信息服务机构，遴选具有成熟产业化经验的知识产权服务机构，积极开展解密和脱密国防专利公共信息服务，促进国防专利的转化应用。争取在全军武器装备采购信息网设立河南省涉密查询点，开展国防专利涉密信息分类检索服务。

（八）开展国防知识产权转民用服务

利用河南省知识产权运营平台、省军民融合公共服务平台、省军民科技协同创新平台等资源，收集产业发展需求、技术需求，逐步建立国防领域高新技术与省内产业对口联系渠道，推动开展国防专利转化运营服务。

（九）培养国防知识产权复合型人才

以河南省知识产权学院、知识产权培训基地、知识产权研究会民间组织为平台，与行业协会、地方商会密切结合，充分利用知识产权学历教育、非学历在职培训、研讨会、中原论坛等方式，培养懂知识产权、懂国防、懂外语、懂经营管理、懂信息的复合型国防知识产权人才。

五、实施步骤

（一）2018年11月至2019年7月

解决政策和资质问题。修订相关政策文件，使国防专利、军用计算机软件著作权同等享受河南省知识产权优惠政策。根据"机密"级保密条件要求，对国家知识产权局专利局河南代办处和省国防科工局技术开发中心的环境进行改造，设备进行提升，安排专门的保密人员，并获得保密资质。

（二）2019年8月至2020年7月

开展国防专利各项具体业务。开展国防专利申请受理业务，完善申报国防专利定密渠道、开展地方普通专利申请的保密审查，开展国防知识产权军地联合维权。

（三）2020 年 8 月至 2021 年 7 月

全面开展国防知识产权转民用服务。开展解密和脱密国防专利公共信息服务工作，逐步建立国防领域高新技术与地方产业对口关联渠道。

（四）2018 年 11 月至 2021 年 7 月

全面开展国防知识产权人才培养工作。在知识产权本科、硕士研究生、博士研究生等各层次学历教育以及各类培训中融入国防知识产权内容。

六、保障措施

（一）建立工作机制

建立由省知识产权局牵头，省保密局、省国防科工局、省科技厅、省财政厅等相关部门参加的工作协调机制，制定工作计划和任务分解方案，明确职责分工，加强考核监督，共同推动有关政策出台和项目实施。加强对工作人员的业务培训和保密教育，明确保密责任和义务，保障试点工作落实。

（二）强化经费保障

省财政通过统筹专项资金对知识产权军民融合试点建设予以重点支持。

（三）加强宣传引导

有关单位要全面准确地宣传解读知识产权军民融合试点政策，营造有利于试点工作推进的良好氛围。

参考文献

[1] DIONNE G. Risk Management: History, Definition, and Critique [J]. Risk Management & Insurance Review, 2013, 16 (2): 147-166.

[2] KAPLAN R S, MIKES A. Managing Risks: A new Framework [J]. Harvard Business Review, 2012, 90 (6): 48-60.

[3] MCSHERRY D. Conversational case-based Reasoning in medical decision making [J]. Artificial Intelligence in Medicine, 2011, 52 (2): 59-66.

[4] OFER Z, MARK A. The Effectiveness of Risk Management: An Analysis of Project Risk Planning Across Industries and Countries [J]. Risk Analysis, 2011, 31 (1): 25-37.

[5] CHO T S, SHIH H Y. Patent Citation Network Analysis of Core and Emerging Technologies in Taiwan: 1997 – 2008 [J]. Scientometrics, 2011, 89 (3): 795-811.

[6] DESHENG D W, DAVID O. Enterpriserisk management: a DEA VAR approach in vendor selection [J]. International Journal of Production Research, 2010, 48 (16): 4919-932.

[7] JAY P C. Patent Pools and Cross-Licensing in the Shadow of Patent Litigation [J]. International Economic Review. 2010, 2 (51): 441-60.

[8] MALAY B. Contemporary Financial Risk Management: The Role of Value at Risk (VAR) Models [J]. IMB Management Review, 2008, 20 (3): 292-96.

[9] HAUPT R, KLOYER M, LANGE M. Patent indicators for the technology life cycle development [J]. Research Policy, 2007, 36 (3): 387-98.

[10] BYUNGUN Y, YONGTAE P. Development of new technology forecasting algorithm: hybrid approach for morphology analysis and conjoint analysis of patent information [C]. IEEE Transactions on Engineering Management, 2007: 588-99.

[11] WU Y C. The use of patent a-analysis in assessing ITS innovation: US, Europe and Japan [J]. Transportation Research Part A: Policy and Practice, 2007, 41 (6): 568-86.

[12] PILKINGTON A. Technology portfolio alignment as an indicator of commercialization: an investigation of fuel cell patenting [J]. Technovation, 2004, 24: 761-71.

[13] JOHN M, MARGARET H, CATHERINE H. The comparative value of three different

methodologies for measuring the return on investment from a leadership program [Z]. Paper presented at the Australasian Evaluation Society 2004 International Conference.

[14] REITZIG M. Strategic Management of Intellectual Property [J]. International Journal of Business & Management, 2004, 45 (3): 35-40.

[15] OLGER E. Patent in formation for strategic techno1ogy management [J]. World Patent Information, 2003, (25): 233-42.

[16] SOMAYA D. Strategic determinants of decisions not to settle patent litigation [J]. Strategic Management Journal, 2003, 24 (1): 17-38.

[17] IVERSEN E J. An Excursion into the Patent-bibliometrics of Norwegian Patenting [J]. Scientometrics, 2000, 49 (1): 63-80.

[18] AMSDEN D. Scientific publications, patents and Technological capabilities in late-industrializing countries [J]. Technology Analysis & Strategic management, 1997 (3): 343-59.

[19] CANTWELL. A statistical analysis of the historical evolution of corporate technological leadership [J]. Economics of Innovation and New Technology, 1996 (4): 211-34.

[20] LEONARD B. Getting the Most from Your Patents [J]. Research Technology, 1993, 32 (2): 6.

[21] HISAMITSU A. Managing Intellectual Property [M]. 2000.

[22] VERN M G. The Mission Statement: A Key Step in Strategic [M]. Planning. Business, 1981.

[23] 王孝斌, 王学军. 创新集群的演化机理研究 [M]. 北京: 科学出版社, 2011.

[24] 李晗斌. FDI对中国工业集聚的影响研究 [M]. 北京: 社会科学文献出版社, 2015.

[25] 曹休宁. 产业集群发展的制度环境与公共政策研究 [M]. 北京: 中国经济出版社, 2015.

[26] 刘小铁. 产业集群与园区经济 [M]. 北京: 经济日报出版社, 2015.

[27] 覃德清. 中国文化学 [M]. 桂林: 广西师范大学出版社, 2015.

[28] 吴汉东. 知识产权总论 [M]. 3版. 北京: 中国人民大学出版社, 2013.

[29] 吴汉东. 著作权合理使用制度研究 [M]. 3版. 北京: 中国人民大学出版社, 2013.

[30] 邓慧慧. 中国制造业集聚与对外贸易微观经济视角的分析 [M]. 北京: 中国经济出版社, 2012.

[31] 陈劲. 协同创新 [M]. 杭州: 浙江大学出版社, 2012.

[32] 吴汉东. 知识产权法学 [M]. 北京: 北京大学出版社, 2011.

[33] 王迁. 知识产权法教程 [M]. 3版. 北京: 中国人民大学出版社, 2011.

[34] 叶必丰, 何渊. 区域合作协议汇编 [M]. 北京：法律出版社, 2011.
[35] 赵传海. 文化基因与社会变迁——中国社会主义路径走向的民族文化解析 [M]. 开封：河南大学出版社, 2010.
[36] 何渊. 中国特色的区域法制协调机制研究 [M]. 上海：上海人民出版社, 2010.
[37] 单晓光, 许春明. 知识产权制度与经济增长：机制·实证·优化 [M]. 北京：经济科学出版社, 2009.
[38] 张玉臣. 长三角区域协同创新研究 [M]. 北京：化学工业出版社, 2009.
[39] 方勇, 高等教育与创新型国家建设 [M]. 2版. 重庆：西南师范大学出版社, 2007.
[40] 李美庆. 安全评价员实用手册 [M]. 北京：化学工业出版社, 2007.
[41] 张贰群. 专利战法八十一计 [M]. 北京：知识产权出版社, 2005.
[42] 刘春田. 知识产权法 [M]. 北京：高等教育出版社, 2002.
[43] 郑成思. 知识产权论 [M]. 北京：法律出版社, 2001.
[44] 张玉敏. 知识产权法教程 [M]. 重庆：西南政法大学出版社, 2001.
[45] 史尚宽. 民法总论 [M]. 北京：中国政法大学出版社, 2000.
[46] 富田彻男. 市场竞争中的知识产权 [M]. 北京：商务印书馆, 2000.
[47] 刘恩峰, 郭天榜. 灰色系统理论及其应用 [M]. 开封：河南大学出版社, 1991.
[48] 张岱年. 文化与哲学 [M]. 北京：教育科学出版社, 1988.
[49] 刘萍, 王刚, 李璋. 基于专利分析的国内燃料电池技术发展 [J]. 新材料产业, 2018（5）.
[50] 丁志新. 企业专利预警机制研究 [J]. 中国发明与专利, 2017（10）.
[51] 王蓉, 汪张林. 我国新能源汽车企业专利预警指标体系的构建研究 [J]. 情报研究, 2016（11）.
[52] 陈锐, 马天旗. 论我国专利信息服务能力的科学发展 [J]. 中国发明与专利, 2016（6）.
[53] 邢青松, 上官登伟, 梁学栋, 等. 考虑知识多维属性特征的协同创新知识共享及治理模式 [J]. 软科学, 2016（2）.
[54] 杨晨, 王杰玉. 系统视角下知识产权政策协同机理研究 [J]. 科技进步与对策, 2016（2）.
[55] 宋春艳. 产学研协同创新中知识产权共享的风险与防控 [J]. 科学管理研究, 2016（1）.
[56] 杨异, 李嘉美. 产学研协同创新中高校知识产权归属问题研究 [J]. 高教学刊, 2016（9）.
[57] 任端阳, 宋伟, 高筱培. 协同创新中知识产权利益分配机制 [J]. 中国高校科技, 2016（Z1）.

[58] 李朝明, 黄蕊. 基于协同创新的企业知识产权合作影响因素研究 [J]. 哈尔滨商业大学学报 (社会科学版), 2016 (1).

[59] 张志刚. 中国知识产权文化的基础、价值和愿景 [J]. 大连理工大学学报 (社会科学版), 2016 (4).

[60] 李朝明, 邱君. 基于产学研协同创新的企业知识产权合作模式 [J]. 科技和产业, 2015 (11).

[61] 刘楠, 杜少南. 小微企业知识产权质押融资的困境及出路 [J]. 知识产权, 2015 (11).

[62] 肖梦丽. 基于专利计量分析的企业专利战略制定 [J]. 中国管理信息化, 2015 (8).

[63] 刘晓英, 文庭孝, 杨忠. 专利信息可视化分析系统的现状与技术基础 [J]. 情报理论与实践, 2015 (3).

[64] 方茜, 郑建国. 协同创新体系的结构特征及系统实现路径——基于解释结构模型 [J]. 经济学家, 2015 (12).

[65] 罗群燕, 李朝明. 协同创新与知识产权合作的关系研究 [J]. 现代情报, 2015 (9).

[66] 俞风雷. 高校协同创新与知识产权保护机制研究 [J]. 中国青年研究, 2015 (7).

[67] 李伟, 董玉鹏. 协同创新知识产权管理机制建设研究——基于知识溢出的视角 [J]. 技术经济与管理研究, 2015 (8).

[68] 裘晖. 产学研协同创新合作中知识产权保护存在的问题及解决对策 [J]. 广东轻工职业技术学院学报, 2015 (2).

[69] 王晓军, 孔令卫, 王新华. 协同创新成果知识产权归属风险及其控制 [J]. 科技管理研究, 2015 (10).

[70] 姚远. 日本知识产权文化: 制度与观念 [J]. 学术界, 2015 (1).

[71] 王珍愚, 单晓光, 许娴. 我国知识产权制度与知识产权文化融合问题研究 [J]. 科学学研究, 2015 (12).

[72] 赵永强. 知识整合视角下的我国自创区发展路径研究 [J]. 学术论坛, 2014 (5).

[73] 李伟, 董玉鹏. 协同创新过程中知识产权归属原则——从契约走向章程 [J]. 科学学研究, 2014 (7).

[74] 尹怡然. 促进知识产权商用化 助力产业转型升级 [J]. 广东科技, 2014 (10).

[75] 程义贵. 知识产权托管和知识产权商用化研究 [J]. 中国律师, 2014 (2).

[76] 王根, 周斌. 地方专利信息服务平台建设研究——以东莞市为例 [J]. 情报探索, 2014 (12).

[77] 刘锁荣. 专利信息挖掘: 企业竞争情报服务的新模式 [J]. 科技和产业, 2014 (8).

[78] 马斌, 刘菊芳, 龚亚麟. 新技术条件下专利信息服务发展趋势探析 [J]. 中国发明与专利, 2014 (9).

[79] 刘菊芳, 马斌, 龚亚麟. 浅谈我国专利信息服务的发展形势与任务 [J]. 中国发

明与专利，2014（9）.

[80] 于大伟. 对专利信息利用困境的思考及对策探析——以构建专利数据开放平台为视角［J］. 知识产权，2014（7）.

[81] 颜敏. 产业集群中协同创新和知识产权的关系研究［J］. 现代情报，2014（9）.

[82] 李魁. 自创区建设关键在于做强内核［J］. 政策瞭望，2014（7）.

[83] 文庭孝. 专利信息计量研究综述［J］. 图书情报知识，2014（5）.

[84] 黄国群. 系统调控视角的知识产权协同管理研究［J］. 现代管理科学，2014（10）.

[85] 龚毅，杨利锋. 技术差异条件下自创区创新平台的构建研究［J］. 人力资源管理，2014（3）.

[86] 谢惠加. 产学研协同创新联盟的知识产权利益分享机制研究［J］. 学术研究，2014（7）.

[87] 候元元，蔚晓川，黄裕荣. 我国固体氧化物燃料电池技术专利分析［J］. 科技和产业，2014（3）.

[88] 武玉英，马羽翔，翟东升. 基于SOM的中文专利侵权检测研究［J］. 情报杂志，2014（2）.

[89] 漆苏. 企业国际化经营专利风险因素——基于专利属性的实证研究［J］. 科研管理，2014（11）.

[90] 周正，尹玲娜，蔡兵. 我国产学研协同创新动力机制研究［J］. 软科学，2013（7）.

[91] 杜栋，胡慧玲. 着眼产业集聚和区域发展 建设产学研协同创新基地［J］. 江南论坛，2013（12）.

[92] 陈瑜. 韩国知识产权文化建设概况［J］. 中国发明与专利，2013（12）.

[93] 周玲，刘华. 印度知识产权文化建设概况［J］. 中国发明与专利，2013（12）.

[94] 倪标，向刚. 创新型企业持续创新重大风险管理能力评价指标体系研究［J］. 科技进步与对策，2013（2）.

[95] 姚峰. 基于故障树法和层次分析法的电力变压器状态综合评估［J］. 电力电气，2013（11）.

[96] 王玉婷. 面向不同警情的专利预警方法综述［J］. 情报理论与实践，2013（9）.

[97] 漆苏. 企业国际化经营的专利风险识别——基于企业行为的实证研究［J］. 科学学研究，2013（8）.

[98] 杨继瑞，杨蓉，马永坤. 协同创新理论探讨及区域发展协同创新机制的构建［J］. 高校理论战线，2013（1）.

[99] 马永坤. 协同创新理论模式及区域经济协同机制的建构［J］. 华东经济管理，2013（2）.

[100] 马卫华，李石勇，蓝满榆. 协同创新视域下的评价问题研究［J］. 高教探索，2013（4）.

[101] 孟海燕. 知识产权分析评议基本问题研究 [J]. 中国科学院院刊, 2013 (4).

[102] 李玉璧, 周永梅. 协同创新战略中的知识产权共享及利益分配问题研究 [J]. 开发研究, 2013 (4).

[103] 张希. 移动阅读环境下的专利信息服务发展策略研究 [J]. 中国发明与专利, 2013 (4).

[104] 张丽娜, 谭章禄. 协同创新与知识产权的冲突分析 [J]. 科技管理研究, 2013 (6).

[105] 陈宇萍, 尹怡然. 浅谈泛珠三角区域专利信息服务存在的问题及发展思路 [J]. 广东科技, 2013 (16).

[106] 武善学, 张献勇. 我国知识产权部门联合执法协调机制研究 [J] 山东社会科学, 2012 (4).

[107] 杨桦. 论区域行政执法合作——以珠三角地区执法合作为例 [J]. 暨南学报 (哲学社会科学版), 2012 (4).

[108] 王卫东. 产业集群网络结构风险预警管理系统及其运行模式 [J]. 科技进步与对策, 2012 (11).

[109] 金江军, 刘菊芳. 专利信息服务体系及对策研究 [J]. 中国发明与专利, 2012 (1).

[110] 武善学. 美日韩知识产权部门联合执法概况及其借鉴 [J]. 知识产权, 2012 (1).

[111] 陈劲, 杨银娟. 协同创新的理论基础与内涵 [J]. 科学学研究, 2012 (2).

[112] 陈仲伯, 肖雪葵, 陈雅忱. 区域性专利信息管理与利用研究——以湖南省为例 [J]. 经济地理, 2012 (3).

[113] 菅利荣. 国际典型的产学研协同创新机制研究 [J]. 高校教育管理, 2012 (5).

[114] 李祖超, 梁春晓. 协同创新运行机制探析：基于高校创新主体的视角 [J]. 高等教育研究, 2012 (7).

[115] 马方, 王铁山, 郭得力, 等. 中国服务外包产业集聚与协同创新研究——以软件与信息服务外包业为例 [J]. 经济问题探索, 2012 (7).

[116] 谈大军, 朱晓丽. 企业个性化专利信息服务及其实施 [J]. 企业改革与管理, 2012 (10).

[117] 周小云, 谢禾生. 项目协同机制促进知识产权发展——以江西省光伏产业为例 [J]. 科技广场, 2012 (12).

[118] 张武军, 翟艳红. 协同创新中的知识产权保护问题研究 [J]. 科技进步与对策, 2012 (22).

[119] 郑春勇. 当前国内区域合作组织的困境与出路 [J]. 当代经济管理, 2011 (1).

[120] 李昱, 刘筱君. 东北地区知识产权行政执法区域法治协调机制研究 [J]. 前沿, 2011 (18).

[121] 郭永辉, 郭会梅. 设计链协同创新与知识产权的矛盾探析 [J]. 科技进步与对策, 2011 (5).

[122] 姜昱汐，胡晓庆，林莉，等. 大学科技园协同创新中政产学研的作用及收益分析 [J]. 现代教育管理，2011（8）.

[123] 赫然. 关于我国知识产权执法问题的调查与分析 [J]. 当代法学，2011（5）.

[124] 姜飞燕，杨宏. 环渤海区域知识产权保护合作机制研究 [J]. 特区经济，2011（4）.

[125] 李文江. 自创区知识产权战略构想及推进工程 [J]. 河南工业大学学报：社会科学版，2011（6）.

[126] 朱一飞. 论知识产权行政执法权的配置模式 [J]. 法学杂志，2011（4）.

[127] 肖海，陈寅. 论建立中国知识产权预警机制 [J]. 华东交通大学学报，2011（2）.

[128] 郭永辉，郭会梅，冯媛. 基于制度经济学视角的合作创新知识产权风险研究 [J]. 科技管理研究，2011（7）.

[129] 国家知识产权局规划发展司. 新能源汽车产业专利态势分析报告 [J]. 专利统计简报，2011（18）.

[130] 乔金杰. 金融危机下企业技术创新风险预警的实证研究——以船舶企业为例 [J]. 科技管理研究，2011（14）.

[131] 王莉. 基于SWOT和QSPM的房地产企业发展战略的选择 [J]. 工业技术经济，2011（3）.

[132] 王沛蓉. 知识产权风险防范要点及解析 [J]. 理论探讨，2011（1）.

[133] 张楚，张军强，阎博. 知识产权文化内涵——以财产权劳动理论为视角 [J]. 2011（6）.

[134] 何静，马虎兆. 基于文献计量学的天津科技大学专利分析 [J]. 科技管理研究，2011（17）.

[135] 刘学理，王兴元. 高科技品牌生态系统的技术创新风险评价 [J]. 科技进步与对策，2011（8）.

[136] 金玉成，唐恒. 重大经济活动知识产权审查机制的现状与对策研究 [J]. 科技管理研究，2010（3）.

[137] 李升元. 我国知识产权行政保护方式与程序研究 [J]. 科技与法律，2010（1）.

[138] 金玉成，唐恒. 重大经济活动知识产权审查机制的现状与对策研究 [J]. 科技管理研究，2010（3）.

[139] 何练红. 论我国重大经济活动知识产权审议机制的构建 [J]. 知识产权，2010（1）.

[140] 王春业. 论建立重大经济活动的知识产权审查制度 [J]. 华北大学学报（社会科学版），2010（6）.

[141] 赵娟霞. 近代中国的知识产权制度安排 [J]. 江西财经大学学报，2010（1）.

[142] 李淑芝，曾心苗. 绿色环保电池的心脏——磷酸铁锂电池专利世界申请状态及分析 [J]. 企业知识产权保护战略，2010（2）.

[143] 杨涛. 完善我国知识产权执法衔接机制的法律思考 [J]. 重庆理工大学学报

（社会科学版），2010（7）.

[144] 赵娟霞. 近代中国的知识产权制度安排［J］. 江西财经大学学报，2010（1）.

[145] 严丹. 论跨区域专利行政执法协作机制的完善［J］. 新余高专学报，2009（10）.

[146] 杜康. 论知识产权行政保护［J］. 传承，2009（1）.

[147] 漆苏，朱雪忠. 企业自主创新中的专利风险评价研究［J］. 情报杂志，2009（12）.

[148] 石陆仁. 专利侵权风险评估要素解析［J］. 中国发明与专利，2009（5）.

[149] 吴汉东. 当代中国知识产权文化的构建［J］. 华中师范大学学报（人文社会科学版），2009（3）.

[150] 赖院根，汪雪锋，朱东华. 专利威胁分析与专利战略选择［J］. 中国科技论坛，2009（4）.

[151] 丁秀好，黄瑞华，任素宏. 知识产权流动状态下自主创新的知识产权风险与防范研究［J］. 科学学与科学技术管理，2009（9）.

[152] 漆苏. 企业对专利信息的运用研究［J］. 情报杂志，2009（8）.

[153] 梅术文. 知识产权的执法衔接规则［J］. 国家检察官学院学报，2008（4）.

[154] 贾哲，金光明，陶龙. FTA 在机器人故障诊断中的应用［J］. 装备制造技术，2008（9）.

[155] 戚淳. 论建立专利预警机制的必要性和预警模型的构建［J］. 科学学与科学技术管理，2008（1）.

[156] 谭佐晞，黄威. 知己知彼 百战不殆——谈企业的专利信息管理与运用［J］. 中国发明与专利，2007（7）.

[157] 曹世华. 基于自主创新战略的知识产权执法协作机制研究［J］. 安徽工业大学学报（社会科学版），2007（9）.

[158] 吴汉东. 知识产权法律构造与移植的文化解释［J］. 中国法学，2007（6）.

[159] 黄幼陵，代晶. 企业专利预警警度评价的探讨［J］. 知识产权，2006（5）.

[160] 刘华，李文渊. 论知识产权文化在中国的构建［J］. 知识产权，2006（4）.

[161] 陶凯元. 三审合一：对知识产权文化建设方式的探索［J］. 人民司法，2006（12）.

[162] 魏纪林. 构建中部地区知识产权合作机制［J］. 武汉理工大学学报（社会科学版），2006（10）.

[163] 赵莉晓，马虎兆. 关于构建环渤海区域知识产权协作体系的设想与建议［J］. 中国科技论坛，2006（11）.

[164] 赵冬梅. 一种软件项目的风险评估模型及应用［J］. 计算机工程与应用，2006（23）.

[165] 何英，黄瑞华. 论知识的外部性引发的知识产权风险［J］. 科学学研究，2006（10）.

[166] 刘华，李文渊. 论知识产权文化在中国的构建［J］. 知识产权，2006（4）.

[167] 马维野. 知识产权文化建设的思考［J］. 知识产权，2005（5）.

[168] 杜晓君. 建立知识产权预警机制［J］. 研究与发展管理，2005（4）.

[169] 李卓端,张绍春,董欣.完善我国地方知识产权管理部门行政法制建设的思考[J].知识产权,2005(3).

[170] 马维野.知识产权文化建设的思考[J].知识产权,2005(5).

[171] 马海群.网络时代的知识产权信息理论研究[J].图书情报知识,2003(1).

[172] 冯晓青.企业专利战略若干问题研究[J].南京社会科学,2001(1).

[173] 张汝纶.文化研究三题议[J].复旦大学学报,1986(3).

[174] 习近平.强化责任担当狠抓贯彻落实加快推动军民融合深度发展[N].人民日报,2018-10-16(01).

[175] 田静.坚持依法治密推进新时代保密工作转型升级[N].人民日报,2018-09-26(11).

[176] 苗圩:进一步打破电信、军工领域民营企业准入障碍[N].人民日报,2018-11-05(04).

[177] 申长雨.知识产权对于经济社会发展的重要作用[N].中国知识产权报,2016-07-25.

[178] 王康.《2015年中国知识产权文化素养调查报告》发布——我国社会公众知识产权文化素养逐步提升[N].中国知识产权报,2016-04-26.

[179] 程国辉.知识产权归属章程化助力协同创新[N].科学导报,2014-12-02(B01).

[180] 张海志.举全国之力做好知识产权统筹协调工作[N].中国知识产权报,2008-12-24.

[181] 严雄.产学研协同创新 五大问题亟待破解[N].中国高新技术产业导报,2007-03-19(B06).

[182] 历宁,周笑足.论我国知识产权文化构建[N].中国知识产权报,2006-02-17.

[183] 李素敏.结构—储能型碳纤维/环氧树脂基复合材料的制备及性能研究[D].镇江:江苏大学,2015.

[184] 潘锡杨.高校协同创新机制与风险研究[D].南京:东南大学,2015.

[185] 王玉环.支撑湖南区域科技协同创新的知识产权制度研究[D].湘潭:湘潭大学,2015.

[186] 曹青林.协同创新与高水平大学建设[D].武汉:华中师范大学,2014.

[187] 卢鹏好.基于知识共享的产学研协同创新研究[D].郑州:郑州大学,2014.

[188] 马羽翔.基于神经网络的专利智能侵权检索研究[D].北京:北京工业大学,2014.

[189] 邓星文.先进储能材料产业的专利战略研究[D].湘潭:湘潭大学,2014.

[190] 项杨雪.基于知识三角的高校协同创新过程机理研究[D].杭州:浙江大学,2013.

[191] 王琳娜. 产业集群的知识产权管理平台构建 [D]. 长春：吉林大学，2010.
[192] 王智源. 组织间知识产权经济合作与交易的模式及机理研究 [D]. 合肥：中国科学技术大学，2010.
[193] 聂清雯. 全球化背景下我国知识产权风险分析 [D]. 南昌：南昌大学，2010.
[194] 陈方. 镇江 S 医院发展战略研究 [D]. 镇江：江苏大学，2009.
[195] 张翠丽. 电子商务环境下我国企业专利战略制定和实施研究 [D]. 长春：吉林大学，2009.
[196] 罗少文. 我国新能源汽车产业发展战略研究 [D]. 上海：复旦大学，2008.
[197] 刘志南. 河南省重大经济活动知识产权审议机制研究 [D]. 郑州：郑州大学，2008.
[198] 王洁. 产业集聚理论与应用的研究——创意产业集聚影响因素的研究 [D]. 上海：同济大学，2007.
[199] 李振. 太阳能产业的专利战略研究 [D]. 武汉：华中科技大学，2007.
[200] 刘华. 风险评估技术的研究和应用 [D]. 长沙：国防科学技术大学，2004.